नए भारत की न्यायिक क्रांति 2020

नए भारत की न्यायिक क्रांति 2020

बृजेश बहादुर सिंह

प्रकाशक • **प्रभात प्रकाशन प्रा. लि.**
4/19 आसफ अली रोड,
नई दिल्ली–110002

संस्करण • 2025
मूल्य • चार सौ रुपए
मुद्रक • आर–टेक ऑफसेट प्रिंटर्स, दिल्ली

NAYE BHARAT KI NYAYIK KRANTI 2020
by Shri Brijesh Bahadur Singh ₹ 400.00
Published by Prabhat Prakashan Pvt. Ltd., 4/19 Asaf Ali Road, New Delhi-2
e-mail: prabhatbooks@gmail.com ISBN 978-93-5322-950-4

परम पूज्य गुरुदेव

श्री श्री रविशंकरजी को समर्पित,

माननीय प्रधानमंत्री,

नरेंद्र मोदी एवं भारतीय न्यायपालिका

को प्रेषित

O.P. Dwivedi H.J.S.
LL.M. (LKO)
Aol. Directoe (Research)

& 216303 (R)
300545 (O)
0522-300546 (Fax)
**INSTIUTE OF JUDICIAL
TRAINING & RESEARCH**
Vineet Khand, Gomti Nagar,
Lucknow-226010

वर्तमान परिवेश को देखते हुए यह उत्तम प्रयास है तथा प्रशंसा योग्य है।

—ओ.पी. द्विवेदी
इलाहाबाद

भूमिका

'सर्वोच्च को उत्तरदायी होना चाहिए' (Let the Supreme be liable) उक्ति कहती है कि न्यायपालिका की असफलता का सेहरा न्यायाधीश के सिर ही बँधेगा। न्यायाधीश ही नायक हैं, जिम्मेदार हैं, पर उन्हें एहसास नहीं होता कि वे ही नायक हैं। आधुनिक कार्यशैली में उन्हें न्यायपालिका के नायक होने का एहसास होना चाहिए।

भारत सरकार एवं राज्य सरकारें पूरी शिद्दत से 'सबका साथ-सबका विकास' कर भी दें, तो भी '**न्यायपालिका का साथ—विधि के शासन—विधि व्यवस्था का विकास**' जनता को त्वरित न्याय दिलाने का रोड मैप कौन बनाएगा? माननीय प्रधानमंत्री, राष्ट्रपति या सर्वोच्च न्यायालय अथवा तीनों? बेशक तीनों! विधि निर्माण करने, विधि की व्याख्या करने एवं विधि का पालन करवाने के अपने-अपने क्षेत्राधिकार के तीनों नायक हैं, किंतु संविधान द्वारा गांरटिड 'विधि के शासन-विधि-व्यवस्था के विकास' एवं त्वरित न्याय का रोड मैप एक ही बनेगा। तीन नायकों द्वारा मिलकर एक रोड मैप बनाना तभी संभव है, जब तीनों नायकों का निदेशक एक होगा। अनुभव बताता है कि एक निदेशक के बिना तीनों नायकों के बीच समन्वय स्थापित करना असंभव नहीं तो टेढ़ी खीर जरूर है। उसी निदेशक के अभाव में विगत 40 सालों से नायकों में अपनी-अपनी भूमिका को लेकर टकराव की जो स्थिति है, उस स्थिति के कारण भविष्य में विधि के शासन और विधि-व्यवस्था के विकास का रोड मैप कहीं बनता दिख नहीं रहा है।

अखिल भारतीय न्यायाधीश संघ (A.I.J.A.) की इलाहाबाद बैठक में तीनों नायकों के शीर्ष प्रतिनिधियों का समावेश करते हुए, संघ लोक सेवा आयोग की तर्ज पर राष्ट्रीय न्यायिक सेवा आयोग (N.J.S.C.) की स्थापना करने एवं भारतीय न्यायिक सेवा (I.J.S.) कैडर बनाने की माँग की गई थी। इस माँग का श्वेत-पत्र मैंने

बनाया था। वह श्वेत-पत्र न्यायाधीश संघ की जयपुर एवं लखनऊ कॉन्फ्रेंस में पढ़ा भी गया। इसे लखनऊ कॉन्फ्रेंस की सोविनियर में छापा भी गया।

न्यायाधीश संघ की यह माँग कालांतर में विस्मृत हो गई। दुःख इसका है कि राष्ट्रीय न्यायिक सेवा आयोग के अभाव में दो नायकों के बीच टकराव का शोर संसद् में हुआ तो न्यायपालिका के दर्द के आँसू विज्ञान भवन में छलक आए। हम भारत के लोग चाहते हैं कि विधि के शासन-विधि-व्यवस्था, त्वरित न्याय के विकास का रोड मैप, पाते हैं टकराव की पराकाष्ठा। टकराव दिल्ली में हो, तो भी चीख तो हर भारतीय के दिल में उठती है कि आखिर न्यायपालिका में यह हो क्या रहा है? ऐसा क्यों हो रहा है? किन कारणों से भ्रष्टाचारी, अपराधी, आतंकवादी को समय पर दंडित न कर सके, पर देशवासियों को क्यों दंड दे रही है? तारीख पर तारीख क्यों हो रही है? न्यायालयों के नायक न्यायाधीश हैं, तब जिम्मेदारी न्यायपालिका क्यों नहीं ले रही है? कार्यपालिका, विधायिका कुछ कर सकने की स्थिति में क्यों नहीं है?

न्यायाधीशों/न्यायालयों की संख्या दोगुनी हो, यह ठीक है। सरकार यदि ऐसा करने में असमर्थ है तो न्यायपालिका अपनी छुट्टियाँ घटाकर, सुविधाजनक क्षेत्र से निकलकर, आधुनिक तकनीक से लैस होकर, कोर्ट केस एवं समय का प्रबंधन कर, अधिवक्ता को साझेदारी देकर, राष्ट्रीय विधिक सेवा प्राधिकरण अधिनियम का पूरा लाभ लेकर, प्रक्रिया विधि का सख्ती से पालन कर, हिंदी भाषा को न्यायालय की भाषा बनाकर, न्यायपालिका को भ्रष्टाचार एवं न्यायाधीश को भयमुक्त करके, न्यायालयों की कार्य-संस्कृति एवं न्यायाधीश की कार्यशैली में परिवर्तन करके महत्त्वपूर्ण परिवर्तन या क्रांतिकारी परिवर्तन द्वारा अपनी कार्य क्षमता को बढ़ाकर दोगुना क्यों नहीं कर रही है? ऐसा करने से आपको किसने रोका? विगत 20 वर्षों में न्यायाधीश का वेतन 40 गुना बढ़ गया (3,000 से 1,20,000 रुपए), किंतु न्यायिक-व्यवस्था, न्यायाधीश की कार्यशैली, न्यायालयों की कार्य-संस्कृति वहीं खड़ी है, जहाँ 20 वर्ष पहले खड़ी थी। पाकिस्तान सर्वोच्च न्यायालय ने पनामा लीक केस में नवाज शरीफ को एक वर्ष में नाप दिया। भारत में सैकड़ों नवाज शरीफ घूम रहे हैं, पर भारतीय न्यायपालिका ने क्या किया? क्यों हम पाकिस्तान से भी गए-गुजरे हैं?

अमेरिका की प्ली बारगेनिंग (Plea Bargaining) की प्रक्रिया कानून को उधार लाने में भारत सरकार ने देर नहीं की, आखिर अमेरिका के त्वरित विचारण

अधिनियम-1974 (Speedy Trial Act 1974) जैसा कानून बनाने में कौन से डॉलर खर्च करने थे? किसने रोका आपको? परिवार न्यायालय अधिनियम जैसे आधे-अधूरे कानून को त्रुटिहीन बनाने से किसने रोका? पुलिस आयोग की संस्तुतियों के आलोक में प्रकाश सिंह केस के सर्वोच्च न्यायालय के आदेश का पालन क्यों नहीं किया गया? मालीमाथ कमेटी की संस्तुतियाँ रद्दी की टोकरी में क्यों पड़ी हैं? यदि प्रक्रिया विधि की प्रतिद्वंद्वात्मक व्यवस्था (Adversarial System) फेल हो गई है तो अंतर्निहित व्यवस्था (Inquisitorial System) की कार्यप्रणाली को अपनाने में कौन सी बाधा आ रही है? विधि आयोग की 245वीं रिपोर्ट के आलोक में न्यायालयों की संख्या दोगुना क्यों नहीं की गई?

ऐसे अनेक प्रश्न हैं, जिनके उत्तर न तो न्यायपालिका के पास हैं, न ही भारत सरकार के पास। ऐसे अनेक प्रश्नों का ज्ञान, उनका विश्लेषण देशवासियों के पास भी नहीं है, क्यों? क्योंकि मीडिया भयवश खामोश है। **'वादे-वादे जायते तत्त्व बोधः' द्वंद्व (वाद-विवाद) से सार निकलता है। न्यायपालिका की कार्यप्रणाली पर कोई वाद-विवाद नहीं होता, इसीलिए न्यायपालिका में विकास नहीं होता**। यह पुस्तक स्वयं वाद-विवाद की प्रक्रिया शुरू करने का प्रयास है। जनमानस के मस्तिष्क में चल रहे प्रश्नों के विश्लेषण का एक प्रयास है। न्यायाधीश, अधिवक्ता, वादकारी, देशवासी, सभी को पता होना चाहिए कि देश में आखिर हो क्या रहा है? विधि के शासन एवं विधि-व्यवस्था एवं त्वरित न्याय के विकास का रोड मैप बनाए बिना भारत सरकार किस एजेंडे का कौन सा विकास कर रही है?

सब बदल रहा है, पर न्यायपालिका क्यों नहीं बदल रही है? कब बदलेगी? कौन बदलेगा? कैसे बदलेगा—न्यायिक सुधार से या न्यायिक क्रांति से?

इम्तियाज अहमद बनाम उत्तर प्रदेश सरकार 2017 (1) East Cr. C330 सर्वोच्च न्यायालय 2 जनवरी, 2017, क्या न्यायालयों की दुर्दशा रूपी बिल्ली के गले में घंटी बाँध सकेगा? न्यायिक सुधार के सभी प्रयास प्रभावहीन हो गए हैं। तो कौन बाँधेगा? कब बाँधेगा? कैसे बाँधेगा? बीते हुए वक्त पर प्रलाप क्यों? आनेवाले वक्त का इंतजार क्यों? वर्तमान हमारे हाथ में है, यही सही वक्त है।

वर्ष 2015 में प्रधानमंत्री श्री नरेंद्र मोदी से मिलने के क्रम में उनके सचिव श्री नृपेंद्र मिश्र से मिला। उनके निर्देश पर, अमेरिका-प्रवास के समय अमेरिकी न्यायालयों की कार्यप्रणाली, वहाँ के विधि के शासन, त्वरित न्याय एवं विधि-

व्यवस्था देखने के बाद पुस्तक को दोबारा लिखा।

इस पुस्तक के प्रकाशन का विचार नहीं था, किंतु फरवरी 2017 में श्री ओ.पी. द्विवेदी, पूर्व अतिरिक्त निदेशक–न्यायिक अनुसंधान अकादमी, (उत्तर प्रदेश), पूर्व न्यायाधीश, श्रमिक न्यायाधीकरण से मिला। उनकी अप्रकाशित पुस्तक 'प्रोफाइल ऑफ ए जज' पढ़ी और इससे प्रेरणा पाकर प्रकाशन का निश्चय किया।

कांग्रेस सरकार ने जितनी क्रांतियाँ 60 वर्षों में की थीं, उससे अधिक क्रांतियाँ प्रधानमंत्री नरेंद्र मोदी ने तीन वर्षों में कर दीं। चुनाव में क्रांति, स्वच्छता क्रांति, डिजिटल क्रांति, मुद्रा क्रांति एवं कर क्रांति संसद् में क्रांति के बाद वर्ष 2020 न्यायिक क्रांति का वर्ष हो, ऐसी मेरी कामना है।

श्री ओ.पी. द्विवेदी के अति विशिष्ट सहयोग के लिए उनका अति आभारी हूँ, अन्य राज्यों के न्यायाधीश संघ के तत्कालीन पदाधिकारियों का आभारी हूँ, जिन्होंने अपने राज्य की कार्यप्रणाली साझा की। अखिल भारतीय न्यायाधीश संघ का आभारी हूँ कि इस पुस्तक की सफलता की कामना की है। अवकाश प्राप्त लोक अभियोजक श्री वीरेंद्र सिंह एवं श्री आर.एल. दूबे को कीमती समय देने हेतु धन्यवाद। उत्तर प्रदेश के उन वर्तमान न्यायाधीशों का आभारी हूँ, जिन्होंने अपने सुझाव दिए। झारखंड के न्यायाधीशों को धन्यवाद, जिन्होंने हमें मार्गदर्शन दिया। अखिल भारतीय न्यायाधीश संघ के सभी सदस्य (समस्त न्यायाधीश) एवं माननीय न्यायमूर्तिगण से हाथ जोड़कर विनती है कि मेरी आलोचना में कोई आशय नहीं है, ये मेरे दिल के उद्गार हैं, वादकारी के दिल की पुकार है, कृपया मुझे क्षमा करें। माननीय न्यायमूर्ति (अव. प्राप्त) श्री विक्रमादित्य प्रसाद द्वारा पुस्तक की समीक्षा एवं मार्गदर्शन के लिए हृदय से उनका आभारी हूँ।

विनीत

—बृजेश बहादुर सिंह

प्रस्तावना

किसी देश की समृद्धि, संपन्नता, सशक्तता एवं शांतिप्रियता का लिट्मस टेस्ट है—उस देश की संविधि, विधि का शासन, विधि-व्यवस्था एवं त्वरित न्याय। यह दायित्व विधायिका, न्यायपालिका एवं कार्यपालिका पुलिस का है, जो तीनों में सर्वोत्कृष्ट समन्वय से स्थापित होती है।

"सिलसिला-ए-तारीख, आखिर कब खत्म होगी?
इसे बरदाश्त करने की अंतिम तारीख तो होगी?
भगवान् के मंदिर में सुबह रोज होती है
न्याय के मंदिर में आखिर सुबह कब होगी?"

फौजदारी हो या दीवानी, पीड़ित की आँख का आँसू सूखने के पहले दो वर्षों में न्याय मिल जाए, यह न्याय है। अनेक वर्ष लग जाएँ, यह न्यायालय का अन्याय है, न्याय नहीं, न्याय का मंचन है। न्यायाधीश, अधिवक्ता, स्टाफ की मन:स्थिति में समा गया है कि अब कुछ भी करें, पर त्वरित न्याय संभव नहीं है। न्यायालयों की यही मन:स्थिति सारे तंत्र को खारिज कर देती है। तब त्वरित न्याय कैसे होगा? कौन देगा? क्या होना चाहिए, जो नहीं हुआ? यहाँ इन्हीं प्रश्नों का उत्तर खोजने का एक प्रयत्न है।

प्रत्येक व्याधि के संबंध में चार आत्यंतिक सत्य हैं—प्रथम, मुकदमों में विलंब एवं लंबे समय तक लंबन एक व्याधि है। दूसरा, इस व्याधि के कारण हैं, अकारण नहीं है। तीसरा, व्याधि है तो व्याधि का उपचार भी है। चौथा, वे मार्ग/तरीके, जो व्याधि का उपचार करेंगे। वे मार्ग, वे तरीके न्यायिक क्रांति के हो सकेंगे, न्यायिक सुधार के नहीं।

न्यायिक सुधार के लिए माननीय सर्वोच्च एवं उच्च न्यायालय, विधि आयोग, पुलिस आयोग, अन्य समितियाँ, न्यायिक अकादमी, विधि विशेषज्ञों आदि ने अथक परिश्रम तो किया, किंतु—

- अनुसंधान कार्य नहीं किया, किया होता तो बदलाव दिखता।
- अधिवक्ता-बार एसोसिएशन-बार काउंसिल पर नियंत्रण का कोई उपाय नहीं किया, न्यायाधीश का आदर्श प्रस्तुत नहीं किया, अपने आचरण से उन्हें प्रेरित नहीं किया।
- मालीमाथ कमेटी रिपोर्ट के अपने दायित्व का अनुपालन नहीं किया, तभी छुट्टियाँ पूर्ववत् हैं।
- न्यायाधीश की जवाबदेही निर्धारित नहीं की। न्यायिक प्रशासन सख्त नहीं हुआ।
- आत्मनिरीक्षण का मेकैनिज्म विकसित नहीं किया। अतः नैतिक दायित्व का पालन नहीं हुआ।
- न्यायाधीश की कार्यशैली, कार्य-प्रवृत्ति एवं न्यायालय की कार्य-संस्कृति में परिवर्तन नहीं किया। अतः कार्य-संस्कृति, कार्यशैली ही विलंब का प्रमुख कारण है।
- सुविधाजनक क्षेत्र (Comfort Zone) से बाहर आने का साहस नहीं किया, क्योंकि विधि-व्यवस्था की जिम्मेदारी का एहसास नहीं किया।
- स्वयं के हितार्थ एवं अहंकार के वशीभूत होकर सरकारों से समन्वय स्थापित नहीं किया। अतः विधि का शासन स्थापित नहीं हुआ।

दूसरी तरफ भारत सरकार ने

- आधुनिक संदर्भ में विधि एवं प्रक्रिया विधि में संशोधन नहीं किया।
- Speedy Trial Act (त्वरित विचारण अधिनियम) जैसा कानून पारित नहीं किया।
- अखिल भारतीय न्यायाधीश संघ की चिर-प्रतिक्षित माँग, 'संघ लोक सेवा आयोग' की तरह 'राष्ट्रीय न्यायिक सेवा आयोग' का गठन नहीं किया।
- प्रकाश सिंह केस w.c. Civil 310 of 1996, सर्वोच्च न्यायालय के आदेश का पालन नहीं किया।
- नया पुलिस अधिनियम कानून पारित नहीं किया।
- मालीमाथ कमेटी रिपोर्ट की संस्तुतियों/विधि आयोग की रिपोर्टों का पालन नहीं किया।
- संक्षेप में कहें, तो त्वरित न्याय की दिशा में सरकारों ने विगत 70 सालों में जानबूझकर कुछ नहीं किया।

इन्हीं कारणों से 'न्यायिक सुधार', 'विधि के शासन की स्थापना' एवं 'विधि-व्यवस्था' सब ढाक के तीन पात हो गए।

'एकै साधे, सब सधै!' भारत सरकार एवं राज्य सरकारों ने यदि पुलिस व्यवस्था एवं सर्वोच्च न्यायालय ने न्यायिक व्यवस्था को सुधार लिया होता, न्याय के मंदिर का भ्रष्टाचार खत्म कर दिया होता, तो विकसित देशों से भी सुंदर भारतीय दिव्य समाज के लिए अपेक्षित विधि का शासन, विधि-व्यवस्था, सुरक्षा, भ्रष्टाचार एवं अपराधमुक्त समाज के मामले में हम दुनिया के अग्रणी देश होते। हम सोने की चिड़िया ही होते, किंतु ऐसा नहीं हुआ। कारण है—न्यायपालिका एवं सरकारों के बीच समन्वय का अभाव। समन्वय साधने मात्र से सब सध जाएगा। देशवासियों की दृष्टि आप दोनों पर है, आप दोनों की दृष्टि एक-दूसरे पर है, आखिर क्यों? देशवासियों को इस प्रश्न का उत्तर चाहिए। समन्वय के अभाव में न्यायिक सुधार असफल हो गए। अतः, किसी भी कीमत पर समन्वय चाहिए। यदि आप अपने विवाद 'वैकल्पिक विवाद समाधान' (ए.डी.आर.) से हल नहीं कर सकते तो देशवासियों को ए.डी.आर. का उपदेश देना बंद कीजिए।

हमारे देश की राजनीतिक संस्कृति ने देशवासियों को कभी आभास नहीं होने दिया कि संविधान जिस 'विधि के शासन' की गारंटी करता है, वह विधि का शासन होता क्या है? यहाँ किसी से पूछकर देखो कि देश में, प्रदेशों में किसका शासन है, तो सभी बताएँगे कि पहले कांग्रेस का था, अभी भाजपा का है। पहले बसपा का था, अभी सपा का है। उन्हें पता नहीं कि देश विधि के शासन संविधान, विधि-संविधि से चलता है, कांग्रेस, भाजपा, सपा, बसपा के शासन से नहीं। देशवासियों की ऐसी गलत धारणा क्यों है? क्योंकि राजनैतिक पार्टियों ने अपने आचरण से ऐसा साबित किया है कि देश संविधान (विधि का शासन) से नहीं चलता, बल्कि भ्रष्ट राजनीतिक पार्टियों की सरकारें चलाती हैं। देश संविधान से नहीं, जाति और धर्म पर आधारित पार्टियों से चल रहा है। इसके विपरीत, यू.एस.ए. में रिपब्लिकन पार्टी या डेमोक्रेटिक पार्टी की सरकारें होती हैं, शासन नहीं। वहाँ विधि का शासन दिखाई पड़ता है, जो वहाँ की पुलिस एवं न्यायपालिका द्वारा नियंत्रित होता है। अपराधियों और नागरिकों में भी विधि के शासन का खौफ व्याप्त है। निम्नांकित विश्लेषण से आप भी सहमत हो जाएँगे कि राजनीतिक पार्टियों ने किस प्रकार विधि के शासन को धत्ता बताकर वही किया, जिससे न्यायिक एवं पुलिस-व्यवस्था कभी न सुधरे, ताकि उनकी पार्टी की भ्रष्ट राजनैतिक व्यवस्था फलती-फूलती रहे।

लॉर्ड मैकाले द्वारा सन् 1861 में बनाए गए पुलिस ऐक्ट के बाद पहली बार जनता पार्टी की मोरारजी देसाई सरकार ने नया पुलिस ऐक्ट बनाने के उद्देश्य से 1978 में पुलिस आयोग का गठन किया था। 1981 में आयोग की रिपोर्ट आई। पुलिस में व्यापक सुधार की अनुशंसाएँ की गई थीं, किंतु लागू नहीं की गईं। इसी रिपोर्ट को सर्वोच्च न्यायालय ने सन् 2006 में प्रकाश सिंह केस में लागू करने का आदेश दिया, पर अभी तक सरकारों ने आदेश का पालन नहीं किया। क्यों नहीं किया? सन् 1958 से 2014 तक व्यापक न्यायिक सुधार के लिए विधि आयोग की अनेक रिपोर्ट हैं, पर लागू नहीं हुईं। क्यों नहीं हुईं? सन् 2000 में उपप्रधानमंत्री/गृहमंत्री श्री लालकृष्ण आडवाणी ने आपराधिक न्याय प्रणाली में सुधार के लिए मालीमाथ कमेटी का गठन किया। सन् 2003 में कमेटी की संस्तुतियाँ आ गईं, किंतु पालन नहीं किया गया। पालन क्यों नहीं किया गया? पुलिस सुधार एवं न्यायिक सुधार पर की गई संस्तुतियों एवं आदेशों को लागू न करने का औचित्य क्या है? आखिर सरकारें चाहती क्या हैं? देश की विधि-व्यवस्था एवं विधि का शासन स्थापित करने के प्रति ही ऐसा शत्रुवत् व्यवहार क्यों? इस पुस्तक में इन्हीं प्रश्नों का उत्तर खोजने का बेबाक प्रयत्न है। देश की न्यायिक एवं राजनैतिक व्यवस्था के अंदर झाँकने एवं झकझोरने का प्रयास है। देशवासियों का त्वरित न्याय पाने के सपनों का संघर्ष है।

भारतीय जनमानस में न्यायपालिका के प्रति अभी भी भ्रष्टाचार के खिलाफ न्यायिक सक्रियतावाद के कारण मान-सम्मान है, किंतु यह बचा हुआ सम्मान भी खत्म हो जाएगा, यदि न्यायपालिका अपने स्वयं के भ्रष्टाचार एवं सुविधाजनक क्षेत्र से बाहर नहीं आएगी। विधि आयोग की रिपोर्टों, मालीमाथ कमेटी की संस्तुतियों एवं केस विधियों के पालन का सकारात्मक उत्तर नहीं आता। न्यायाधीश की कार्यशैली एवं न्यायालयों की कार्य-संस्कृति में शीघ्र ही तीव्र परिवर्तन नहीं आता। तब ईश्वर न करे, वे सभी निंदनीय बातें सत्य हो जाएँगी, जो कई अवकाशप्राप्त न्यायमूर्तियों एवं भारत के प्रधान न्यायाधीश ने कही हैं, जिनका उल्लेख विधि आयोग की रिपोर्ट में है, जनमानस के विचारों में है, मीडिया के राडार पर है। अत: न्यायपालिका को भी तत्काल सावधान होने की आवश्यकता है। इन विषयों पर विस्तार से समालोचनात्मक विश्लेषण करने की धृष्टता के लिए मैं क्षमाप्रार्थी हूँ।

राष्ट्रपति रूजवेल्ट ने अमेरिका में, 1937 में न्यायिक क्रांति की थी, कनाडा में 1982-2007 में उनकी विधिक आवश्यकतानुसार न्यायिक क्रांतियाँ घटित हुईं,

इंग्लैंड से हाउस ऑफ लॉर्ड के समापन एवं सर्वोच्च न्यायालय की स्थापना को लेकर, 'ऑफ विद देयर विंग्स' 'आधुनिक ब्रिटेन में न्यायिक क्रांति' नाम की पुस्तक गूगल पर उपलब्ध है। ऑस्ट्रेलिया में भी 'Ma boo न्यायिक क्रांति 1993' पर लेख-आलेख एवं पुस्तक है।

भारत में सर्वोच्च न्यायालय ने लिली थॉमस बनाम भारत संघ W.P.(Civil) No. 490 of 2005 में, 10 जुलाई, 2013 को अपने क्रांतिकारी निर्णय में धारा 8 खंड 4 में जनता के प्रतिनिधित्व अधिनियम को असंवैधानिक (Ultra Virus) घोषित कर दिया। इसका परिणाम यह हुआ कि सभी सांसद, विधायक तथा विधान परिषद् के सदस्य यदि किसी आपराधिक केस में 2 वर्ष या अधिक की सजा पाते हैं, तो वे तत्काल प्रभाव से पद के अयोग्य हो जाएँगे और संसद्-विधानसभा से बाहर हो जाएँगे। अब तक लालू प्रसाद व स्व. जयललिता समेत अनेक विधायिका सदस्य इसकी चपेट में आ गए हैं। कांग्रेस की मनमोहन सिंह सरकार ने सर्वोच्च न्यायालय के इसी फैसले को पलटने वाला कानून बनाने का बिल अपनी मंत्री परिषद् से पारित कर दिया था।

अपराधी मुक्त संसद् एवं विधानसभा की न्यायिक क्रांति की इबारत राहुल गांधी ने उसी क्षण लिख दी थी, जिस क्षण मंत्री परिषद् से पास इस विधेयक को फाड़कर फेंक दिया था। दैवी शक्तियों ने इस कृत्य के लिए राहुल गांधी को चुना था। देश राहुल गांधी का आभारी है।

पुन: सर्वोच्च न्यायालय ने Public Interest Foundation बनाम भारत संघ, डब्ल्यू.पी. (सिविल) नं. 536 का 2011 में दिनांक 10 मार्च, 2014 के अपने क्रांतिकारी आदेश में सभी विचारण न्यायाधीशों को आदेश दिया कि सभी वर्तमान सांसदों, विधायकों तथा विधान परिषद् के सदस्यों के विरुद्ध चल रहे सभी फौजदारी मामलों को आरोप गठन के दिन से एक वर्ष के भीतर निर्णीत करेंगे। यह न्यायिक क्रांति की दिशा में सर्वोच्च न्यायालय का सबसे बड़ा कदम है।

भारत में सर्वोच्च न्यायालय के सूचना का अधिकार (आर.टी.आई.) एवं जनहित याचिका (पी.आई.एल.) के माध्यम से न्यायिक सक्रियतावाद वास्तव में न्यायिक क्रांति ही है, किंतु उसे न्यायिक क्रांति नहीं कहा गया। जब-जब केंद्र व राज्य सरकारें विधि के शासन से दूर, भ्रष्ट शासन, पार्टी शासन, पारिवारिक शासन पर चलने लगीं, तब-तब सर्वोच्च एवं उच्च न्यायालयों ने जनहित याचिका के माध्यम से न्यायिक सक्रियतावाद के द्वारा विधि का शासन स्थापित करने के लिए सरकारों को विवश किया, भ्रष्ट तत्त्वों को जेल में डाल दिया। यह न्यायिक 'क्रांति' ही है। यद्यपि भारत सरकार ने अपने सक्रियतावाद को क्रांति नाम दिया है, जैसे

सूचना सक्रियतावाद को सूचना क्रांति,बैंकिंग सक्रियतावाद को बैंकिंग क्रांति। ऐसे ही हरित क्रांति, श्वेत क्रांति, नीली क्रांति जैसी अनेक क्रांतियाँ हुई हैं।

सर्वोच्च एवं उच्च न्यायालयों ने सरकारों के विरुद्ध न्यायिक सक्रियतावाद में अपनी संपूर्ण अंतर्निहित शक्तियों का प्रयोग करते हुए लोकहितवाद के माध्यम से सरकार के कार्यों पर नियंत्रण रखने हेतु सरकारों के कार्यक्षेत्र में अतिक्रमण तो किया है, किंतु न्यायपालिका में व्याप्त भ्रष्टाचार एवं खामियों, विलंबित न्याय के विरुद्ध आँखें मूँद लीं, कोई सक्रियतावाद नहीं दिखाई। क्यों नहीं दिखाई ? **देशवासियों की राय है कि अब तक न्यायिक सक्रियतावाद द्वारा न्यायालयों ने सरकार में सुधार किए हैं। अब माननीय प्रधानमंत्री, भारत सरकार द्वारा न्यायपालिका में सुधारों के लिए सरकारी सक्रियतावाद दिखाने का सही समय आ गया है।** भारत सरकार द्वारा राष्ट्रीय न्यायिक सेवा आयोग (एन.जे.एस.सी.) का गठन पहला कदम है। इसे सक्रियतावाद नहीं, क्रांति कहना चाहिए।

तात्पर्य यह है कि विश्व के सभी देशों में वहाँ की जरूरतों के अनुरूप न्यायिक क्रांतियाँ हुई हैं या हो रही हैं और आगे भी होंगी। भारत में क्या हुआ ? क्या हो रहा है ? आगे क्या होगा ? इसका फैसला सर्वोच्च न्यायालय, उच्च न्यायालय अथवा सरकारों को करना होगा, अगर नहीं करता, तब मीडिया एवं जनमानस को करना होगा। कैसे करेंगे ? इसी प्रश्न का उत्तर है इस पुस्तक में।

देश की सीमाओं की सुरक्षा सेना के हाथ में है। आंतरिक सुरक्षा पुलिस के हाथ में है। पुलिस 150 वर्ष पुराने कानून 'पुलिस अधिनियम 1861' से शासित है। प्राय: 150 वर्ष पुराने प्रमुख कानूनों से ही अभी हमारे न्यायालय भी शासित हैं। हमारी संसद् ने 70 वर्षों में क्या बनाया ? अंग्रेजों ने प्रतिद्वंद्वात्मक व्यवस्था (Adversarial System) पर आधारित प्रक्रिया कानून अपनी सरकार चलाने के लिए बनाए थे, आजाद हिंदुस्तान में 'विधि का शासन' स्थापित करने के लिए नहीं।

अत: मेरी राय में गुलामी की मानसिकता से बाहर आएँ—

- त्वरित न्याय देने के लिए भारतीय दंड संहिता एवं दोनों प्रक्रिया संहिता, साक्ष्य कानून में आमूल परिवर्तन करें।
- Inquistorial System को प्रक्रिया विधि में लागू करें।
- परिवार न्यायालय अधिनियम 1984 एवं विधिक सेवा प्राधिकरण अधिनियम 1987 में संशोधन करें।

- अमेरिका की तरह SPEEDY TRIAL ACT बनाएँ।
- प्रकाश सिंह केश का पालन करें।

संविधान द्वारा गारंटिड विधि के शासन की स्थापना के लिए—

- विधायिका सुधार करे—नए कानून बनाकर।
- न्यायपालिका प्रदर्शित करे—त्वरित न्याय देकर, अपनी कार्यशैली-संस्कृति बदलकर।
- कार्यपालिका बदलाव करे—अपराधियों/नागरिकों को त्वरित एवं सख्त न्याय का खौफ देकर।
- तब भारतीय समाज तय करेगा—संविधान द्वारा गांरटिड विधि के शासन को पाकर।
- जब संविधान द्वारा गांरटिड 'विधि का शासन' स्थापित होगा, तब देश आतंकवाद, सफेदपोश अपराध, भ्रष्टाचार, कानून उल्लंघन मुक्त होगा। **दैहिक, दैविक-भौतिक तापों (दुःखों) का अंत होगा। यही भारतीय जनता पार्टी का 'राम राज्य' होगा। तब निर्भया कांड नहीं होगा,** जनमानस द्वारा कैंडल मार्च निकालने का सिलसिला खत्म होगा।

अब तक ऐसा क्यों नहीं हुआ? क्योंकि 60 साल न्यायिक सुधार की भेंट चढ़ गए। अब कैसे होगा? न्यायिक सुधार से या न्यायिक क्रांति से? इसी प्रश्न के उत्तर की खोज है यह पुस्तक। आप क्या सोचते हैं? क्या चाहते हैं? न्यायिक सुधार अथवा न्यायिक क्रांति? आइए, इस राष्ट्रीय अभियान में अपना सहयोग दें। पुस्तक के अंत में संलग्न प्रश्नावली को भरें, इस विषय पर अपनी राय दें।

इस देश में महान् क्रांति उस पल घट गई, जब माननीय राजनाथ सिंह ने माननीय नरेंद्र मोदी को भाजपा का प्रधानमंत्री उम्मीदवार घोषित किया। इस देश की आध्यात्मिक शक्तियों ने इस कृत्य के लिए माननीय राजनाथ सिंह को चुना। आज भारत की मिट्टी के कण-कण की अध्यात्म ऊर्जा, भूमंडल की दिव्य शक्तियाँ प्रधानमंत्री नरेंद्र मोदी में केंद्रित हैं, जो इस देश के सर्वांगीण विकास के लिए अनगिनत क्रांतियों के प्रणेता हैं, सूत्रधार हैं। चुनावी क्रांति, स्वच्छता क्रांति, डिजिटल क्रांति, कृषि क्रांति, चरण 2, मुद्रा क्रांति, कर क्रांति के बाद 'अब न्यायिक क्रांति 2020 की बारी है।' यह आज की ज्वलंत आवश्यकता है।

अनुक्रम

न्यायिक सुधार अथवा न्यायिक क्रांति

सौ सुनार की या एक लोहार की ?

"सुधार संशोधन है, क्रांति प्रसव पीड़ा है।"

- जितना जल्दी अपराधी को सजा दी जाती है, पीड़ित के कलेजे को ठंडक मिलती है, समाज को सबक मिलता है, अन्य अपराधियों में, अपराधोन्मुख नागरिकों में इस त्वरित न्याय का खौफ व्याप्त होता है। न्यायालय एवं पुलिस के खौफ से ही विधि का शासन, कानून-व्यवस्था स्थापित होती है। भारत में क्यों नहीं है ? क्योंकि यहाँ के न्यायालयों में त्वरित न्याय का चलन नहीं है, न्यायपालिका को विष के दाँत नहीं हैं। पुलिस राजनीतिक अपराधियों की जमात में खड़ी है। अत: अपराधियों में कानून का खौफ नहीं है।
- जब विधि का शासन एवं कानून-व्यवस्था स्थापित करने में न्यायिक व्यवस्था एवं पुलिस व्यवस्था अक्षम होकर अपने हाथ खड़े कर दे और जन-जीवन, धन, महिला सम्मान की सुरक्षा की कोई गारंटी न रह जाए, तब न्यायिक सुधार की मृग-मरीचिका देशवासियों को और कब तक छलेगी ?
- परिस्थितियाँ जब न्यायालयों के नियंत्रण के परे चली जाएँ, पानी नाक के ऊपर चला जाए, हारती हुई सेना के सामने 'मरो या मारो' शेष रह जाए, तब परंपरागत व्यवस्था, नियमों-कानूनों में सुधार की बातें व्यर्थ की बातें होती हैं। 'न्यायिक सुधारों का समय' रूपी रेत मुट्ठी से फिसला जा रहा है। न्यायालय त्वरित न्याय न दे पाने को विवश हैं।
- न्यायिक सुधार के नाम पर देश को ठगा जाए, विधि के शासन के नाम पर देश को लूटा जाए, संविधान की गारंटी का सब्जबाग दिखाकर जनता

को छला जाए, हमारे कर के पैसे का कमीशन सरेआम डंके की चोट पर खाया जाए, बुद्ध और गांधी के देश का लोकतंत्र रिश्वत लेकर संसद् के भीतर बेचा जाए, देश के विभाजन की इबारत सरेआम लिखी जाए, देश का कानून कुछ न कर पाए, यह पुलिस व्यवस्था एवं न्यायिक व्यवस्था का नंगा नाच नहीं तो और क्या है?

- देशवासी खामोश हैं, आतंकवादी चिकन बिरयानी खाएँ, देशद्रोही-अपराधी, भ्रष्टाचारी-माफिया कानून की गिरफ्त में आएँ, फिर छूट जाएँ, दोष सिद्ध होने के बाद जमानत पाएँ, सड़क पर धूम मचाएँ, कानून-व्यवस्था मजाक बन जाए। विदेशी निवेश के लिए हाथ तो फैलाएँ, किंतु विधि का शासन न दे पाएँ, निवेश करनेवालों की सामाजिक सुरक्षा खतरे में पड़ जाए, सभी का जन-जीवन और धन असुरक्षित हो जाए।
- अपराधी के अधिकार संविधान में सुरक्षित कर दिए जाएँ, किंतु पीड़ित को न्याय न दे पाएँ, साठ सालों के न्यायिक सुधार ढाक के तीन पात हो जाएँ। फिर भी न्यायिक सुधार की ढोल बजाएँ? क्यों?
- बीमार न्यायिक व्यवस्था की कब्र खोदकर फूल चढ़ाने की प्रतीक्षा में खड़े रहना है अथवा इस अंतिम, किंतु सही वक्त पर सभी राजनीतिक हित, स्वहित-स्वार्थ को त्यागकर, विकसित देशों की विधि-व्यवस्था (पुलिस एवं न्यायिक व्यवस्था) को देखकर, उनसे सीखकर भारत की न्यायिक व्यवस्था में क्रांतिकारी परिवर्तन करके उसके लिए नया मार्ग प्रशस्त करना है?
- हमसे दो साल बाद आजाद हुए चीन ने अपने आर्थिक, राजनीतिक, सामाजिक, न्यायिक क्षेत्र में क्रांतिकारी परिवर्तन के लिए दो सांस्कृतिक क्रांतियाँ की हैं। चीन ने दो अफीम युद्ध लड़े हैं। चीन ने नया कुछ भी नहीं किया, किंतु जो भी किया, क्रांतिकारी तरीके से किया।
- हम कोई काम क्रांतिकारी तरीके से नहीं करते, क्यों? क्योंकि क्रांतिकारी तरीके में जिम्मेदारी एवं जवाबदेही निश्चित होती है। बचकर निकलने का कोई चांस नहीं होता है, दंडित हो जाओगे। सुधारात्मक तरीके में जिम्मेदारी एवं जवाबदेही नहीं होती, बच निकलने के हजार बहाने होते हैं। न्यायपालिका में हजारों बहाने हैं। यहाँ खोटे सिक्के पूरे दाम पर चलते हैं। अधिवक्ता-न्यायाधीश-स्टाफ का Common Minimum

Programme ही केवल धन कमाने का है।

- न्यायपालिका में घटित क्रांतियों पर एक नजर डालना आवश्यक है। देखिए, कौन दो क्रांतियों से लाभान्वित हो गया, कौन एक सुधार से भी वंचित रह गया ? "Treasurav-All India Judges Association एवं Secretary-Jharkhand Judges Association" होने के नाते मैंने निम्नांकित दोनों पहलुओं पर माननीय सर्वोच्च न्यायालय में बहुत काम किया है—

न्यायिक सुधार के दो पहलू

वह, जो सरकार से न्यायाधीशों को पाना है (वेतन-भत्ते-सुविधाएँ)	**वह, जो न्यायाधीश से भारत के लोगों को पाना है (न्याय-निर्णय-आदेश)**
(1) अखिल भारतीय न्यायाधीश संघ बनाम भारत संघ व अन्य W.P. No. 1029/1989 में पारित आदेशों से वेतन-भत्तों-सुविधाओं में सुधार, सर्वोच्च न्यायालय स्वयं सुधारों की निगरानी कर रहा है।	(1) न्यायिक सुधार पर विधि आयोग ने रिपोर्ट सं. 14 (1958), रिपोर्ट सं. 77-79 में भारत सरकार को सौंपी। पूर्व की अनेक रिपोर्टों के आलोक में विधि आयोग ने 2009 में रिपोर्ट सं. 230 एवं 2014 में रिपोर्ट सं. 245 अपनी अंतिम रिपोर्ट सौंपी। सरकार ने पालन नहीं किया। मंत्रालय की धूल खा रही है।
(2) शेट्टी आयोग का गठन (प्रथम न्यायिक वेतन आयोग)। आयोग की संस्तुतियों पर सर्वोच्च न्यायालय की मुहर 2006 में लगी। राज्य सरकारों ने आयोग की सभी संस्तुतियों का पूर्ण पालन एक वर्ष में कर दिया। वेतन, भते एवं अन्य सभी सुविधाओं में क्रांतिकारी परिवर्तन आ गया।	(2) 2003 में आपराधिक न्यायिक व्यवस्था में सुधार पर मालीमाथ कमेटी की रिपोर्ट/संस्तुतियाँ सरकार को सौंपी गईं। अब तक पालन नहीं हुआ। विगत 11 वर्षों से एक रिपोर्ट को छोड़कर विधि आयोग की किसी रिपोर्ट का पालन नहीं किया गया है। कोई सुधार नहीं किया गया।

(3) न्यायाधीशों का स्टेटस (वेतन-भत्ते व अन्य सभी सुविधाएँ) अचानक बदल गया। यह न्यायिक सुधार नहीं, न्यायिक क्रांति का पहला चरण था।	(3) सर्वोच्च न्यायालय द्वारा हुसैन आरा खातून से लेकर अब तक 400 निर्णयों में न्यायिक सुधारों का उल्लेख किया गया है। पालन नहीं हो सका।
	रामेश्वरी देवी बनाम निर्मला देवी (2011) 8SSC249 में दीवानी मामलों के निपटाने का एक तरीका बताया, पर न्यायाधीशों ने पालन नहीं किया।
(4) छठे वेतन आयोग के आलोक में सर्वोच्च न्यायालय ने पद्मनाथन कमेटी का गठन किया। कमेटी ने पुनः न्यायाधीशों के वेतन, भत्ते, सुविधाओं में अचानक परिवर्तन किया। यह वेतन में न्यायिक क्रांति का दूसरा चरण था। न्यायिक सुधार इतनी तीव्र गति से हुए कि सहसा यह न्यायिक क्रांति घट गई।	(4) प्रकाश सिंह व अन्य बनाम भारत संघ के मामले में सर्वोच्च न्यायालय ने अनुसंधान पुलिस के पृथक्करण सहित पुलिस सुधार के सात निर्देश दिए, नए पुलिस अधिनियम का ड्राफ्ट संलग्न है। 2006 से 2016, यानी 10 वर्षों में एक भी सुधार का पालन केंद्र अथवा राज्य सरकारों ने नहीं किया। सर्वोच्च न्यायालय, विधि आयोग एवं न्यायिक अकादमी ने कभी अपना आत्मनिरीक्षण नहीं किया। कार्य-संस्कृति व कार्यशैली में सुधार की कोई संस्कृति विकसित नहीं की गई। जो की गई, उसका पालन नहीं हुआ। न्यायपालिका अपना सुविधाजनक क्षेत्र छोड़ने को तैयार नहीं है। स्व आकलन का कोई तरीका इनके पास नहीं है।

(5) न्यायिक सुधार का स्थान न्यायिक क्रांति ने ले लिया। शेट्टी कमीशन ने सेवानिवृत्ति के बाद 5 सालों तक पुनः समान वेतन-भत्तों पर अन्य न्यायिक सेवाओं में नई नियुक्ति भी दे दी अर्थात् 65 वर्षों का सेवाकाल पाकर न्यायाधीशों को बहुत-बहुत और बहुत आर्थिक लाभ मिल चुका है।	(5) न्यायिक सुधार या पुलिस सुधार, ऐसा कुछ नहीं हो सका। Colligium व्यवस्था एवं राष्ट्रीय न्यायिक सेवा आयोग को लेकर हुए टकराव के कारण अब तक देश का बहुत-बहुत और बहुत नुकसान हो चुका है।
(6) क्योंकि सर्वोच्च न्यायालय एवं सरकारों के बीच बेमिसाल समन्वय था। सरकारों ने न्यायालयों की नाराजगी से बचने के लिए न्यायाधीशों के लिए खजाने खोल दिए।	(6) क्योंकि न्यायपालिका एवं सरकार के बीच निहित स्वार्थवश कोई समन्वय नहीं बना। राजनैतिक भ्रष्टाचार के कारण भयवश समन्वय के बजाय चूहे-बिल्ली का संबंध विकसित हो गया। अत: 2003-14 तक एवं सी.बी. आई. न्यायालयों से स्वयं बचने, अपने नेताओं को बचाने और सरकारें गिरने से बचाने की संस्कृति विकसित हो गई। राजनीतिक गलियारों में न्यायपालिका का खौफ ऐसा था कि न्यायपालिका के अपने स्वार्थ सध गए।

इसे कहते हैं—देशवासियों की आँख में धूल झोंकना, ताकि वे कुछ देखने-समझने के काबिल न रहें।

सर्वोच्च न्यायालय-विधि आयोग-राष्ट्रीय न्यायिक अकादमी के अध्ययन एवं विधि विशेषज्ञों के लेख-आलेख, मुख्यमंत्रियों, मुख्य न्यायाधीशों के सम्मेलन के एजेंडों के अवलोकन के पश्चात्, यू-ट्यूब एवं गूगल को खंगालने के पश्चात्, पूर्व पुलिस अधीक्षक प्रकाश सिंह के 2013 के टी.वी. न्यूज चैनल को दिए गए साक्षात्कार के आलोक में निष्कर्ष यही निकलता है कि न्यायिक सुधार के दिन खत्म हो गए, अब न्यायिक क्रांति ही एक मात्र उपाय शेष है।

माननीय न्यायाधीश डॉ. ए.आर. लक्ष्मणन् ने अपनी विधि आयोग की 230वीं

रिपोर्ट, 'न्यायपालिका में सुधारों हेतु सुझाव' के निष्कर्ष में उल्लेख किया है कि "वे बातें, जिन्हें मैं जानता हूँ, करने की तुलना में कहना आसान है। सभी न्यायिक सुधारों के लिए जो आवश्यक है, वह है—उच्च श्रेणी का अनुशासन, आत्म-निरीक्षण और यह अनुभूति कि इन सुधारों के बिना वर्तमान न्यायिक व्यवस्था खतरे में है। न्यायाधीश एवं अधिवक्ता, दोनों को अपनी मानसिकता बदलनी होगी। बाहरी उपचारों के सभी उपाय असफल हो जाएँगे, जब तक हम उन सुधारों के लिए अपनी सभी **आंतरिक मानसिक बाधाओं** से बाहर नहीं आते हैं।"

ऐसी उच्च श्रेणी का अनुशासन, आत्म-निरीक्षण एवं मानसिकता में बदलाव न्यायिक सुधार से आना होता, तो अब तक आ गया होता। नहीं आया, इसलिए न्यायिक क्रांति अपरिहार्य है।

न्यायिक क्रांति का शंखनाद अन्यथा तीनों संस्थाएँ कठघरे में

उपरोक्त विश्लेषण के बाद निष्कर्ष यही निकलता है कि विगत 70 वर्ष न्यायपालिका की काली रात थी। इममें 2¾ वर्ष मोरारजी देसाई की सरकार एवं 5 वर्ष वाजपेयी सरकार उस काली रात के सुहाने सपने थे। वर्ष 2014 उस काली रात की सुबह है। **यह देशवासियों के हाथ में है कि इस सुबह की फिर कोई शाम न होने दें। माननीय प्रधानमंत्रीजी! कसौटी यह नहीं थी कि हनुमानजी संजीवनी लाएँ। कसौटी यह थी कि भोर होने के पहले लाएँ। पानी जब नाक के ऊपर हो जाए, पैरों के नीचे जमीन खो जाए, तब डूबते हुए व्यक्ति द्वारा प्राण बचाने के प्रयत्न को क्रांति कहेंगे।** तरणताल में तैराकी सीखने को सुधार कहेंगे? देश कहाँ है? देश की विधि-व्यवस्था, संविधान द्वारा तयशुदा विधि का शासन कहाँ है? क्या हो गए विधिक संस्थाओं के सुधार? कितने पानी में हैं देश की सरकारें? डूबने के लिए चुल्लू भर पानी बहुत है, भारत सरकार को कितना और पानी चाहिए?

न्यायिक सुधार एवं पुलिस सुधार के अभाव में देश डूब रहा है। शहीदों को श्रद्धांजलि देने का सिलसिला थम नहीं रहा है। कहीं दूर विभाजन की रेखाएँ खींचने के प्रयत्न हो रहे हैं। मतदाता आक्रोशित हैं। भाग्य विधाता न्यायालय और सरकारें क्या कर रही हैं, ऊपर आपने देखा। माननीय प्रधानमंत्रीजी, पाँच वर्ष बीत गए। क्या आप भी सो गए? जागिए! न्यायिक क्रांति का शंखनाद कीजिए। राष्ट्रपति रूजवेल्ट की तरह न्यायिक क्रांति का नेतृत्व अपने हाथ में लीजिए। आपके शंखनाद मात्र से

ही जनता आंदोलित हो जाएगी।

- जब न्यायालय को आतंकवादी को फाँसी देने में, अपराधी भ्रष्टाचारियों को सजा देने में, 20–25 वर्ष लगेंगे, यह दुनिया के अकेले देश भारत में हो रहा है। तब भारत की न्यायपालिका कठघरे में खड़ी है।
- जब कालाधन, कमीशनखोरी, भ्रष्टाचार के विरुद्ध केवल जाँच में 5–10 साल लगेंगे, तो भ्रष्टाचार फले-फूलेगा, जो दुनिया के अकेले देश भारत में हो रहा है, तब भारत की कार्यपालिका पुलिस एवं जाँच एजेंसियाँ कठघरे में खड़ी हैं।
- जब अमेरिका की तरह 'Speedy Trial Act 1974' जैसा कानून बनाने से विधायिका कतराएगी, विधि आयोग एवं कमेटी रिपोर्ट के आलोक में प्रक्रिया विधि एवं संविधि में संशोधन नहीं करेगी, तब भारत की भाग्यविधाता विधायिका कठघरे में खड़ी है।
- जब विधायिका व न्यायपालिका एक-दूसरे पर आरोप-प्रत्यारोप करेंगी। कोई अपने बेटों को न्यायमूर्ति बनाना चाहता है, कोई न्यायपालिका में वंशवाद की परंपरा को खत्म करना चाहता है। जब सरकारें देश न चला सकें, न्यायपालिका न्यायिक सक्रियतावाद की राह चल पड़े। न्यायपालिका देश से भ्रष्टचार मिटाए, किंतु स्वयं को आर.टी.आई. से बचाए; लोकहितवाद पर अमल करे, किंतु न्यायिक जिम्मेदारी विधेयक का विरोध करे। मामले सुलह करने के लिए दूसरे को प्रेरित करें, स्वयं के मामले में टकराएँ, समन्वय न बनाएँ। तब विधायिका, कार्यपालिका व न्यायपालिका, तीनों एक साथ कठघरे में खड़े हैं।

प्रधानमंत्री नरेंद्र मोदी ने सिंहासन पर बैठते ही कह दिया कि अनावश्यक कानूनों को खत्म करना उनकी प्राथमिकता है। त्वरित विचारण अधिनियम जैसा कानून बनाने एवं अन्य कानूनों में संशोधन करने की बात नहीं कही। पता नहीं वे जानबूझकर चुप हैं या प्रक्रिया कानून की पेचीदगियों से अनभिज्ञ हैं? किंतु इतना पता है कि 2014 के पूर्व की सरकार ने नितांत गैर-जिम्मेदार तरीके से अपने स्वहित में मालीमाथ कमेटी रिपोर्ट को, विधि आयोग की रिपोर्ट एवं प्रकाश सिंह केस के सर्वोच्च न्यायालय के आदेश की घोर अवहेलना करके देश की अस्मिता से खिलवाड़ किया है। भारत की न्यायपालिका, कार्यपालिका एवं विद्यायिका, तीनों संदेह एवं असफलता के कठघरे में खड़ी हैं। इन्हें सुधार से नहीं, न्यायिक क्रांति से

बचाया जा सकता है। अत: देश को न्यायिक सुधार नहीं, न्यायिक क्रांति चाहिए। न्यायिक क्रांति के लिए तीनों संस्थाओं के बीच समन्वय चाहिए।

सुधार में तीव्रता नहीं होती, क्रांति में धमाके की तीव्रता होती है

प्रकाश सिंह केस 310 of 1996 में सर्वोच्च न्यायालय ने 2006 के अपने आदेश में वह सबकुछ कहा, जो पुलिस सुधार के लिए जरूरी था। आदेश पालन की समय-सीमा भी तय कर दी। निगरानी भी स्वयं सर्वोच्च न्यायालय ने की, फिर भी केंद्र एवं राज्य सरकारों ने पुलिस सुधार नहीं किया। अवमानना की कार्यवाही भी की गई, 10 वर्षों से पुलिस सुधार के लिए सरकारों ने कोई ठोस कदम नहीं उठाए, क्योंकि ये सुधार थे, क्रांति नहीं। कारणों की पड़ताल करने पर पता चला कि वर्ष 2004 से 2014 तक 10 वर्ष कांग्रेस की सरकार थी। अपनी गठबंधन की सरकार बचाने के लिए, अपने मंत्रियों, सांसदों, नेताओं को पुलिस व न्यायालय से बचाने के लिए बगलें झाँक रही थी। ऐसे में पुलिस सुधार करके पुलिस को स्वायत्तता देना, अपनी गरदन पर कुल्हाड़ी मारने जैसा होता, अत: पुलिस सुधार नहीं हुए।

सन् 1974 में जयप्रकाश नारायण ने 'समग्र क्रांति' का नारा दिया तो सन् 1977 में शांतिपूर्ण क्रांति ने कांग्रेस सरकार को उखाड़ फेंका। सन् 2011 में अन्ना हजारे की जन क्रांति ने कांग्रेस को चुनौती दी। सन् 2014 में नरेंद्र मोदी ने चुनावी क्रांति से सरकार का तख्ता पलट दिया। मुद्रा क्रांति एवं कर क्रांति एक झटके में कर दिया।

भारत सरकार ने स्वयं हरित क्रांति, श्वेत क्रांति, नीली क्रांति, सूचना क्रांति जैसी अनेक क्रांतियाँ की हैं। ये सभी क्रांतियाँ सफल थीं। इसके विपरीत, पुलिस सुधार की तरह न्यायिक सुधार के लिए विधि आयोग की रिपोर्ट मंत्रालयों में धूल खा रही है। अत: सुधारों पर भरोसा करें या क्रांति पर ? भ्रष्टाचार के खिलाफ जनता आंदोलित हो सकती है तो न्यायपालिका के भ्रष्टाचार एवं सुधार हेतु त्वरित विचारण अधिनियम बनाने के लिए क्यों नहीं ? यदि सरकार नहीं जागती, न्यायपालिका कुछ नहीं करती, मीडिया चुप रहता है, तब जनमानस को उठ खड़ा होना पड़ेगा।

सुधारों के अथक प्रयत्न किए गए। 'अखिल भारतीय न्यायाधीश संघ' ने भी पूर्ण प्रयत्न किया। राज्य के मुख्यमंत्रियों एवं मुख्य न्यायाधीशों का प्रत्येक वर्ष सम्मेलन इस दिशा में बड़ा कदम है। मीडिया ने भी अपना दायित्व निभाया है। इसके बावजूद, 36 वर्षों के पुलिस सुधार की भाँति 60 वर्षों का न्यायिक सुधार भी

व्यर्थ साबित हुआ। आखिर क्यों?

क्योंकि सुधारों में तीव्रता, संवेग नहीं होता। धीमी गति के कारण छोटा सा अवरोध भी गति को रोक देता है। राजनैतिक गतिरोध तो पहाड़ जैसा है। न्यायिक सुधारों में राजनैतिक गतिरोध के कारण ही न्यायपालिका व विधायिका, कार्यपालिका के बीच चूहे-बिल्ली का संबंध है। चूहे-बिल्ली में समन्वय हो सकता है क्या?

अत: कोई समन्वय संभव होता दिखता नहीं है। समन्वय के बिना कुछ नहीं होगा। आज मोदी युग में ऐसे समन्वयपूर्ण संबंध बन सकते हैं, बनाने पड़ेंगे। विधि आयोग की 230वीं रिपोर्ट के पृष्ठ 31 पर विधि आयोग के अध्यक्ष डॉ. ए.आर. लक्ष्मणन् लिखते हैं कि—

"अपने सभी नागरिकों को सामाजिक, आर्थिक, राजनैतिक न्याय सुनिश्चित करना, जैसा कि संविधान की प्रस्तावना में आश्वासन दिया गया है, तब तक प्राप्त नहीं किया जा सकता, जब तक कि राज्यों के तीनों अंगों—विधायिका, कार्यपालिका, न्यायपालिका आपस में समन्वय बनाकर कोई रास्ता और साधन नहीं खोजते, ताकि न्यायिक व्यवस्था द्वारा प्रदत्त न्याय सभी भारतीय गरीबों-अमीरों को समान रूप से उपलब्ध हो।" तात्पर्य यह है कि तीनों अंगों में से किसी भी एक अंग को कौशलपूर्वक कार्य करने के लिए शेष दो अंगों से मिलकर समन्वय बनाना पड़ेगा।

समन्वय के अभाव में अपेक्षित न्यायिक सुधार नहीं हो पा रहा है। जब तक न्यायाधीश एवं अधिवक्ता तथा सरकारें एवं विधायिका अपनी मानसिकता नहीं बदलते, तब तक उच्च विधिक संस्थाओं के वक्तव्य आलेख, प्रशिक्षण से कुछ हासिल नहीं होगा।

न्यायाधीश डॉ. ए.आर. लक्ष्मणन् उल्लेख करते हैं कि—

"जो बातें हम जानते हैं, उन्हें कहना आसान है, किंतु करना कठिन है, और वे सभी सुधार जो जरूरी हैं, वे हैं—कठोर अनुशासन और आत्मनिरीक्षण एवं यह महसूस करना कि इन सुधारों के बिना वर्तमान व्यवस्था खतरनाक मोड़ पर है। न्यायाधीश एवं अधिवक्ता, दोनों को अपनी मानसिकता को बदलना होगा। सुधार के प्रति जब तक हमारे मानसिक अवरोध दूर नहीं होंगे, तब तक वे सभी बाह्य उपचार, जो हम करते हैं, उनका असफल होना निश्चित है। गांधीजी की उक्ति हमें याद रखनी होगी कि—"यदि तुम किसी भी चीज को बदलना चाहते हो, तुम्हें स्वयं बदलना होगा।"

उपरोक्त विश्लेषण का तात्पर्य यह है कि मानसिकता को बदलना होगा। न्यायिक सुधारों से तीनों अंगों की मानसिकता कभी नहीं बदलेगी। **न्यायिक क्रांति के धमाकों से** मानसिकता को बदल सकेंगे।

प्रथम धमाका—जब मोदी सरकार त्वरित विचारण अधिनियम बनाए, तदनुसार कानून में संशोधन करे, विधि आयोग एवं मालीमाथ कमेटी की अनुशंसाओं के आलोक में पूर्व की अन्य क्रांतियों की तरह घोषणा करे कि—

"**देश को आंतरिक एवं विदेशी आतंकियों, अपराधियों, माफियाओं, सफेदपोश अपराधियों, भ्रष्टाचारियों से बचाने एवं उन्हें कठोर दंड देने के लिए, काला धन विदेश जाने से रोकने के लिए, विदेशी निवेश भारत लाने के लिए, देश में विधि का शासन स्थापित करने के लिए, देश की कानून व्यवस्था चाक-चौबंद बनाने हेतु, सामाजिक एवं जीवन सुरक्षा हेतु त्वरित न्याय आज देश की प्रमुख प्राथमिकता हो गई है।** नारी समाज को सुरक्षित, सिर उठाकर जीने एवं सशक्तीकरण हेतु अपराधियों को दंडित करके, दिव्य समाज का निर्माण करने के लिए भारत सरकार न्यायिक क्रांति की घोषणा करती है। सभी न्यायिक, गैर-न्यायिक संस्थाएँ, देशभक्त, राष्ट्रप्रेमी, देशवासी इस न्यायिक क्रांति को सफल बनाने में सहयोग करें।"

दूसरा धमाका—भारत सरकार की न्यायिक क्रांति के समर्थन में माननीय सर्वोच्च न्यायालय के आदेश पर आठ घंटे के कार्यदिवस में 52 रविवार, 13 त्योहार, 300 दिन कार्य का कैलेंडर उच्च न्यायालय से छपकर निकले। न्यायालयों की कार्य-संस्कृति एवं न्यायाधीशों की कार्यशैली एवं सोच में परिवर्तन के लिए नियमों में परिवर्तन करें।

तीसरा धमाका—जब पेशकार—स्टाफ की रिश्वत, न्यायालयों का भ्रष्टाचार खत्म करने का परिपत्र माननीय उच्च न्यायालय से जारी होकर न्यायाधीश की मेज पर गिरेगा। न्यायालयों में सी.सी.टी.वी. कैमरे लगाए जाएँगे, ताकि न्यायाधीश के कोर्ट में समय पर बैठने-उठने तथा पेशकार की रिश्वत के विवरण रिकॉर्ड हो जाएँ।

चौथा धमाका—अधिवक्ता एवं वादकारी सहम जाएँगे, कार्यवाही स्थगित कराने की कार्य-संस्कृति का अंत स्वयं करेंगे। यह देखकर कि न्यायिक कार्य कम करने या न करने के कारण अनुपयोगी व्यक्ति जैसे कुछ न्यायाधीशों से उनके इस्तीफे ले लिये गए। अनुसंधान अधिकारी बरखास्त कर दिए गए। लोक अभियोजक घर वापस चले गए।

पाँचवाँ धमाका—अधिवक्ताओं की अवैध हड़तालों पर बार एसोसिएशन की मान्यताएँ रद्द हो जाएँगी, अधिवक्ताओं के लाइसेंस रद्द हो जाएँगे। अधिवक्तागण तैयारी करके न्यायालय आएँगे, फाइल घर में भूल आने का बहाना भूल जाएँगे। येन-केन-प्रकारेण तारीख लेने की संस्कृति खत्म हो जाएगी।

उक्त पाँच धमाकों से संपूर्ण न्यायपालिका की मानसिकता न्यायिक सुधारों से न्यायिक क्रांति में बदल जाएगी।

अतः न्यायिक सुधार नहीं, न्यायिक क्रांति चाहिए, क्योंकि सरकारों के, विधायिका के, न्यायपालिका के निहितार्थ अलग-अलग हैं, एक-दूसरे के विरोधी हैं। तीनों स्तंभों में समन्वय नहीं है, चौथा स्तंभ मीडिया न्यायपालिका से भयभीत है। ऐसे में न्यायिक सुधार की बात बेमानी हो गई है। वैश्विक आतंकवाद एवं आंतरिक खतरों के आलोक में जंगलराज के खात्मे हेतु विधि का शासन स्थापित करने के लिए, त्वरित न्याय देश की सर्वोपरि प्राथमिकता है। ऐसे में जन सहयोग से शांतिपूर्ण ढंग से न्यायिक क्रांति की अवधारणा ही एकमात्र उपाय है। बलात्कार की प्रत्येक घटना पर कैंडल मार्च कब तक निकालोगे? अच्छा है, एक बार मशाल जुलूस निकाल दो! सरल शब्दों में कहें तो न्यायिक सुधार जैसी सुनार की सौ चोटों से न्यायिक क्रांति जैसी लोहार की एक चोट भारी पड़ेगी। देशवासियों को सोचना पड़ेगा कि देश को क्या चाहिए? सौ सुनार की या एक लोहार की?

□

न्यायिक क्रांति की पृष्ठभूमि

"त्वरित न्याय ही विधि के शासन एवं विधि व्यवस्था का आधार है।"

जब जागो, तब सवेरा

आपराधिक न्याय व्यवस्था के सुधार हेतु भारत सरकार ने वर्ष 2000 में मालीमाथ कमेटी का गठन किया। कर्नाटक व केरल उच्च न्यायालय के भूतपूर्व मुख्य न्यायाधीश डॉ. वी.एस. मालीनाथ, जो कि सी.ए.टी. के अध्यक्ष तथा मानवाधिकार आयोग के सदस्य भी थे, इस कमेटी के अध्यक्ष हुए। कमेटी ने अपनी सर्वांगपूर्ण रिपोर्ट, संस्तुतियों के साथ 28.3.2003 को भारत सरकार को सौंप दी।

रिपोर्ट के अध्ययन से स्पष्ट है कि यह रिपोर्ट सुधारात्मक नहीं, क्रांतिकारी है। ऐसी सर्वांगपूर्ण क्रांतिकारी रिपोर्ट का दुर्भाग्य यह था कि कमेटी का गठन तो अटल बिहारी वाजपेयी की सरकार ने किया, रिपोर्ट 2003 में आई, 2004 में कांग्रेस सरकार सत्ता में आ गई। अतः पुलिस आयोग की रिपोर्ट की भाँति यह रिपोर्ट भी 10 वर्षों तक कांग्रेस सरकार के हाथ में पड़ गई और मंत्रालय की धूल फाँकती रही। वास्तव में यह रिपोर्ट, पुलिस आयोग की रिपोर्ट एवं विधि आयोग की अन्य रिपोर्टें इस बात की हकदार थीं कि भारत सरकार एवं सर्वोच्च न्यायिक प्रशासन द्वारा इसे आपराधिक न्याय-व्यवस्था पर क्रांतिकारी कदम नाम दिया जाना चाहिए था। भारत सरकार एवं सर्वोच्च न्यायिक प्रशासन के बीच समन्वय बनाकर रिपोर्ट लागू करते हुए भारतीय न्यायपालिका में न्यायिक क्रांति की घोषणा की जानी चाहिए थी। राष्ट्रपति रूजवेल्ट ने अमेरिका में, 1937 में ऐसी ही न्यायिक क्रांति की थी। अमेरिका में भी वह दौर राष्ट्रपति एवं सर्वोच्च न्यायालय के बीच टकराव का था। इस रिपोर्ट की संस्तुतियों पर अमल करने मात्र से न्यायपालिका का प्रदर्शन अब तक अपने शीर्ष पर होता, परिणाम सामने होते। तात्पर्य यह है कि भारत सरकार की

हरित क्रांति, श्वेत क्रांति, सूचना तकनीक क्रांति, नील क्रांति, मुद्रा क्रांति, कर क्रांति की तरह न्यायिक क्रांति के परिणाम भी आ गए होते। विधि का शासन स्थापित हो गया होता। विधि-व्यवस्था चाक-चौबंद हो गई होती। जिस प्रकार कृषि उत्पादन, दुग्ध उत्पादन एवं सूचना तकनीक के मामले में देश संपन्न व समृद्ध है, उसी प्रकार न्यायालयों से कोई तारीख लेकर खाली हाथ न लौटता, त्वरित न्याय मिलने लगता। न्यायपालिका के राडार पर अभी भी घूम रहे आतंकवादी, अनेक वर्षों से भ्रष्टाचार में लिप्त मंत्री, नेता, नौकरशाह, अपराधी अपनी अंतिम परिणति को प्राप्त हो गए होते। संसद् एवं विधानसभाएँ अपराधी मुक्त हो गई होतीं। भारत के प्रधान न्यायाधीश को विज्ञान भवन में आँसू बहाने की नौबत न आती।

2003 में मालीमाथ कमेटी रिपोर्ट आने के बाद देश की न्यायिक व्यवस्था के साथ एवं पुलिस आयोग रिपोर्ट-1981 आने के बाद अथवा पुलिस आयोग की रिपोर्ट पर प्रकाश सिंह केस में सर्वोच्च न्यायालय का आदेश 22 सितंबर, 2006 आने के बाद जो भी हुआ, देश के साथ बहुत बुरा हुआ, किंतु हुआ। पता नहीं कांग्रेस सरकार को क्या रंजिश थी इस देश से, जिसका बदला लिया, किंतु अब व्यर्थ प्रलाप करने का समय नहीं है। नरेंद्र मोदी के शब्दों में कहें तो 'जब जागो, तब सवेरा' मालीमाथ कमेटी रिपोर्ट एवं प्रकाश सिंह के मामले का आदेश आज भी राज्य सरकारों एवं भारत सरकार के पास है।

कभी लोग न्यायपालिका पर उँगली उठाते भी थे तो डरे-सहमे से, अभी सोशल मीडिया पर कीचड़ उछाल रहे हैं। कहाँ चूक हो रही है न्यायपालिका से? क्यों पतनोन्मुख है न्यायपालिका? न्यायपालिका की कार्य-संस्कृति एवं कार्यशैली में क्यों नहीं आ रहा है परिवर्तन? कब मिलेगा त्वरित न्याय? न्यायपालिका सहित केंद्र सरकार एवं राज्य सरकारों का सवेरा होने की प्रतीक्षा पूरा देश कर रहा है। यह रिपोर्ट एवं प्रकाश सिंह के मामले का आदेश सुधारात्मक होगा या क्रांतिकारी, यह आनेवाला वक्त बताएगा।

देश की न्यायिक व्यवस्था एवं पुलिस-व्यवस्था पर राजनैतिक पार्टियों के काले बादलों का साया कब छँटेगा? इसका विश्लेषण भी यहीं प्रासांगिक है।

भारत भाग्य विधाता

हम भारत के लोग प्रधानमंत्री नरेंद्र मोदी के भारत को 2014 के पहले के भारत से अलग देखते हैं। प्रत्यक्ष प्रतीत होता है कि देश को पहली बार भारत के योग्य प्रधानमंत्री मिला है। ऐसी ही राय 'अखिल भारतीय न्यायाधीश संघ' के

न्यायाधीश एवं अधिवक्ता भारत के प्रधान न्यायाधीश के बारे में रखते हैं। 'अखिल भारतीय न्यायाधीश संघ' के लखनऊ सम्मेलन 2014 में भारत के निवर्तमान प्रधान न्यायाधीश (तत्कालीन वरिष्ठ न्यायाधीश, सर्वोच्च न्यायालय) माननीय तीरथ सिंह ठाकुर ने अपने उद्घाटन भाषण में स्पष्ट कर दिया था कि "भविष्य के भारत को वर्तमान न्यायपालिका न्याय देने में सक्षम नहीं है। अतः भारत को न्यायपालिका के भविष्य का रोडमैप आज ही बनाना होगा।" उन्होंने आगे कहा कि इस सम्मेलन का विषय 'अधीनस्थ न्यायपालिका में सुधारों की आवश्यकता नहीं, बल्कि भारतीय न्यायपालिका में सुधारों की आवश्यकता' होना चाहिए। आपके निर्णयों में भ्रष्टाचार एवं आतंकवाद के विरुद्ध सख्त कदम आपके राष्ट्र प्रेम का द्योतक है। ऐसे दूरद्रष्टा महान् व्यक्तित्व भारत के प्रधान न्यायाधीश थे! वर्तमान प्रधान न्यायाधीश भी महान् व्यक्तित्व के धनी हैं।

ऐसी दूरदृष्टि के भारत भाग्य विधाता प्रधानमंत्री एवं प्रधान न्यायाधीश हैं। अतः न्यायालयों द्वारा त्वरित न्याय प्रदान करने हेतु भविष्य का कोई रोड मैप बन सकता है तो आज, अभी। कौन बना सकता है? भारत के प्रधानमंत्री एवं प्रधान न्यायाधीश। कैसे बना सकते हैं? आपसी समन्वय से, स्वहित, संस्थाहित के परे, राष्ट्रहित के लिए ऐसा करना आज अपरिहार्य हो गया है। ऐसा आज, अभी हो सकता है, अन्यथा कभी नहीं।

न्यायमूर्ति डॉ. ए.आर. लक्ष्मणन् (भूतपूर्व न्यायाधीश, भारतीय सर्वोच्च न्यायालय) अध्यक्ष, भारतीय कानून आयोग ने विधि आयोग की 230वीं रिपोर्ट के पृष्ठ 14 पर उल्लेख किया है कि—

"इस तथ्य से इनकार नहीं करते कि विलंब से न्याय का उद्देश्य खत्म हो जाता है। वर्तमान व्यवस्था में किसी मामले में अंतिम निर्णय आने तक 10-20-30 या अधिक वर्षों का समय लगता है।''' कारण कुछ भी हो, किंतु प्रभावी कदम उठाकर न्याय प्रदान करने में विलंब को हटाना होगा, अन्यथा वह दिन दूर नहीं, जब सारा तंत्र ही ध्वस्त हो जाएगा।"

न्यायिक क्रांति की परिभाषा

पीड़ित की आँख का आँसू सूखने के पहले (अधिकतम 2 वर्ष) न्याय मिल जाए, वही न्याय है, अन्यथा न्याय से इनकार है। न्याय देने में विलंब न्याय न देने के समान है। भारतीय न्यायपालिका के शिखर पर अधिष्ठित सर्वोच्च न्यायालय में भारत के प्रधान न्यायाधीश, न्यायाधीश राज्यों के उच्च न्यायालय एवं उनकी अधीनस्थ

न्यायपालिका दायित्व निर्वहन के किन्हीं कारणोंवश त्वरित न्याय कर पाने में असमर्थ हैं। असमर्थता के अपराध-बोध से ग्रसित भी हैं, निराश भी हैं। सर्वोच्च न्यायालय, उच्च न्यायालय, न्यायिक अकादमी, विधि आयोग, त्वरित न्याय हेतु अधीनस्थ न्यायपालिका में सुधार के लिए प्रयासरत हैं। सभी प्रयत्न निष्फल रहे। 'अखिल भारतीय न्यायाधीश संघ' ने भी 'अधीनस्थ न्यायपालिका का सुधारों की आवश्यकता' पर 2014 में लखनऊ सम्मेलन किया, पर सुधारों के कोई परिणाम नहीं निकले।

अतः संयुक्त राज्य अमेरिका की तरह भारत में भी न्यायिक क्रांति को परिभाषित करके उसका विश्लेषण अपरिहार्य हो गया है—

"धमाके के साथ अचानक ऐसे संवेगात्मक परिवर्तन, जो भारतीय न्यायपालिका की न्यायिक व्यवस्था को झकझोरकर सभी न्यायिक, विधायिक एवं निष्पादकों की मानसिक दशा को बदल दें, जिससे संपूर्ण न्यायिक व्यवस्था प्रसव पीड़ा जैसी सक्रियता से गुजरकर अत्यंत कम समय में अपनी अंतिम परिणति को प्राप्त हो जाए, यही न्यायिक क्रांति है।" उन्नत न्यायपालिका के लिए परिवर्तन की अनवरत प्रक्रिया न्यायिक सुधार है।

सुधार प्रक्रिया में किसी की जिम्मेदारी एवं जवाबदेही नहीं होती। क्रांति का तात्पर्य है—किसी कार्य को करने का क्रांतिकारी तरीका, जो पूरी जिम्मेदारी एवं जबाबदेही के साथ किया जाए, अर्थात् कार्य समय पर पूर्ण न होने पर दंडित किया जाएगा, यही क्रांतिकारी तरीका है। यहाँ असफलता की कोई गुंजाइश नहीं होती।

न्यायालयों की वर्तमान कार्य-पद्धति (कार्य-संस्कृति एवं कार्यशैली) में द्रुतगति से परिवर्तन लाना एवं विधि व प्रक्रिया विधि में संशोधन तथा त्वरित विचारण अधिनियम, मालीमाथ कमेटी रिपोर्ट का पालन एवं यहाँ प्रस्तुत न्यायिक क्रांति की रूपरेखा पर अमल करने मात्र से संवेगात्मक परिवर्तन होगा, यही न्यायिक क्रांति होगी।

न्यायिक व्यवस्था में भारत सरकार एवं राज्य सरकारों की कमी वश जो नहीं है, भारत सरकार उसे लाने के क्रांतिकारी प्रयत्न करे, किंतु न्यायिक व्यवस्था में जो है, उसकी पूर्ण उपयोगिता के लिए न्यायपालिका क्रांतिकारी कदम उठाए, यही न्यायिक क्रांति होगी।

विधि आयोग की रिपोर्ट संख्या 230 पृष्ठ 16—"यही सर्वथा उचित समय है कि त्वरित न्याय प्रदान कर, लोगों में न्यायपालिका के प्रति विश्वास की पुनर्स्थापना की जाए।" न्यायपालिका द्वारा लोगों का विश्वास फिर से जीतने के लिए भारत सरकार एवं भारतीय न्यायिक प्रशासन (सर्वोच्च न्यायालय) के बीच घनिष्ठ मैत्रीपूर्ण

संबंध, आपसी तालमेल, सहयोग एवं समन्वय की जरूरत है अर्थात् विधायिका एवं न्यायपालिका के संयुक्त प्रयत्न से ही न्यायिक व्यवस्था में तीव्र संवेगात्मक परिवर्तन होगा। संवेगात्मक परिवर्तन के लिए जरूरी नहीं है कि जो नहीं है, उसके लिए रोएँ; जरूरी है कि जो है, उसका बेहतर से बेहतर उपयोग करें।

न्यायिक क्रांति/संवेगात्मक परिवर्तन आएगा कब ? कैसे ? नायक कौन ?

- **सर्वोच्च न्यायालय एवं उच्च न्यायालय की प्रेरणा से—**
  अधीनस्थ न्यायपालिका के लिए कठोर दायित्व-निर्वहन का आदर्श प्रस्तुत करने पर। न्यायालय की कार्य-संस्कृति एवं न्यायाधीश की कार्यशैली में परिवर्तन द्वारा। त्वरित न्याय की जिम्मेदारी-जवाबदेही तय करके। नियमावली में परिवर्तन करें।
- **भारत सरकार के प्रयत्न से**
  त्वरित विचारण अधिनियम बनाकर, नए पुलिस अधिनियम को लागू कर, प्रक्रिया विधि एवं संविधि में संशोधन करके, विधि आयोग एवं मालीमाथ कमेटी की रिपोर्ट पर यथासंभव अमल करके, न्यायिक क्रांति की उद्घोषणा भी कर क्रांति (जी.एस.टी. की घोषणा के लिए रात 12 बजे संसद् बैठी) की उद्घोषणा की तरह किया जाए।
- **बार काउंसिल एवं बार एसोसिएशन के प्रभाव से**
  'अधिवक्ताओं की भूमिका के मूलभूत सिद्धांत' के अधिनियम 14 में पारित दिशा-निर्देश, जिन्हें 1990 में हवाना, क्यूबा में आठवीं संयुक्त राष्ट्र कांग्रेस ने अंगीकार किया, का पालन करने पर। विधि आयोग की रिपोर्ट सं. 30 के पृष्ठ 23, 26 एवं 31 पर उल्लिखित निर्देशों का पालन करने पर, हरीश उप्पल बनाम भारत सरकार में पारित आदेश (2003) 2 SCC 45 का पालन करना होगा।
- **अभियोजन एवं पुलिस के प्रयास से**
  जब राज्य सरकारें प्रकाश सिंह बनाम भारत संघ के दिशा-निर्देशों का पालन करेंगी, उनके अनुपालन पर। अनुसंधान पुलिस के पृथक्करण से।
- **भारतीय मीडिया (लोकतंत्र का चौथा स्तंभ) द्वारा न्यायिक क्रांति के प्रचार-प्रसार से**
  टी.आर.पी. बढ़ाने वाली भारत की जनता इस चौथे स्तंभ से पूछती है कि

विधि का शासन, विधि-व्यवस्था एवं त्वरित न्याय, क्या केवल सरकार का मुद्दा है, न्यायपालिका का नहीं? निर्भीकता से वाद-विवाद एवं समालोचना होने पर प्रकाश स्तंभ की भाँति निहित स्वार्थवश लक्ष्य से भटकी हुई लोकतंत्र की इन तीनों प्रमुख संस्थाओं को इनका सही मार्ग दिखाकर लक्ष्य की ओर लाने पर।

- **सोशल मीडिया द्वारा सामाजिक सरोकार से**
  राजनीतिक पार्टियों द्वारा स्थापित पार्टी-व्यवस्था पर नहीं, बल्कि देश की पुलिस व्यवस्था एवं विधि-व्यवस्था पर जनमानस की संवेदनशीलता होने पर सोशल मीडिया द्वारा व्याप्त खामियों पर खुली चर्चा हो। सोशल मीडिया में उठाए गए बिंदुओं पर चर्चा करने से प्रिंट मीडिया एवं इलेक्ट्रॉनिक मीडिया भयभीत न हो। सच्चाई का हल्ला-बोल हो। ताल ठोंककर भयभीत न हों।
- **भारतीय जनमानस के सहयोग से**
  आक्रोश की अंतिम परिणति को आंदोलन का रूप देने पर, शांतिपूर्ण न्यायिक क्रांति का आह्वान करने पर—"सच कहना अगर बगावत है तो समझो हम भी बागी हैं।"

यह न्यायिक क्रांति के नायक न्यायपालिका के न्यायाधीश को करना चाहिए। वे ऐसा कर सकते हैं, क्योंकि वही इस क्रांति के नायक हैं।

उपरोक्त सात संस्थाओं में एक या एक से अधिक कोई भी यदि अपने दायित्व का सौ प्रतिशत अनुपालन करे, तो भी संवेगात्मक परिवर्तन अवश्यंभावी हो जाएगा।

न्यायपालिका में संवेगात्मक परिवर्तन का एक अवसर प्रतिवर्ष विज्ञान भवन, नई दिल्ली में आयोजित राज्यों के मुख्य न्यायाधीश एवं मुख्यमंत्रियों के सम्मेलन में आता है। 22 अप्रैल, 2016 को यह अवसर आया था। काश, भारत के प्रधान न्यायाधीश के प्रस्ताव को प्रधानमंत्री ने स्वीकार कर लिया होता तथा प्रधानमंत्री द्वारा इशारों-इशारों में व्यक्त किए गए दिल के उद्गारों को प्रधान न्यायाधीश ने स्वीकार कर लिया होता! यद्यपि तत्काल नहीं, किंतु निकट भविष्य में दोनों संस्थाएँ आपस में वार्त्ता द्वारा किसी निष्कर्ष पर पहुँचने के लिए सहमत हुई हैं। ईश्वर से प्रार्थना है कि भारत सरकार एवं सर्वोच्च न्यायालय के बीच भविष्य की यह आपसी बैठकों की सुलझाव की वार्त्ता सफल हो। एक-दूसरे के प्रस्तावों को स्वीकार करें। त्वरित न्याय की अन्य संभावनाओं पर अच्छे निष्कर्ष निकलें। न्यायपालिका के भी अच्छे

दिन आएँ। यहीं से न्यायिक क्रांति का सूत्रपात हो सकता है।

'छोटा मुँह बड़ी बात' शोभा नहीं देती, किंतु प्रसंगवश ही समझिए कि जब मैं सचिव, जिला विधिक सेवा प्राधिकार था, तो दिल से ऐसी कामना करता था कि जमशेदपुर के सभी न्यायालयों के सभी मामलों के सभी पक्षकारों को परमेश्वर ऐसी सद्बुद्धि दे कि वे सभी मेरे न्याय सदन में आएँ। मध्यस्थता द्वारा विवाद एवं विचारों के टकराव को खत्म करके परिवार में सुख, शांति, समृद्धि लाएँ। न्यायिक सक्रियतावाद से अब तक एवं कोलेजियम व्यवस्था बनाम राष्ट्रीय न्यायिक सेवा आयोग पर हुए टकराव के बाद सोचता हूँ कि हे प्रभु परमेश्वर! इन्हें भी वही कृपा दें, ताकि भारत सरकार एवं सर्वोच्च न्यायिक प्रशासन के बीच दशकों से चल रहे सभी विचारों के टकराव एवं विवाद भी याचिका दाखिल करने अथवा रिव्यू याचिका में नहीं, बल्कि **राष्ट्रीय विधिक सेवा प्राधिकरण, नई दिल्ली में बैठकर सुलझा लिये जाएँ।** आखिर दोनों में समन्वय क्यों नहीं बनता? यक्ष प्रश्न खड़ा है। निजी मुकदमों के पक्षकारों के बीच उनके निजी स्वार्थ होते हैं। भारत सरकार एवं सर्वोच्च न्यायिक प्रशासन के बीच क्या निजी स्वार्थ हो सकते हैं ?

'जहाँ सुमति तहाँ संपति नाना—जहाँ कुमति, तहाँ विपति निधाना'। दो पक्षों में टकराव ही पतन का कारण बनता है, फिर वह चाहे परिवार का हो या राष्ट्र। विपत्ति न्यायपालिका पर हो या राष्ट्र पर या दोनों पर, कारण कुमति ही है। इसी कुमति के कारण देश वैश्विक दौड़ में बहुत पीछे छूट रहा है। क्या होना चाहिए, क्या हो रहा है? त्वरित न्याय ही विधि के शासन एवं विधि-व्यवस्था का आधार है, फिर भी त्वरित न्याय क्यों नहीं हो रहा है?

भारत में घटित क्रांतियाँ

1. 1980 से जनहित याचिका को मान्यता देकर सर्वोच्च न्यायालय एवं उच्च न्यायालयों ने अपने निर्णयों से निरंकुशता एवं भ्रष्टाचार पर लगाम लगा दी। यह न्यायिक क्रांति अभी जारी है।
2. लिली थॉमस केस एवं पब्लिक ईंटेस्ट फाउंडेशन केस के फैसलों से संसद् व विधानसभाएँ अपराधी मुक्त हो रही हैं। यह क्रांति भी सर्वोच्च न्यायालय की देन है।
3. हरित क्रांति (कृषि उत्पादन) भारत सरकार के सहयोग से कृषि वैज्ञानिकों के अनुसंधान एवं किसानों के परिश्रम ने किया। हरित क्रांति भाग-II की

घोषणा पुन: नरेंद्र मोदी ने किया।

4. श्वेत क्रांति (दुग्ध उत्पादन) भारत सरकार के सहयोग से पशु विशेषज्ञों, किसानों व डेयरी फार्म ने किया।
5. नीली क्रांति (मत्स्य उत्पादन) की घोषणा नरेंद्र मोदी सरकार ने कर दी है। योजना प्रगति में है।
6. सूचना एवं तकनीक क्रांति उपग्रह के द्वारा इंजीनियरों ने की।
7. बैंकिंग क्रांति आर्थिक विशेषज्ञों ने कंप्यूटर की मदद से की।
8. 1974 की समग्र क्रांति लोकनायक जयप्रकाश ने की।
9. जन क्रांति अन्ना हजारे से प्रेरित जनमानस ने की।
10. मीडिया ने निर्भया केस में समूचे देश को आंदोलित कर दिया।
11. 2014 की चुनावी क्रांति 'स्वच्छ भारत क्रांति' एवं 'डिजिटल इंडिया क्रांति' नरेंद्र मोदी ने की।
12. 'मेक इन इंडिया' का आगाज नरेंद्र मोदी का संकल्प है।
13. जनहित याचिका एवं सूचना के अधिकार की संयुक्त क्रांति ने देश को पतन के गर्त में जाने से बचा लिया।
14. मुद्रा क्रांति एवं कर क्रांति से देश की आर्थिक नींव को मजबूत आधार दे दिया।
15. पुलिस व्यवस्था में क्रांति (पुलिस क्रांति) का आगाज सर्वोच्च न्यायालय ने 2006 के प्रकाश सिंह केस में किया, किंतु 2006 से 2016 तक केंद्र व राज्य सरकारों ने पुलिस क्रांति का गर्भ में ही गर्भपात कर दिया।

इस पर सर्वोच्च न्यायालय चुप क्यों है ? अवमानना कार्यवाही में दंडित क्यों नहीं किया ?

न्यायिक क्रांति के दो पहलू हैं—

प्रथम, जो न्यायाधीश को पाना है। वेतन, भत्ते, सुविधाओं के संबंध में इसमें न्यायिक क्रांति के दो चरण (शेट्टी आयोग-पद्मनाभन समिति) पूर्ण हो चुके हैं।

दूसरा, जो न्यायाधीशों से हम भारत के लोगों को पाना है। त्वरित न्याय, त्वरित अनुतोष, त्वरित निर्णय, भ्रष्टाचार मुक्त न्यायपालिका। इस संबंध में न्यायपालिका अभी न्यायिक सुधारों के गुब्बारे में हवा भर रही है। कार्यपालिका-विधायिका गुब्बारे में छेद कर रही हैं। (प्रकाश सिंह केस, मालीमाथ कमेटी की रिपोर्ट, विधि आयोग

की रिपोर्ट का धूल खाना आदि-आदि।) न्यायिक सुधारों का गुब्बारा फूटने को है। विधायिका व न्यायपालिका की हवा निकल जाए, इसके पहले यदि न्यायिक सुधारों से न्यायिक क्रांति की दिशा में मुड़ गए तो न्यायिक व्यवस्था पर विश्वास बचेगा, अन्यथा विधि आयोग के अध्यक्ष का कथन एवं भारत के प्रधान न्यायाधीश के लखनऊ सम्मेलन का कथन सत्य साबित होगा। हम भविष्य के भारत को न्याय देने में सक्षम नहीं होंगे, न्यायिक व्यवस्था भी ध्वस्त हो जाएगी। अत: विकल्प एक ही है—'न्यायिक क्रांति।'

न्यायिक क्रांति की अपेक्षाएँ

भारत सरकार एवं राज्य सरकारों से अपेक्षित है कि—

1. त्वरित विचारण अधिनियम 1974, Speedy Trial Act संयुक्त राज्य अमेरिका की भाँति भारत सरकार भी त्वरित विचारण अधिनियम कानून पारित कर, केस के अनुसंधान एवं विचारण की समय-सीमा मालीलाथ कमेटी की रिपोर्ट के अनुरूप 2 वर्ष निश्चित करे। कर क्रांति के लिए रात 12 बजे संसद् बुलाई गई, देशवासियों ने रात 12 बजे संसद् में कर क्रांति के धमाके को देखा, अत: न्यायिक क्रांति का धमाका त्वरित न्याय अधिनियम का निष्पादन कर क्रांति के धमाके से 10 गुना अधिक शक्तिशाली उद्घोषणा के साथ किया जाए।
2. विधि आयोग की रिपोर्टों, मालीमाथ कमेटी की संस्तुतियों एवं इस पुस्तक में दिए गए सुझावों-विचारों का यथासंभव अनुपालन करें। तदनुसार प्रक्रिया विधि एवं संविधि में संशोधन करें। नया पुलिस ऐक्ट लागू करें।
3. प्रकाश सिंह बनाम भारत संघ केस के पुलिस सुधारों के सात बिंदुओं का अनुपालन केंद्र व सभी राज्य सरकारें सुनिश्चित करते हुए अनुसंधान पुलिस को विधि-व्यवस्था पुलिस से पृथक् करें। पुलिस को स्वायत्त बनाएँ, अपराध का ग्राफ नीचे लाकर विधि-व्यवस्था स्थापित करने हेतु पुलिस प्रशासन को विवश करें अर्थात् अपराध घटाएँ, तब न्यायालय का कार्यभार घटेगा।
4. विवाद पैदा होने से लेकर सुलह अथवा न्याय निर्णयन तक अधिवक्ता को भी न्यायाधीश के समतुल्य एक भूमिका अदा करने का अवसर प्रदान किया जाए। अधिवक्ताओं की पीठ, अवैतनिक दंडाधिकारी का गठन

करके अर्ध न्यायिक कार्य में भागीदारी दी जा सकती है। विवाद निपटाने में वे अपनी विधि स्नातक की भूमिका अदा करें। अनुसंधान में पुलिस का एवं न्यायिक कार्य में न्यायाधीश को सहयोग करें। पक्षकार या सरकार की ओर से उन्हें सम्मान राशि प्रदान की जाए।

5. ऐसा संभव प्रतीत नहीं होता कि विधि आयोग की 245वीं रिपोर्ट के अनुरूप पाँच वर्षों में न्यायाधीश की संख्या दोगुनी की जाए अर्थात् पाँच वर्षों में वर्तमान सिविल कोर्ट के बराबर दूसरा सिविल कोर्ट खड़ा किया जाए। यदि संभव है तो केवल तब, जब अखिल भारतीय न्यायाधीश संघ की चिर-प्रतीक्षित माँग के अनुसार, सर्वोच्च न्यायालय के आदेशानुसार एवं पूर्व कानून मंत्री वीरप्पा मोइली के संसद् में दिए गए वक्तव्य के अनुसार, राष्ट्रीय न्यायिक सेवा आयोग का गठन करते हुए भारतीय प्रशासनिक सेवा, भारतीय पुलिस सेवा की तरह भारतीय न्यायिक सेवा बनाया जाए। यह आयोग संघ लोक सेवा आयोग की तर्ज पर, वर्षभर देश भर के सभी वर्ग के न्यायाधीशों का चयन करके रिजर्व (प्रतीक्षारत् न्यायाधीश) में रखें, जहाँ भी रिक्त स्थान हो, वहाँ तत्काल नियुक्ति की जाए। अर्थात् प्यास लगने पर कुआँ खोदने की प्रक्रिया खत्म की जाए।—देखें भारतीय न्यायिक सेवा आयोग पर श्वेत-पत्र (भारतीय न्यायिक सेवा के गठन का सही समय)
6. शपथ अधिनियम 1873 की धारा 8 में संशोधन करके न्यायालय को अधिकृत किया जाए कि वह गवाह को उसके धर्मानुसार गीता, बाइबिल या कुरान पर हाथ रखवाकर शपथ दिलाएँ, साक्ष्य अंकित करें। मालीमाथ कमेटी ने अपनी 88वीं संस्तुति में उल्लेख किया है कि गवाह की शपथ एक खोखली औपचारिकता है। अत: ऐसा प्रावधान लाना चाहिए कि शपथ दिलाने वाला न्यायाधीश, गवाह को सावधान करे कि वह शपथ अधिनियम की धारा 8 के अनुसार सत्य बोलने के लिए प्रतिबद्ध है और यह कि यदि वह शपथ लेकर झूठी गवाही देता है, तो न्यायालय उसे दंडित करेगा।
7. जिन अपराधों के लिए मालीमाथ कमेटी ने जुरमाना 200 रु. से बढ़ाकर 2,000 रु. करने की संस्तुति की है, उस जुर्म को स्वीकारने के लिए यदि अपराधी जुर्म स्थल पर ही जुरमाना देने को तैयार है, तो उसे दोबारा वकील के माध्यम से जुरमाना जमा करने हेतु सम्मन भेजने की क्या

जरूरत है? अर्थात् कोई व्यक्ति किसी कानून का उल्लंघन करता है, जो 2,000 रु. तक के जुरमाने से दंडनीय है। धारा 206(1) दंड प्रक्रिया संहिता के विशेष सम्मन की श्रेणी में आनेवाले ऐसे केवल 2,000 रु. तक जुरमाने से दंडित अपराधों में उसी समय वहीं दंडित करके तत्काल समाप्त करने हेतु संबंधित विभाग को प्राधिकृत करें। विभाग को महीने में एक निश्चित धनराशि जुरमाने में वसूल करना आवश्यक बनाया जाए।

8. अग्रिम जमानत धारा 438 द.प्र.सं. का प्रावधान खत्म करें। यह प्रावधान गरीब-अमीर के बीच भेदभाव करता है। पुलिस को मनमानी करने का अवसर देता है। (देखें, दंड प्रक्रिया संहिता में संशोधन)
9. सजा के बाद जमानत धारा 389 द.प्र.सं. के प्रावधान को खत्म किया जाए। लिली थॉमस केस की तरह यह क्रांतिकारी कदम होगा। (देखे, दंड प्रक्रिया संहिता में संशोधन)
10. स्वहित, संस्थाहित एवं पार्टीहित को 'जाने दो' करते हुए राष्ट्रहित में सर्वोच्च न्यायिक प्रशासन से समन्वय बनाकर, न्यायिक क्रांति की संयुक्त घोषणा करके उसे अंजाम तक पहुँचाएँ।
11. प्रधानमंत्री माननीय नरेंद्र मोदी द्वारा 9 नवंबर, 2015 को 'विधिक सेवा दिवस' के अवसर पर न्यायपालिका में बदलाव के संकेत दिए गए हैं। बदलाव का क्या यह अर्थ लगाया जाए कि जिस प्रकार संयुक्त राज्य अमेरिका के प्रत्येक जिले में संघीय एवं राज्य न्यायालय हैं, क्या भारत में भी प्रत्येक जिले में उच्च न्यायालय (केवल दीवानी एवं आपराधिक अपीलीय क्षेत्राधिकार) की स्थापना की जानी चाहिए? इसे राष्ट्रीय वाद-विवाद का मुद्दा बनाया जाना चाहिए।

उच्च विधिक संस्थाओं से अपेक्षा

1. **'महाजनों एन गतः सपन्था'**—महाजन जिस मार्ग से जाते हैं, वही सबका पथ बन जाता है। जब न्यायमूर्ति-न्यायाधीश कठोर दायित्व का पालन करेंगे, तब अधिवक्ता अभियोजन, स्टाफ भी न्यायाधीश के नक्शेकदम पर चलेंगे। अधीनस्थ न्यायाधीश का आदर्श न्यायमूर्ति ही हो सकेंगे।
2. **कठोर दायित्व**—उच्च विधिक संस्थाएँ—न्यायाधीश, अभियोजन एवं

अभियुक्त पक्ष को कठोर दायित्व की कसौटी पर कसे बिना ही अच्छे परिणाम चाहते हैं, त्वरित न्याय चाहते हैं। 'भय बिनु होय न प्रीति' मानव स्वभाव है। बिना तपाए सोने में भी चमक आती नहीं है। न्यायपालिका को सुविधाजनक क्षेत्र से बाहर आना होगा। आत्म-निरीक्षण करना होगा। न्यायिक क्रांति कठोर दायित्व निर्वहन से आएगी।

3. **भय एवं भ्रष्टाचार**—भयमुक्त न्यायाधीश एवं भ्रष्टाचारमुक्त न्यायपालिका हम भारत के लोगों का जन्मसिद्ध संवैधानिक अधिकार है। वादकारी/पक्षकार को, पेशकार/स्टाफ की पेशी की रिश्वत से मुक्त करें एवं न्यायाधीश को भय से मुक्त करें। न्यायपालिका को पतित होने, बदनामी से बचाएँ। भ्रष्टाचार की जड़ खत्म करें। ऐसा करना संभव है। आप सामर्थ्यवान् हैं। 5 वर्षीय योजना में प्रत्येक न्यायाधीश अपनी कोर्ट के नए केसों को अद्यतन रखते हुए सभी पुराने (2 वर्ष से अधिक) मामलों का निस्तारण करें। कैसे भी करें, किंतु करें। नहीं करने पर बाहर का रास्ता दिखा दिया जाए।

4. **पाँच वर्षीय स्थानांतरण एवं नीति**—तीन वर्षीय स्थानांतरण पॉलिसी के कारण किसी भी स्टेशन पर किसी न्यायालय विशेष के पुराने मामलों के लिए न्यायाधीश जवाबदेह नहीं होते। वे जैसे-तैसे उच्च न्यायालय का कोटा पूरा करते हैं, अगले स्टेशन के लिए स्थानांतरित हो जाते हैं। किसी एक न्यायालय के पुराने केसों की सफाई (ओल्ड केस डिस्पोजल) की जवाबदेही निश्चित करने के लिए 5 वर्षों का समय न्यायाधीश के लिए पर्याप्त होगा। विधि आयोग की रिपोर्ट सं. 245 (जुलाई 2014) में आयोग ने संस्तुति दी है कि लंबित मामलों के अंबार को तीन वर्षों में निपटाएँ। विधि आयोग के अध्यक्ष न्यायमूर्ति ए.पी. शाह की इस संस्तुति से कोई भी न्यायाधीश सहमत नहीं होगा। कारण कि यदि तीन वर्षों में अंबार को निपटाना संभव होता, तो प्रत्येक न्यायाधीश तीन वर्ष के लिए तो एक स्टेशन पर रहता ही है, क्यों नहीं अंबार निबटा दिया? क्योंकि तीन वर्षों का समय कम है। कम समय में जवाबदेही तय करना भी उनका गला दबाना होगा। 5 वर्षों का समय एक न्यायाधीश को एक न्यायालय का अंबार निपटाने के लिए पर्याप्त है, तब पुराने मामलों की पूर्ण सफाई की जवाबदेही एवं पदोन्नति देना न्यायोचित होगा। अत: तीन वर्षीय स्थानांतण

पॉलिसी खत्म करके 'पाँच वर्ष पुराने मामलों के निस्तारण की पदोन्नति योजना नीति हेतु 'एक न्यायाधीश-एक न्यायालय' बनाई जाए। न्यायाधीश को स्थायित्व व जिम्मेदारी का बोध होगा, उसकी मानसिकता बनेगी कि यह न्यायालय 5 वर्षों तक मेरा है। यहाँ की प्रत्येक नई-पुरानी फाइलों का निस्तारण एवं त्वरित न्याय प्रदान करने की जिम्मेदारी मेरी ही है। न्यायालय में स्वयं निर्णीत करें या न्याय सदन में भेजकर सुलह कराएँ। कुछ भी करें, योजना की सफलता पर प्रोन्नति निश्चित की जाए। आखिर, सफलता का पुरस्कार या असफलता का दंड भी मिलना चाहिए।

5. **निंदक नियरे राखिए**—आपका आलोचक आपका मित्र है। आपके पीठ पीछे आपकी आलोचना तो होती ही है। आपके बारे में समाज की क्या राय है, यह सुनने का साहस न्यायाधीश को होना चाहिए। संयुक्त राज्य अमेरिका के न्यायालयों द्वारा वाद-विवाद के सम्मेलन आयोजित किए जाते हैं, जिसमें स्कूल, कॉलेज के विद्यार्थी न्यायाधीशों को सुनते हैं, फिर अपनी राय व्यक्त करते हैं। ऐसा आयोजन राष्ट्रीय न्यायिक अकादमी, भोपाल या राज्यों की न्यायिक अकादमी को आयोजित करना चाहिए, ताकि समाज की राय का ज्ञान न्यायाधीशों को हो। जमशेदपुर के सभी विद्यालयों के बच्चों व शिक्षकों को न्यायपालिका के बारे में मैंने बताया, फिर पूछा कि न्यायलयों के बारे में उनकी राय क्या है? मैंने व मेरे चपरासी धनंजय कुमार ने जो सुना है, आप न्यायालयों के बारे में बच्चों के विचार सुन नहीं सकेंगे। ऐसे भी अवसर आए कि मैं निरुत्तर हो गया। संयुक्त राज्य अमेरिका की तरह राष्ट्रीय न्यायिक अकादमी, भोपाल को ऐसे प्रोग्राम का आयोजन करके इसका वीडियो यू-ट्यूब पर अपलोड करना चाहिए, ताकि भारतीय न्यायपालिका पर खुली बहस हो। उसी में अनुसंधान एवं विश्लेषण होगी, परिवर्तन के लिए द्वंद्व होगा। नए-नए विचार आएँगे। एक कार्यप्रणाली विकसित होगी। न्यायाधीश अपनी वार्षिक कार्यक्षमता का मूल्यांकन स्वयं करें। वह स्वयं बताएँ कि लक्ष्य (सभी पुराने केस निस्तारण) पाने में क्या रनरेट है, और क्या होना चाहिए! उसे वांछित संसाधन दिए जाएँ। सतर्कता विभाग केवल उसकी ईमानदारी पर सतर्क रहे, किंतु कार्य करने की पूर्ण स्वतंत्रता दी जाए। यह कार्यक्रम प्रमुख योजना के रूप में किया जाना चाहिए।

6. **कार्यवाही का अधिकार**—भारत सरकार ने कानून बनाकर जनता को

अनेक अधिकार दिए हैं। उच्च विधिक संस्थाओं का भी दायित्व बनता है कि वे अपने एवं अधीनस्थ न्यायालय के वादकारियों को कम-से-कम 'कार्यवाही का अधिकार' दें कि जिस कार्यवाही के लिए न्यायालय ने तारीख निश्चित की है, उस तारीख पर वह कार्यवाही की जाएगी अर्थात् कार्यवाही की तारीख दी है, तो कार्यवाही भी करनी पड़ेगी अर्थात् कार्यवाही नहीं करनी थी तो तारीख क्यों दी? 'न्यायालय को निश्चित तारीख पर कार्यवाही करनी होगी।'

7. **अनुसधान एवं विश्लेषण**—निम्नांकित बिंदुओं पर विचार एवं वाद-विवाद के बाद सिविल कोर्ट नियमावली में संशोधन अपेक्षित है।

(i) 52 रविवार, 13 त्योहार छोड़कर शेष 300 दिन सिविल कोर्ट खुली होनी चाहिए। भारत के प्रधान न्यायाधीश के प्रस्ताव पर उच्च न्यायालयों की राय को सकारात्मक बनाया जाना चाहिए।

(ii) आठ घंटे के न्यायालयीन समय के मध्य दो घंटे के भोजनावकाश के साथ 3-3 घंटे के दो पाली (प्रथम व द्वितीय अंतराल) में सिविल कोर्ट का समय निश्चित करना चाहिए।

(iii) प्रात:कालीन न्यायालय (Morning Court) की अवधारणा न्यायिक कार्य के विरुद्ध है, इसे खत्म करना चाहिए। (देखें, विस्तार से—खंड-II.)

(iv) न्यायालयों के वार्षिक अवकाश, महिला न्यायाधीश के 24 विशेष अवकाश, न्यायाधीश पति के लिए पितृत्व अवकाश न्यायिक कार्य के विपरीत हैं। इन्हें खत्म करते हुए आकस्मिक अवकाश एवं उपार्जित अवकाश दोगुने किए जाने चाहिए, ताकि उपरोक्त अवकाशों की क्षतिपूर्ति की जा सके। (देखें, विस्तार से—न्यायालयों की कार्य-संस्कृति)

(v) न्यायालयीन मामलों में समय का प्रबंधन नए ढंग से होना चाहिए। (देखें विस्तार से—कोर्ट-केस-टाइम प्रबंधन।)
न्यायालय प्रबंधन पर मालीमाथ कमेटी की संस्तुतियाँ अपर्याप्त है।

(vi) पुरानी प्रथाएँ खत्म की जानी चाहिए। उन्नत तकनीक एवं सशक्तीकरण के तहत तत्काल प्रभाव से न्यायालयों का डिजीटलीकरण, इ-कोर्ट अवधारणा लागू करनी चाहिए, जो अभी

कछुआ गति से हो रही है। साक्ष्य अधिनियम धारा 3 में संशोधन के पश्चात् अब सम्मन तामील फोन, एस.एम.एस., वाट्सऐप, इ–मेल आदि द्वारा किया जाना चाहिए।

(vii) अधिवक्ता एवं वर्तमान न्यायाधीश के देहावसान पर कार्यदिवस के उपरांत शोक सभा किए जाने का नियम होना चाहिए।

(viii) न्यायालयों का कीमती समय बचाने के लिए कोई भी कीमत चुकाई जानी चाहिए।

(ix) सभी हिंदी भाषी राज्यों के अधीनस्थ न्यायालयों की भाषा हिंदी की जाए। अंग्रेजी भाषा 90 प्रतिशत वादकारियों के साथ धोखा है, अन्याय है। (देखें—न्यायालयों की भाषा हिंदी हो।)

(x) न्यायाधीश को केवल न्यायिक कार्य में नियुक्त किया जाए। सिविल कोर्ट रजिस्ट्रार के पद पर एवं प्रोटोकॉल पालन में न्यायाधीश को नियुक्त न किया जाए।

(xi) न्यायालयों में सी.सी.टी.वी. कैमरे लगाए जाने चाहिए।

(xii) बिहार व झारखंड में अभियुक्त की कागज पर हाजिरी दी जाती है। इस नियम को निरस्त करें। यह नियम कार्यवाही की गतिशीलता में बाधा है। (देखें, चैप्टर–खंड II) सशरीर हाजिरी को ही हाजिरी का नियम बनाया जाए। अभी का वर्तमान नियम संविदा अधिकारों एवं मौलिक अधिकारों के विरुद्ध है। बंध–पत्र की संविदा हाजिर रहने की है, कागज पर हाजिरी डालने की नहीं। अत: जो नियम उसे कागज पर हाजिरी डालने को विवश करता है, वह नियम वहाँ तक संविदा अधिकारों के विपरीत है।

(xiii) वर्तमान ड्यूटी (Current Duty) की अवधारणा खत्म की जाए।

स्टेट बार कॉन्सिल एवं बार एसोसिएशन से अपेक्षा

विधि आयोग रिपोर्ट सं. 230 के पेज 31 पर अध्यक्ष माननीय न्यायाधीश डॉ. ए.आर. लक्ष्मणन् लिखते हैं कि—

"मेरे विचार से यदि अधिवक्ता, संविधान प्रदत्त जिम्मेदारी के अनुसार कार्य नहीं करते हैं तो एक इंच भी परिवर्तन नहीं लाया जा सकता। प्रत्येक

अधिवक्ता में विधि के शासन को पालन करने की जिम्मेदारी निहित की गई है। संविधान के शासन की भी उनकी जिम्मेदारी है। न्यायपालिका का दूसरा खिलाड़ी अधिवक्ता है। कार्यवाही का स्थगन उनके पक्षकार के हित में होता भी है, तो भी वह न्यायिक व्यवस्था के हित में नहीं होता। अधिवक्तागण की नैतिकता भी प्रश्नांकित हो गई है। बार कॉन्सिल को अधिवक्ता की नैतिकता देखनी होती है, किंतु ऐसे दागी अधिवक्ताओं के विरुद्ध शायद ही कभी कार्यवाही की जाती है। अधिवक्ताओं पर एक सामाजिक जिम्मेदारी भी है कि वे असहाय एवं उपेक्षित लोगों को न्याय दिलाएँ।"

मेरी राय में सभी अधिवक्ता न्यायाधीशों की बात कभी नहीं टालते, उनका पूर्ण सम्मान करते हैं, बशर्ते न्यायाधीश सम्मान पाने के योग्य हों। विरोध तब होता है, जब न्यायाधीश दो आँख करता है, क्रोध करता है या अधिवक्ता का अपमान करता है या न्यायिक कार्य नहीं करता है। मैं पूर्ण विश्वास से कहता हूँ कि अधिवक्ता अपने ग्राहक का नहीं, आपका (न्यायाधीश का) है, किंतु उसे चाहिए तत्काल अनुतोष, त्वरित न्याय आप मुसकराकर उसका अभिवादन लें, प्रेम के दो शब्द बोलें एवं सबके साथ समान व्यवहार करें।

बार के सदस्यों एवं बार एसोसिएशन को यह समझना होगा कि सिविल कोर्ट आपका है, न्यायाधीशों का नहीं। न्यायाधीश आज आपके यहाँ है, कल नहीं रहेंगे। आप जीवन भर इसी न्यायालय के हैं। अपने जिले की न्यायपालिका/सिविल कोर्ट को नीचे से ऊपर तक भ्रष्ट बनाने में भागीदार न बनें। भ्रष्टाचारी सभी जगह है। बार एसोसिएशन की गरिमा मान-सम्मान को बचाने के लिए इसे भ्रष्टाचारियों से बचाएँ। **जिले की जनता को स्वच्छ, पारदर्शी, भ्रष्टाचार मुक्त, त्वरित न्याय की न्यायिक व्यवस्था देना, जिला बार एसोसिएशन का चुनावी एजेंडा हो। यह बार एसोसिएशन का दायित्व है, इसे निभाएँ।**

हरीश उप्पल (पूर्व कप्तान) बनाम भारत सरकार में पारित आदेश (2003) 2 SCC 45 का पालन करें।

यह कहना गलत होगा कि अधिवक्ता न्यायालय का अंग हैं। सत्य यह है कि केस का विचारण बैलगाड़ी है। न्यायाधीश एवं अधिवक्ता उसके एक साथ जुते दो बैल हैं। ऐसा संभव ही नहीं है कि एक बैल 20 कि.मी. और दूसरा बैल 10 कि.मी. प्रति घंटे की चाल चले अर्थात् दोनों बैलों को एक समान गति से चलना ही पड़ेगा। ऐसा तभी होगा, जब न्यायाधीश एवं अधिवक्ता के बीच वैसा ही, उतना ही

समन्वय और प्रेम होगा, जितना बैलों की जोड़ी के बीच होता है। अधिवक्ता ऐसे प्रेम और समन्वय के लिए प्रत्येक क्षण तैयार हैं। यह न्यायाधीश पर निर्भर करता है कि उसका दिल-दिमाग क्या कहता है? क्या वह अधिवक्ता को अपना जोड़ीदार मानने को तैयार है?

लोक अभियोजक से अपेक्षा

संपूर्ण विषय का, संपूर्ण कहानी का सबसे महत्त्वपूर्ण मोहरा, जो न्यायपालिका की बिसात पर घोड़े, ऊँट और वजीर की चाल चल लेता है, वह जब जैसा चाहता है, मुकद्दमे को मोड़ देता है, गवाह को लौटा देता है। अपने स्वभाव के कारण राजपत्रित अधिकारी होकर भी उपेक्षा के शिकार होते हैं। यदि लोक अभियोजक चाहें, तो फौजदारी मामले समय-सीमा के भीतर निबटाए जा सकते हैं, किंतु ऐसा नहीं होता। उनकी अपनी आर्थिक प्राथमिकताएँ, समस्याएँ/मजबूरियाँ हैं। इन समस्याओं से निकलना ही होगा अन्यथा बैलगाड़ी में एक पहिया धीरे चलेगा तो गाड़ी पलट जाएगी। आत्म-निरीक्षण एवं आत्मावलोकन की आवश्यकता है। सम्मानपूर्ण जीवन जीना लोक अभियोजक का भी अधिकार है। अफसोस कि राजपत्रिक अधिकारी होकर भी वे आर्थिक लाभ के लिए अपमान भरा मार्ग चुनते हैं। लोक अभियोजक सेवा में भी आंतरिक वाद-विवाद एवं बहस करने का यही सही वक्त है कि अपमान और सम्मान में क्या चुनेंगे? इस पंक्ति के लिए मैं क्षमा चाहता हूँ, किंतु अनंत काल तक तो ऐसा नहीं चलेगा। आपकी लोक अभियोजक संस्था से आवाज नहीं उठेगी, तो हम भारत के लोगों को हक है कि आप पर उँगली उठाएँ। यहाँ केवल जीवन और मृत्यु ही अपनी है, शेष कोई अपना नहीं। तब किसके लिए?

प्रिंट एवं इलेक्ट्रॉनिक मीडिया से अपेक्षा

लोकतंत्र का चौथा, किंतु अति सशक्त स्तंभ। प्रकाश पुंज का आधार स्तंभ। प्रकाश पुंज, घोर अँधेरे में छोटा सा प्रकाश पुंज महासागर के नाविकों का पथ-प्रदर्शक है। यह इंगित करता है कि ऐ नाविक! तुम्हारी यात्रा का मुकाम यहाँ है? सच में, मुकाम वहीं है। मुद्दा कोई भी हो, कैसा भी हो, मुकाम मीडिया ही है। क्या मीडिया सच में प्रकाश पुंज की तरह सभी का पथ-प्रदर्शक है? यदि हाँ, तो त्वरित न्याय भारत का सर्वाधिक ज्वलंत मुद्दा है, जिसके तार देश की सुरक्षा से लेकर सामाजिक सुरक्षा तक घर-घर से जुड़े हैं। अतः मीडिया को बेखौफ होकर यह

बताना पड़ेगा कि वक्त के साथ खिलवाड़ किस-किस ने किया है? न्यायपालिका, विधायिका एवं सरकारें कितने पानी में हैं? भारतीय जनमानस को यह जानने की तीव्र जिज्ञासा है कि अब तक क्या नहीं हुआ, जो होना चाहिए था? क्यों नहीं हुआ? किसने नहीं होने दिया? क्यों नहीं होने दिया? अब कब होगा? कौन करेगा? कैसे करेगा आदि-आदि। मीडिया को जिम्मेदारी का एहसास भी है। क्या करना है, खूब पता है। ऐसे प्रकाश पुंज को नमन-अभिनंदन, खैर मकदम। इससे अधिक मैं कुछ नहीं कह सकता। मीडिया को समझाना मानो भगवान् भास्कर को दीपक दिखाना है। देश 'दैनिक जागरण' अखबार का आभारी है कि दबी जबान से ही सही, न्यायिक व्यवस्था पर लिखते हैं, सम्मेलन करते हैं।

संपूर्ण कहानी के नायक-अधीनस्थ न्यायाधीश से अपेक्षा

प्रत्येक न्यायाधीश को योग (ज्ञान—ध्यान-प्राणायाम्) जरूर करना चाहिए। ऐसे समझ सकते हैं कि और किसी के लिए हो या न हो, किंतु योग (ज्ञान-कर्म-भक्ति) बना ही न्यायाधीश के लिए है। जीवन जीने की कला नहीं आई, स्वयं को जीवन जीने का ज्ञान नहीं आया, अध्यात्म नहीं अपनाया, तब आप न्याय कर सकते हैं, किंतु सर्वोत्तम उच्च कोटि का त्वरित न्याय नहीं हो सकेगा। **ईश्वर के प्रति प्रेम आपको न्यायिक कार्य में सेवा-भाव के लिए प्रेरित करेगा। ईश्वर के प्रति भय आपको गलत/पाप के मार्ग पर जाने से रोकेगा। अतः कम-से-कम आर्ट ऑफ लिविंग का ज्ञान-ध्यान-प्राणायाम् अथवा यम-नियम आसन प्राणायाम् जैसे सुयोग, सुयोग्य न्यायाधीश के लिए आवश्यक होना चाहिए।** आश्चर्य की बात है कि संपूर्ण विश्व की नियंता-एकमात्र संस्था संयुक्त राष्ट्रसंघ ने जिस भारतीय ज्ञान की सर्वोत्तम विधा को स्वीकार किया एवं समूची दुनिया के लिए आवश्यक बताया, 'योग दिवस' मनाया, भारतीय ज्ञान की वही सर्वोत्तम विधा भारत के न्यायाधीशों के लिए आवश्यक नहीं बनाई गई, क्यों? अच्छा! आपके लिए कोई क्या बनाएगा? यह तो आपके अपने जीवन को फूल की तरह खिलने के लिए ऊर्जायुक्त उत्साह, उल्लास एवं आनंदित जीवन जीने के लिए आवश्यक ही है, तो आपको रोका किसने है? ज्ञान-ध्यान-प्राणायाम् को अपने जीवन की दिनचर्या में शामिल करें। मैं सशपथ कहता हूँ, आपके जीवन में सकारात्मक परिवर्तन आएँगे, जीवन जीने का अंदाज बदल जाएगा।

एक अधिवक्ता जब न्यायाधीश नहीं बना था, तो सोचता था कि काश! न्यायाधीश बन जाऊँ तो सारे तारे तोड़कर जमीन पर ले आऊँगा अर्थात् कभी किसी

को भी निराश नहीं करूँगा। दिल की पुकार थी, ईश्वर ने सुन ली, न्यायाधीश बन गया। बस, एक-दो वर्षों तक तारे तोड़ने का हौसला बरकरार था। उसके बाद जब अन्य न्यायाधीशों के संपर्क में आया, उन्हीं की कार्य-संस्कृति में ढल गया। उसके उत्साह पर घड़ों ठंडा पानी पड़ गया। तब सितारे जमीन पर नहीं आए, वह स्वयं सितारों के बीच चला गया, इनसानी अधिकारों से कट-सा गया। उसे लगता था कि आसमाँ मेरा ही है। न्यायपालिका के शेष जन-पक्षकार, स्टाफ, अधिवक्ता इंतजार ही करते रहे कि साहब बहुत अच्छे हैं, कुछ तो करेंगे। साहब के पास कुछ करने का वक्त नहीं था और सबकुछ था। जीवन थम-सा गया, घड़ी की सूई, वेतन और उच्च न्यायालय का कोटा (मानदंड) पूरा करने तक। यही न्यायाधीश की कार्यशैली एवं न्यायालय की कार्य-संस्कृति बनकर रह गई। आखिर वह आसमाँ पर सितारों के बीच जो रहने लगा था।

साठ साल बाद जब भ्रम टूटा तो पाया कि हम फिर जमीन पर हैं, हाथ में पेंशन के सिवाय एक भी तारा (यश-कीर्ति-सम्मान) नहीं है। सपनों के सम्राट् की नींद टूटी, तब पता चला, यह तो सपना था। ये मेरे दिल के उद्गार हैं कि अभी आप सम्राट् हैं, आसमान पर हैं, अभी पावर है, अभी ही आप दे सकते हैं, त्वरित न्याय, त्वरित अनुतोष, प्रत्येक फाइल पर खोजकर, पूछ-पूछकर, अधिवक्ता, पक्षकार सभी को दे दो। खारिज करो या स्वीकार करो, किंतु अभी करो। कैसे भी करो, किंतु करो। ऐसे मानो कि अगला पल आए-न-आए। सभी के साथ प्रेम, करुणा, दया कुछ भी दे सकते हैं। देने की कोई हद नहीं है, बेहद है, दे दो। नींद टूटने तक सच में सम्राट् हैं आप। बाँट दो, अपने को जितना बाँट सकते हो, कल देना चाहोगे तो नहीं दे पाओगे, पावर नहीं होगी। वादकारी, अधिवक्ता, स्टाफ सभी को बेहद खुश कर दो। सिविल कोर्ट में अपनी मुसकराहट ऐसे बिखेर दो कि आपके जाने के बाद भी लोग आपको याद करके मुसकराएँ। दे दो, जो भी दे सकते हो, सबकुछ खत्म (सेवा निवृत्त) होने के पहले दिल खोलकर लुटा दो, एक शहंशाह—बादशाह की तरह!

मैं सच कहता हूँ, यह सारी कायनात आपके लिए है, आप ही इसके स्वामी हैं। यही भाव आपमें है तो फिर डर किसका? ईश्वर से भी मत डरो। पापी डरते हैं ईश्वर से, तुम तो स्वयं ईश्वर का अंश हो। शहंशाहों के शहंशाह हो! मित्रो, ये पंक्तियाँ लिखते-लिखते कलम से स्याही और आँख से आँसू साथ-साथ निकल रहे हैं कि आखिर यह सम्राट् स्वयं अपने को दो कौड़ी का भिखमंगा, हाथ फैलानेवाला क्यों बना लेता है? यह मत कहना कि पाँच बच्चे हैं, जिंदगी की और भी हकीकतें हैं। मौत से बड़ी कोई हकीकत नहीं होती। वह हर पल है।

मेरे गुरुजी परमपूज्य श्री रवि शंकरजी कहते हैं कि अपनों से कोई रिश्वत लेता है क्या? नहीं! तो सभी को दिल से अपना मानो। सम्राट् की तरह जियो, सेवक की तरह सेवा करो। जब मस्तिष्क में स्पष्टता, हृदय में पवित्रता एवं कार्य में ईमानदारी हो, तब प्रेम से पूरी दुनिया को जीत सकते हो। न्यायाधीश की शेष भूमिका पर मुझे कुछ नहीं कहना है।

अभी-अभी मेरे एक न्यायाधीश मित्र ने कहा, "बी.बी. सिंह, तुम बेवकूफ हो। आँसू बहाने से कुछ नहीं होगा। करना क्या है, बताओ न?" मैंने कहा, "सर! आप मूवी के हीरो की तरह हैं। फिल्म की पूरी यूनिट (न्यायिक व्यवस्था) आपको हीरो बनाने में सहयोग करती है। सभी अपनी भूमिका बखूबी निभाएँगे, तो भी सफलता का श्रेय केवल हीरो को जाएगा, क्योंकि सबसे बेहतर भूमिका आपको दी गई है, तो आपको ही सुपरस्टार का प्रदर्शन (Performance) देना होगा। न्यायपालिका का प्रत्येक कार्य न्यायाधीश के इर्द-गिर्द घूम रहा है। अत: आपको तो सुपरस्टार की भूमिका निभानी ही पड़ेगी। कठोर दायित्व का निर्वहन तो करना ही पड़ेगा। न्यायालय की कार्य-संस्कृति, स्वयं की कार्यशैली, सभी की कार्य प्रवृत्ति बदलनी ही पड़ेगी। हताशा व निराशा मानसिकता के भाव से बाहर आना ही पड़ेगा। प्रोड्यसर ने आप पर अधिकतम पैसे खर्च किए हैं, तो आपको स्टार बनना ही पड़ेगा। आप स्टार ही हैं, डायरेक्टर कहे-न-कहे, चाहे-न-चाहे, स्वयं से दिन-रात युक्तिपूर्वक मेहनत तो करनी ही पड़ेगी। न्यायालय की सबसे ऊँची कुरसी पर जो बैठते हैं, कीमत तो चुकानी पड़ेगी। सुविधाजनक क्षेत्र (Comfort Zone) से बाहर आना पड़ेगा। सोने-सा चमकने के लिए आग में तपना पड़ेगा। लाखों में से एक आपको ही न्यायाधीश चुना गया है, क्यों? क्योंकि आपमें दिव्य शक्ति भी है। कानून के ज्ञाता तो आप जैसे अनेक हैं, किंतु दिव्य शक्ति केवल आपमें है। उसी की कृपा से सर्वोच्च कुरसी पर बैठने का हक केवल आपको है।"

अनुपयोगी व्यक्ति (Dead Wood) की तरह मूक दर्शक बनने के बजाय अपने आचरण, व्यवहार, निष्पक्षता, विनम्रता, ईमानदारी, जीवंत व्यक्तित्व एवं कार्यशैली से बार के सदस्यों, अपने स्टाफ एवं अभियोजन का दिल जीतकर उनसे युक्तिपूर्वक काम लेने, गवाह नहीं लौटने, कार्यवाही पर नियंत्रण रखने, जिरह-बहस स्थगित न करने एवं जिरह पर अपना नियंत्रण रखने की कला-निपुणता-कौशल आपमें होना होगा। हर समय प्रत्येक अधिवक्ता का, अभियोजन का, सभी के, सभी कार्य करने को तत्पर रहना होगा। प्रत्येक पत्रावली पर जो भी काम होना है, आज

का आज खत्म करके ही तारीख देनी होगी। सुलह के लिए अंतरात्मा से प्रेरित करें। सुलह होते ही केस खत्म करें। लोक अदालत के लिए तारीख देना गलत है।

"योगसु कर्मसु कौशलम्—गीता

न्यायिक कार्य को पूरे कौशल से करना ही योग है।

पल-पल, वर्तमान पल में जीवन जीना है। एक भी पल को व्यर्थ मत जाने दो। प्रत्येक पल के प्रत्येक कर्म में आनंद है, इसे खोज लो। जीवन को आनंद से ओत-प्रोत कर दो—"कर्म ही पूजा है।"

न्यायिक क्रांति की आवश्यकता क्या है?—क्योंकि न्यायिक सुधार असफल हो गए।

सर्वविदित तथ्य है कि न्यायपालिका के न्यायाधीश एवं कार्यपालिका की पुलिस—विधि का शासन स्थापित करने एवं विधि-व्यवस्था कायम रखने में अपनी भूमिका का पालन करने, त्वरित न्याय प्रदान करने में असमर्थ रहे हैं। इसके पीछे के कारण को समझे बिना न्यायपालिका एवं पुलिस-व्यवस्था की असफलता को नहीं समझा जा सकता है।

संक्षेप में कहें तो सर्वोच्च न्यायालय ने लोक हितवाद के रास्ते पुलिस व्यवस्था एवं न्यायिक व्यवस्था को सुधारने के सभी प्रयत्न कर डाले, प्रयत्न विफल रहे। कुछ भी सुधार हुआ नहीं। क्यों नहीं हुआ? कौन है, जो नहीं होने दे रहा है? यह जानने के बाद समझ में आएगा कि न्यायिक क्रांति की आवश्यकता क्यों है?

न्यायिक सुधार एवं पुलिस सुधार की विफलता के दो कारण हैं—

प्रथम, कांग्रेस सरकारों द्वारा सुधार के प्रयत्नों को जानबूझकर विफल किया गया।

दूसरा, न्यायपालिका की सभी संस्थाओं ने अपना आत्म-निरीक्षण नहीं किया। न्यायिक सुधारों के लिए न्यायाधीश एवं न्यायालयों ने अपनी कार्यशैली -कार्य-संस्कृति एवं कार्य-पद्धति में परिवर्तन नहीं किया।

विफलता का प्रथम कारण—देश का दुर्भाग्य भी महाराणा प्रताप के दुर्भाग्य जैसा था। सम्राट् अकबर से युद्ध के बाद निर्वासित जीवन में दो बार घास की रोटी मिली भी तो बिल्ली खा गई!

कहानी इस प्रकार है कि—

अंग्रेजों ने सन् 1861 में ऐसा पुलिस कानून बनाया, जिसके द्वारा भारतीय पुलिस ही भारतीयों पर शासन करने में अंग्रेजों की मदद करती रही। यह कानून सन्

1977 तक निर्बाध चलता रहा। अंग्रेज चले गए तो कांग्रेस भी उसी पुलिस कानून की मदद से अंग्रेजों की तरह भारतीयों पर शासन करती रही। यह 'पुलिस अधिनियम 1861' ऐसा ही है कि आपातकाल में इसी पुलिस ने न्यायपालिका को दौड़ा लिया तो न्यायपालिका भी कुछ नहीं कर सकी, अपने बचाव की मुद्रा में आ गई थी। यह पुलिस कानून बनाया ही ऐसा गया है कि इसके माध्यम से 86 वर्षों तक अंग्रेजों ने, फिर 30 वर्ष तक कांग्रेस ने शासन किया। आपातकाल के 2¾ वर्षों सहित 115 वर्षों के भारतीय पुलिस के कृत्यों और आचरणों से भारतीयों की मानसिकता ऐसी बन गई है कि देश की पुलिस—

- देश की पुलिस देश की सरकार के लिए है।
- सरकार के सभी वैध-अवैध आदेशों का पालन करने के लिए है।
- विधि का शासन नहीं, बल्कि सरकार का शासन स्थापित करने के लिए है।
- कानून-व्यवस्था कायम करने के लिए नहीं, बल्कि सरकारी व्यवस्था कायम करने के लिए है।
- अपराधी गिरफ्तार हो या न हो, मंत्रीजी की भैंस खोजना पुलिस की प्राथमिकता है।
- सरकारी व्यवस्था कायम करने में सरकार की पार्टी के नेता, कार्यकर्ता सी.एम. की जातिवालों से डरना एवं उनके आदेशों को भी सरकारी आदेश मानना उनका धर्म है।
- चुनाव में सरकार की मदद करना, सरकारी भ्रष्टाचार को ढँकने में पूर्ण सहयोग करना, स्वयं भी मलाई काटना आदि।

हम भारतीयों की ऐसी मानसिकता बन जाने के कारण हम समझ ही नहीं पाते हैं कि—

- देश की पुलिस देश की जनता के लिए, विधि का शासन एवं विधि-व्यवस्था बनाए रखने के लिए है।
- देशवासियों का जन-जीवन, धन की सुरक्षा एवं सामाजिक सुरक्षा प्रदान करना पुलिस का प्रथम कर्तव्य है।
- संविधान प्रदत्त अधिकारों, मौलिक अधिकारों को सुनिश्चित करना उसकी जिम्मेदारी है।
- अपराध-मुक्त समाज एवं आंतरिक सुरक्षा पुलिस का प्रथम कर्तव्य है, किंतु यह पुलिस कानून है ही ऐसा कि देश की पुलिस को सरकार की

भैंस खोजनी ही पड़ेगी। पुलिस ऐसा करने को मजबूर है।

- आपातकाल के बाद, सन् 1977 में पहली बार जनता पार्टी की सरकार बनी, मोरारजी देसाई प्रधानमंत्री बने। चौधरी चरण सिंह गृह मंत्री एवं अटल बिहारी वाजपेयी विदेश मंत्री बने। देश में व्यापक सुधार किए गए। जनता पार्टी की सरकार के 2¾ वर्ष देश के स्वर्णिम वर्ष थे।
- विधि का शासन स्थापित करने एवं विधि-व्यवस्था कायम रखने हेतु पुलिस व्यवस्था को बदलकर जन-जीवन के लिए उपयोगी बनाने व गरीबों, हरिजनों को सम्मान-सुरक्षा देने के लिए पुलिस तंत्र में सुधार के प्रयास हुए।
- तदनुसार भारत में प्रथम पुलिस आयोग 1977 का गठन किया गया। पुलिस आयोग ने पुराने पुलिस कानून 1861 को खारिज करके नया पुलिस अधिनियम बनाने की अनुशंसा की। पुलिस में व्यापक सुधार की संस्तुतियों के साथ 1981 में अपनी रिपोर्ट भारत सरकार को सौंप दी। तब तक देश में पुनः कांग्रेस की सरकार बन चुकी थी। अतः पुलिस आयोग की इस रिपोर्ट को कांग्रेस सरकार ने रद्दी की टोकरी में डाल दिया।

  15 साल बाद सन् 1996 में सेवानिवृत्त डी.जी.पी. प्रकाश सिंह ने सर्वोच्च न्यायालय में लोकहित याचिका दाखिला करके माँग की, कि पुलिस आयोग की रिपोर्ट को लागू करवाया जाए। 10 वर्षों बाद, 2006 में (कांग्रेस पार्टी का शासन) सर्वोच्च न्यायालय ने पुलिस आयोग की रिपोर्ट को लागू करने के आदेश देते हुए सभी सरकारों को दिशा-निर्देशों के सात बिंदुओं का पालन करने का आदेश दिया। चौथा बिंदु अनुसंधान पुलिस को विधि-व्यवस्था पुलिस से पृथक् करने का है। आदेश के पालन की निगरानी स्वयं सर्वोच्च न्यायालय ने की। अवमानना कार्यवाही भी सरकारों पर चलाई। आदेश पारित हुए 10 वर्ष बीत गए, अभी तक आदेश का पालन नहीं किया गया।
- पुलिस सुधार पर पुलिस आयोग की रिपोर्ट आए 35 वर्ष बीत गए, 10 वर्ष आदेश हुए बीत गए, आयोग की रिपोर्ट अथवा सर्वोच्च न्यायालय के आदेश का पालन केंद्र व राज्य सरकारों ने क्यों नहीं किया? क्योंकि आयोग की रिपोर्ट एवं न्यायालय के आदेशानुसार पुलिस को, जो अधिकार एवं स्वायत्तता दी गई है, यदि सरकारों ने पुलिस को दे दी होती तो कांग्रेस सरकार के भ्रष्टाचार का जो भंडाफोड़ बाद में सर्वोच्च न्यायालय की

निगरानी में पकड़ा गया, वह स्वायत्त एवं स्वतंत्र पुलिस द्वारा बहुत पहले ही पकड़ा गया होता। इसी स्थिति से बचने के लिए ही कांग्रेस सरकार ने पुलिस आयोग की रिपोर्ट को लागू न करके रद्दी में डाल दिया था। पुलिस सुधारों का गर्भपात करवा दिया गया था। यह देश की अपूर्णनीय क्षति थी। तीखे शब्दों में, यह देश के विरुद्ध षड्यंत्र था।

महाराणा प्रताप की दूसरी रोटी की कहानी यह है—

कांग्रेस शासन के बीच में 1998-2003 तक भाजपा की सरकार आ गई। अटल बिहारी वाजपेयी प्रधानमंत्री एवं लालकृष्ण आडवाणी उप-प्रधानमंत्री/गृह मंत्री बने। पुलिस सुधार पर पुलिस आयोग की रिपोर्ट सरकार के पास थी, किंतु पालन करवाने के लिए प्रकाश सिंह केस में सर्वोच्च न्यायालय में विचाराधीन थी। आपराधिक न्यायिक व्यवस्था पर कोई आयोग या कमेटी का गठन नहीं हुआ था, अतः कोई रिपोर्ट नहीं थी। अतः **सन् 2000 में, लालकृष्ण आडवाणी ने आपराधिक न्याय-व्यवस्था में सुधार के लिए एवं न्यायपालिका की कार्यक्षमता को कैसे बढ़ाया जाए, इसके लिए मालीमाथ कमेटी का गठन किया।** न्यायाधीश डॉ. वी.एस. मालीमाथ कमेटी के अध्यक्ष थे। कमेटी ने 3 वर्षों के अध्ययन के बाद, 2003 में अपनी रिपोर्ट भारत सरकार को सौंप दी। **न्यायपालिका को त्वरित न्याय देने के लिए सक्षम बनाने की अपनी संस्तुतियों का रिपोर्ट में उल्लेख किया।** रिपोर्ट सौंपी तो गई, किंतु तभी 2004 में फिर कांग्रेस की मनमोहन सरकार आ गई। कांग्रेस सरकार ने पुलिस आयोग की रिपोर्ट की तरह मालीमाथ कमेटी की इस रिपोर्ट को भी रद्दी की टोकरी में डाल दिया। 10 साल बीत गए। वर्ष 2014 तक कांग्रेस सरकार ने कुछ नहीं किया। भाजपा सरकार के पास 2 साल शेष हैं। यदि न्यायिक सुधार की मालीमाथ कमेटी रिपोर्ट पर अमल नहीं किया गया तो नरेंद्र मोदी की **'जब जागो, तब सवेरा'** वाली उक्ति का क्या होगा ? माननीय लालकृष्ण आडवाणी का अपमान होगा।

इस प्रकार, दो मौके इस देश को पुलिस सुधार एवं न्यायिक सुधार के लिए दिए गए। रिपोर्टें आ गईं, सर्वोच्च न्यायालय का आदेश भी आ गया, देश का दुर्भाग्य भी आ गया कि दोनों रिपोर्ट कांग्रेस की सरकार ने रद्दी की टोकरी में डाल दीं। **आज पुलिस सुधार एवं न्यायिक सुधार की गेंद प्रधानमंत्री श्री नरेंद्र मोदी के हाथों में है। आपकी ही सरकारों की रिपोर्ट हैं, आप ही को लागू करना है।** कुछ दिन पूर्व सेवानिवृत्त डी.जी.पी. प्रकाश सिंह का न्यूज चैनल पर साक्षात्कार

देखा। न्यूज चैनल ने पूछा कि सर्वोच्च न्यायालय के आदेश का पालन न होने पर अब आपको क्या लगता है कि क्या हो सकता है ? प्रकाश सिंह ने कहा—"एक ही उपाय है कि मीडिया व गैर-सरकारी संस्थाओं के सहयोग से देशवासी सरकारों पर दबाव बनाएँ कि सर्वोच्च न्यायालय के आदेश का पालन किया जाए।" आगे कहा कि कम-से-कम राजनीतिक पार्टियों पर इतना दबाव तो बनाएँ कि पुलिस सुधार करने का वादा करें। अपने चुनावी एजेंडे में इस विषय को डालें। यह प्रकाश सिंह का दर्द है, उन्होंने व्यक्त किया, स्वर्गीय डॉ. वी.एस. मालीमाथ कमेटी की रिपोर्ट पर तो रोनेवाला भी कोई नहीं है।

जो रिपोर्टें आपकी सरकारों ने माँगी थी—वे रिपोर्टें आपके हाथ में हैं। आप सुधार करें। सुधार में रोड़े आ रहे हों तो कुछ क्रांतियाँ कांग्रेस सरकार ने की हैं, न्यायिक क्रांति का शंखनाद आप करें।

निर्णय पाठक स्वयं करेंगे कि क्या पुलिस व न्यायिक सुधार की कोई संभावना है ? यदि हाँ, तो नरेंद्र मोदी पर भरोसा करें अन्यथा जागिए। प्रकाश सिंह के अनुसार, दबाव बनाइए कि कम-से-कम सरकारें अपनी पार्टी के चुनावी एजेंडे में तो डालें कि सरकार में आएँगे तो पुलिस सुधार व न्यायिक सुधार करेंगे अन्यथा शांतिपूर्ण क्रांति के अलावा कोई विकल्प दिखाई नहीं पड़ता।

न्यायिक सुधार की विफलता का दूसरा कारण—माननीय सर्वोच्च न्यायालय ने अनेक मामलों में यह अवधारित तो किया है कि त्वरित न्याय पाना हमारा संवैधानिक अधिकार है, किंतु धरातल पर कुछ किया नहीं। कारण, कि स्वयं के आत्मनिरीक्षण का कोई तरीका कभी बनाया नहीं। अन्य किसी का निरीक्षण आपको गवारा नहीं। समालोचना सुनना आपका स्वभाव नहीं, इसलिए आलोचना करने का साहस कोई करता नहीं। सरकारों से समन्वय बनाया नहीं, सहयोग मिलता नहीं। न्यायिक सक्रियतावाद (Judicial Activism) से व्यवस्था मतभेद (Collegium System Conflict) तक 36 का आँकड़ा ही देखा गया है। अत: दूसरा कारण न्यायपालिका स्वयं है।

न्यायपालिका द्वारा बीते युग की कार्य-संस्कृति, कार्यशैली एवं कार्य-पद्धति को बदलकर ही न्यायिक व्यवस्था को बदला जा सकता था। न्यायपालिका (सर्वोच्च, उच्च एवं अधीनस्थ न्यायालय तथा विधि आयोग एवं न्यायिक अकादमी) ने ऐसा किया नहीं। महत्त्वपूर्ण समय हाथ से फिसल गया। न्यायिक सुधार का वक्त बीत गया। न्यायिक मोर्चे पर भी देश ठगा गया। मालीमाथ कमेटी ने न्यायपालिका पर

भी स्वयं को बदलने हेतु जो संस्तुतियाँ की हैं, सरकारों ने नहीं लागू किया, क्योंकि पैसा कमाना एवं सरकार गिरने से बचाना उनकी मजबूरियाँ थीं। आपकी कौन सी मजबूरी थी?

आपने वक्त के साथ देश को बदलते हुए देखा है। भुखमरी के हालात से मंगल अभियान पर जाते हुए देखा है, किंतु न्यायपालिका को बदलते हुए किसी ने नहीं देखा। कुछ बदलाव होता तो दिखाई पड़ता। न्यायपालिका में बदलाव न होने के लिए कौन जिम्मेदार है? अधीनस्थ न्यायपालिका के मेरे मित्र न्यायाधीशों को बुरा न लगे तो स्पष्ट कर दूँ कि न्यायाधीशों में बदलाव की मानसिकता मैंने देखी ही नहीं। जो थी, वह न्यायालय की कार्य-संस्कृति में आकर खो दी। अत: मानसिकता बनानी पड़ेगी। न्यायाधीशों को आत्मनिरीक्षण करना पड़ेगा। उनको अपनी कार्यशैली, न्यायालयों की कार्य-संस्कृति एवं न्यायपालिका की कार्य-पद्धति बदलनी पड़ेगी। माना कि प्रोटोकॉल में आप सर्वोपरि हैं, किंतु राष्ट्रहित के लिए आपको सरकारों (विधायिका एवं कार्यपालिका) से समन्वय व सहयोग बनाना पड़ेगा।

(देखें—न्यायाधीशों की कार्यशैली बनाम न्यायालय की कार्य-संस्कृति।)

मानसिकता बदलनी पड़ेगी, क्योंकि वक्त रेत की तरह तेजी से मुट्ठी से फिसला जा रहा है। वक्त आपके लिए नहीं ठहरेगा। आप अपने ठहराव को छोड़िए, सुविधाजनक क्षेत्र से बाहर निकलिए। देश के सर्वोतम नागरिकों में आपकी गणना होती है। राष्ट्र-निर्माण के लिए आगे आइए। दो कदम तुम भी चलो—दो कदम वे भी चलें।

त्वरित न्याय की आवश्यकता पहले कभी कम थी, जब आबादी 60 करोड़ थी, केवल अपराधी ही अपराध करते थे। आज सभी सफेदपोश, माफिया, अपराधी, विधायिका सदस्य, केंद्रीय व राज्यों के मंत्री, नौकरशाह, उद्योग जगत्, खेल जगत्, पार्टी नेता भी अपराधी हो गए हैं। यह देश, देश नहीं, पाकिस्तानी आतंकवादियों की खाला का घर हो गया है। न्यायपालिका की अकर्मण्यता एवं लचर प्रक्रिया विधि ही इसका कारण है। आतंकवादी को 22 सालों बाद फाँसी तब, जब रात में तीन बजे सर्वोच्च न्यायालय में सुनवाई हुई। देश सर्वोच्च न्यायालय की उस पीठ को सलाम करता है, सम्मान करता है, जिसने रात तीन बजे सुनवाई की। उनका सम्मान कैसे करें, जिन्होंने सुविधाजनक क्षेत्र में बैठकर 20 वर्ष बिता दिए। मेडिकल, पुलिस, इंजीनियर, बैंकिंग व भा.प्र.से., भा.पु.से. के अधिकारी घड़ी नहीं देखते, फिर न्यायाधीश हमेशा घड़ी की सूई से क्यों बँधे रहते हैं? देश पीड़ित है, जनता

आक्रोशित है। इस आक्रोश में फिर न्यायिक सुधार की वही दशकों पुरानी बातें, जनमानस को खिलौने से बहलाना चाहते हैं? आक्रोश की परिणति ही न्यायिक क्रांति का आगाज होगी।

विदित हो कि माओवादी चीन से नहीं आए हैं, वे माओत्से तुंग की संतानें नहीं हैं। इसी देश के आखिरी आदमी आदिवासियों की संतानें हैं। पहले जमींदारों का अत्याचार, पुलिसिया व्यवस्था की मार, फिर न्यायपालिका की विलंबित विचारण की दोहरी मार खाई। कुछ पेट के घाव से मर गए। जो बचे, वे पुलिस की गोली से मर रहे हैं, क्योंकि न्यायपालिका न्याय नहीं कर पाई। न्यायपालिका एवं पुलिस ने इस देश को नक्सलवाद उपहार में दिया है, जिसे देश ढो रहा है। नेपाल से आंध्र प्रदेश तक, एक वर्ग देश की मुख्यधारा से कट रहा है। कुछ लोग राष्ट्र की अस्मिता के साथ खतरनाक खेल खेल रहे हैं। देश बाँटने के लिए अनेक नेहरू और जिन्ना पैदा हो चुके हैं। यह देश आपके कारण और कितने बुरे दिन देखेगा?

भारत के सर्वोच्च न्यायालय से हम भारत के लोगों का प्रश्न है—प्रकाश सिंह व अन्य बनाम भारत संघ व अन्य मामले की जनहित याचिका सन् 1996 में फाइल की गई। 1981 की पुलिस आयोग की रिपोर्ट को लागू करवाने की माँग की गई थी। लोकहित इतना विशालतम था कि समूचे देश की पुलिस-व्यवस्था को सुधारने का मुद्दा आपके हाथ में था। फैसला देने में आपने 10 वर्ष लगा दिए? फैसले का पालन होना या न होना वक्त की बात है, किंतु आपने 10 वर्ष क्यों लगा दिए? प्रश्न का संदर्भ यह है कि 1998-2003 तक वही सरकार (भाजपा सरकार) दिल्ली में थी, जिसने 1977 में पुलिस आयोग का गठन इसी उद्देश्य को पाने के लिए किया था। यदि फैसला अटल बिहारी वाजपेयी सरकार के समय आया होता तो पुलिस व्यवस्था एवं देश का भविष्य आज कुछ और हो सकता था। इसी प्रकार, लिली थॉमस केस एवं पब्लिक इंट्रेस्ट फाउंडेशन केस के फैसले के परिणाम बहुत अच्छे आए, किंतु विलंब से आए। तब तक गंगा में अकूत पानी बह गया, वक्त हाथ से निकल गया। इतनी विशालतम लोकहित याचिका, जिनसे देश का भविष्य करवट ले सकता था, इनमें इतना विलंब क्यों? सलमान खान की जमानत के मामले में एक दिन का विलंब नहीं हुआ, क्यों? 2014 में देश का आक्रोश कांग्रेस पर गाज बनकर गिरा है। देश के आक्रोश का पारा अभी नीचे नहीं गिरा है।

विलंब के आपके कारण न्यायोचित हो सकते हैं, किंतु हम भारत के लोग परिणाम चाहते हैं, औचित्य नहीं। संपूर्ण न्यायपालिका से हम परिणाम चाहते हैं,

न्यायसंगत तर्क नहीं। हम कर चुकाते हैं, उसका प्रतिफल चाहते हैं, किसी के दया की भीख नहीं; **संवैधानिक संस्था से विधि का शासन एवं न्यायिक व्यवस्था से केवल त्वरित न्याय चाहते हैं, और कुछ नहीं।**

बिल्ली के गले में घंटी बाँधेगा कौन—न्यायिक क्रांति करेगा कौन? WHO WILL BELL THE CAT?

चाहे न्यायिक अकादमी में न्यायाधीशों का सम्मेलन हो, अधिवक्तागण का कोई कार्यक्रम हो या बुद्धिजीवीयों की सभा हो या स्कूल के बच्चों और शिक्षकों के कानूनी क्लब का गठन रहा हो, मैं न्यायालय, न्यायपालिका या न्यायाधीश के बारे में प्रश्न जरूर करता हूँ। ऐसे में वाद-विवाद हो ही जाता है। फिर कुछ निष्कर्ष निकलते हैं, तो अंतिम प्रश्न यही उठता है कि ऐसा हो जाए तो न्यायालयों से भ्रष्टाचार खत्म हो जाएगा, ऐसा हो जाए तो त्वरित न्याय मिल जाएगा; किंतु ऐसा करेगा कौन? बिल्ली के गले में घंटी कौन बाँधेगा? जमशेदपुर के सभी स्कूलों में मैंने कानूनी क्लब का गठन किया। बच्चे भी यही पूछते थे कि सर! न्यायपालिका से भ्रष्टाचार कैसे खत्म होगा? तारीख मिलने का सिलसिला कब खत्म होगा? त्वरित न्याय कब मिलेगा? मेरे उत्तर के बाद फिर नया प्रश्न कि बिल्ली के गले में घंटी कौन बाँधेगा?

यह तो चूहे-बिल्ली का खेल है। एक संघर्ष, एक द्वंद्व चल रहा है, विश्व का इतिहास हो या भारत का इतिहास हो, द्वंद्वों से भरा पड़ा है। समूची कायनात (प्रकृति) में विकास का द्वंद्व चल रहा है। तभी विकास हो रहा है, यही डार्विन एवं लैमार्क का क्रमिक विकास का सिद्धांत है, बिना द्वंद्व के विकास संभव नहीं। न्यायपालिका भी कायनात के बाहर नहीं है। यहाँ भी विकसित होने का द्वंद्व चल रहा है। द्वंद्व है तो परिवर्तन भी होगा। कब होगा, यह द्वंद्व की तीव्रता पर है। न्यायपालिका में द्वंद्व की तीव्रता कम क्यों है? क्योंकि न्यायपालिका के विरुद्ध बोलने का किसी में साहस नहीं है, अथवा लोग सम्मानित संस्था के विरुद्ध बोलना अच्छा नहीं समझते। भारतीय प्रधानमंत्री नरेंद्र मोदी का भी विज्ञान भवन में बोलने का आशय तो सीधा था कि न्यायाधीशों को अपनी छुट्टियाँ घटानी चाहिए, किंतु उनके कहने के अंदाज में सम्मान भी था और आशय भी साफ था कि **"एक बार इसी सम्मेलन में, मैं मुख्यमंत्री के रूप में बैठा था। मेरे मुँह से निकल गया कि न्यायाधीशों को भी अपनी छुट्टियाँ घटानी चाहिए। तभी हमें लगा कि**

कौन सी आफत आ गई? भोजनावकाश में सब कहने लगे, आपने ऐसा क्यों कहा? कैसे कह दिया?" 100 प्रतिशत लोगों की राय यही है कि सोशल मीडिया के युग में न्यायाधीश के बारे में सबको सब पता है, किंतु बोलता कोई नहीं है। सब डरते हैं। इसी डर के कारण मीडिया में, समाज में खुलकर चर्चा नहीं होती। **न्यायपालिका की परफॉर्मेंस पर बहस का साहस किसी में नहीं है। कह सकते हैं कि द्वंद्व की तीव्रता कम नहीं है, बल्कि तीव्रता है ही नहीं। जब द्वंद्व नहीं है, तब द्वंद्व के अभाव में बदलाव भी नहीं है।** तब कैसे होगा बदलाव? यह कायनात/प्रकृति विकास का अपना मार्ग खोज लेगी। कौन करेगा?

मैं बताऊँ! **त्वरित न्याय मरणासन्न स्थित में है।** सभी विधिक संस्थाओं के प्रमुख शिष्टाचार के लिए आते हैं। हालात पर लच्छेदार भाषणों के आँसू बहाते हैं, लेखों में रुदन करते हैं, रिपोर्ट में बीमारी का नाम (Speedy Trial) न्याय मिलने में देरी न्याय न दिए जाने के समान है बताते हैं। Delayed Justice is Justice Denied. दवा का नाम त्वरित न्याय बताते हैं। बताए गए परहेज (न्यायिक सुधार) का पालन न्यायाधीश करते नहीं। दवा भारत में है नहीं। पहले फास्ट ट्रैक कोर्ट नाम का दर्द निवारक आया था। अब उपलब्ध नहीं है। न्यायाधीश वाई. श्रीनिवास राव ने अपने कानून पर अनुच्छेद 'बेचारा अभियुक्त एकांत में रोता है' में लिखा है कि मुख्य दवा त्वरित विचारण अधिनियम 1974 संयुक्त राज्य अमेरिका में बनी है। भारत सरकार आयात करे तो मरीज मरणासन्न से शीर्षासन की अवस्था में आ सकता है।

नरेंद्र मोदीजी, 125 करोड़ जनता आप पर विश्वास करती है और आगे भी करेगी कि 'मेक इन इंडिया' में केवल स्मार्ट सिटी और हवाई जहाज ही नहीं, त्वरित विचारण अधिनियम 2019 भी भारत में बनाएँगे। भोर (अगले चुनाव 2019) होने के पहले संजीवनी लाएँगे। त्वरित न्याय को मरणासन्न से उबारेंगे। पुलिस एवं न्यायालय अनुसंधान एवं विचारण की समय-सीमा से बँधकर, त्वरित न्याय करके दो वर्षों में त्वरित न्याय करेंगे। त्वरित विचारण अधिनियम भारत में बनेगा अन्यथा लालकृष्ण आडवाणी द्वारा गठित 'मालीमाथ कमेटी' का गठन व्यर्थ हो जाएगा। यह मोदी सरकार के लिए अत्यंत अशुभ होगा, ऐसा नहीं होगा। अतः प्रधानमंत्री नरेंद्र मोदी बिल्ली के गले में घंटी बाँधेंगे। (NARENDRA MODI WILL BELL THE CAT)

माननीय सर्वोच्च न्यायालय को 'गीता' की उक्ति 'योगक्षेम वहाम्यहम्' को

चरितार्थ करना पड़ेगा। जनमानस की उम्मीद प्रधानमंत्री के बाद सर्वोच्च न्यायालय पर टिकी है। जो सामर्थ्यवान् है, पहले भी भ्रष्टाचार की गंगोत्तरी को रोक दिया है।

कादरा पहाड़िया बनाम बिहार राज्य 1981 Cr.L.J. 401 में अवधारित किया है कि "न्याय निर्णयन व्यवस्था के लिए गंभीर शर्म की बात है। हम समझ नहीं पाते कि हमारा न्यायतंत्र इतना अमानवीय क्यों हो गया है कि बिना विचारण के सालोसाल तक लोगों को जेल में बंद रखने के लिए शासन के विरुद्ध न्यायाधीश एवं अधिवक्ता 'क्रांतिकारी संवेदना' क्यों नहीं महसूस करते?" अर्थात् सर्वोच्च न्यायालय बिल्ली के गले में घंटी बाँधेगा। (SUPREME COURT WILL BELL THE CAT)

अखिल भारतीय न्यायाधीश संघ या राज्यों के संगठन में तो साहस नहीं है, किंतु लोकतंत्र का अघोषित स्वयंभू चौथा स्तंभ मीडिया यदि चाहे, तो देश को निर्भया केस की तरह किसी भी मुद्दे पर आंदोलित कर दे। न्यायिक आंदोलन तो देश का ज्वलंत मुद्दा है। मीडिया ने अब तक चाहा क्यों नहीं? मैंने जो समझा, वह है—'भय', न्यायपालिका का खौफ अथवा सरकारों का दबाव। ईश्वर करे, मेरी समझ गलत हो, किंतु यदि सही है तो यह मीडिया—कोई स्तंभ नहीं, बल्कि खेत में खड़ा किया गया 'धोखा' (दो लकड़ियों पर टँगा फटा कुरता और काली हाँड़ी पर चूने से बनी दो आँखें) है। मीडिया के लिए ऐसा खौफ या दबाव खतरे की घंटी है। यह मीडिया का आंतरिक आपातकाल है। ऐसा नहीं हो। अत: मीडिया बिल्ली के गले में घंटी बाँधेगा। (MEDIA WILL BELL THE CAT)

जैसे जल अपना मार्ग स्वयं खोज लेता है, कार्लमार्क्स के द्वंद्वात्मक भौतिकवाद (Dialectical Materialism) अथवा ऐतिहासिक भौतिकवाद के सिद्धांत अनुसार, कोई भी व्यवस्था चरमोत्कर्ष पर पहुँचकर पतनोन्मुख होती है। फिर प्रसव जैसी वेदना (क्रांति) के बाद एक नई व्यवस्था का जन्म होता है। न्यायिक व्यवस्था पतनोन्मुख है, प्रसव पीड़ा (न्यायिक क्रांति) के बाद एक नई न्यायिक व्यवस्था का जन्म होगा। न्यायपालिका के लिए यह बेहद शुभ संकेत होगा। प्रकृति बिल्ली के गले में घंटी बाँधेगी। (NATURE WILL BELL THE CAT)

अधिवक्तागण राष्ट्रवादी एवं स्वार्थवादी, अच्छे एवं बुरे दोनों हैं, न्यायिक कार्य में लिप्त हैं। क्या करें, उपभोक्तावादी युग है। सामाजिक-राजनैतिक एवं नैतिक प्रेरणा से सत्त्वगुण प्रभावी होने पर त्वरित न्याय के महत्त्व को समझने

के बाद समाज के अग्रणी नायक होने की भूमिका का एहसास होने पर थोड़ा सा राष्ट्रवाद प्रभावी हो जाए, यह वक्त की पुकार है। तब एक-एक अधिवक्ता न्यायपालिका का चेहरा बदल सकता है। (ADVOCATE WILL BELL THE CAT)

न्यायपालिका की यह गाथा कथा लिखकर मैं स्वयं सुखी हो गया। अपने दिल के उद्‌गार व्यक्त करके मैं हल्का हो गया 'स्वान्त: सुखाय तुलसी रघुनाथ गाथा।' न्यायालय, न्याय के ही मंदिर बनेंगे, मंदिर में त्वरित न्याय होगा, भ्रष्टाचार नहीं होगा, ऐसी मेरी अभिलाषा है।

□

न्यायाधीश की कार्यशैली एवं न्यायालय की कार्य-संस्कृति

"उच्च न्यायालय, सर्वोच्च नहीं—वादकारी का हित सर्वोच्च है।"

अन्य कारणों के साथ न्यायाधीश की कार्यशैली एवं न्यायालय की कार्य-संस्कृति भी त्वरित न्याय न दे पाने के लिए जिम्मेदार है। यह न्यायाधीश का स्वभाव होता है। एक न्यायाधीश सामने आए केस को खत्म करता है, दूसरा न्यायाधीश तारीख देकर स्थगित करता है।

न्यायाधीश द्वारा त्वरित न्यायिक कार्य करने में तीन बातें महत्त्वपूर्ण हैं—

1. कौशल
2. प्रवृत्ति
3. ज्ञान

कौशल—कोई कार्य कुशलता से करने की योग्यता। यह दो प्रकार की है—

1. न्यायाधीश की कार्यशैली।
2. न्यायालय की कार्य-संस्कृति।

न्यायाधीश की कार्यशैली

कुछ भी करने का तरीका, जैसे बोलना, लिखना, सुनना आदि अर्थात् शैली व्यक्तिगत होती है। जिस प्रकार प्रत्येक व्यक्ति की अपनी-अपनी शैली होती है, उसी प्रकार प्रत्येक न्यायाधीश की न्यायिक कार्य करने की अपनी कार्यशैली होती है। सभी न्यायाधीश, न्यायाधीश हैं, किंतु अपनी कार्यशैली के कारण एक गीली लकड़ी, दूसरा जलती हुई लकड़ी के समान होते हैं। न्यायिक सुधार इस गीली लकड़ी के कारण सफल नहीं हो सके। **अतः सभी न्यायाधीशों को अनुपयोगी (वेट वुड)**

व्यक्ति की शैली से उपयोगी व्यक्ति (बर्निंग वुड) की शैली में आना चाहिए। भयभीत न्यायाधीश एवं भयमुक्त न्यायाधीश की कार्यशैली में अंतर होता है।

- एक न्यायाधीश कार्य से भागने के लिए प्रक्रिया विधि की आड़ लेता है, दूसरा न्यायाधीश त्वरित न्यायिक कार्य करने में प्रक्रिया विधि को आधार बना लेता है।
- एक भ्रष्टाचारी न्यायाधीश भयवश न्याय नहीं करता, वह सशंकित रहता है। दूसरा, बिंदास स्टाइल में निःशंक होकर केवल न्याय करता है।
- एक का न्यायालय में बैठने का समय अनिश्चित है, किंतु उठने का समय घड़ी की सूई से तय है। दूसरा कोर्ट में बैठता है निश्चित समय पर, किंतु उठता है कोर्ट का काम खत्म करके, अनिश्चित समय तक।
- एक न्यायाधीश वादी एवं अधिवक्ता की संतुष्टि तक न्यायिक कार्य के प्रति समर्पित है। दूसरा न्यायाधीश उच्च न्यायालय द्वारा दिए गए कोटा यूनिट/मानदंड को पूरा करने तक ही सीमित है।
- एक न्यायाधीश न्यायिक कार्य करने के लिए नौकरी करता है। न्यायिक कार्य प्राथमिकता है, न्यायिक कार्य में जो आनंद खोजता है, वही कर्मयोगी है। दूसरा न्यायाधीश नौकरी में बने रहने के लिए न्यायिक कार्य करता है, नौकरी उसकी प्राथमिकता है, कामचोरी को सुख समझता है। वह अकर्मयोगी (गीली लकड़ी) है।
- सभी न्यायाधीश चयन के पहले बर्निंग वुड की शैली में होते हैं, किंतु न्यायाधीश बनने के बाद न्यायालयों की कार्य-संस्कृति के कारण गीली लकड़ी (अनुपयोगी) हो जाते हैं अर्थात् न्यायालयों की कार्य-संस्कृति के अनुरूप न्यायाधीश की कार्यशैली विकसित होती है। न्यायालय की कार्य-संस्कृति में पेशकार की रिश्वत, उसका काम करने का ढंग भी महत्त्वपूर्ण होता है।
- अपनी एक मुस्कान से न्यायालय के माहौल को जीवंत बनाए रखता है, दूसरा अहंकारवश माहौल को मायूस बनाकर रखता है।

न्यायालय की कार्य-संस्कृति (किसी विशिष्ट देश, समाज या समूह की प्रकृति द्वारा विकसित साहित्य, कला या संगीत की समझ)

किसी देश, विदेश या समाज या समूह विशेष का साहित्य, कला, संगीत आदि का विकसित ज्ञान अथवा कला प्रथाएँ आदि को उनकी 'संस्कृति' कहते हैं। संक्षेप

में कह सकते हैं कि किसी विशेष समूह (न्यायालय के न्यायाधीश, अभियोजन, अधिवक्ता, स्टाफ) द्वारा कार्य करने की प्रथा या परंपरा को समूह की कार्य-संस्कृति कहते हैं। न्यायिक कार्य संपन्न करने की कार्यप्रणाली को ही न्यायालय की कार्य-संस्कृति कहते हैं। यह न्यायालय की कार्य-संस्कृति ही है कि एक राज्य में दीवानी वाद दाखिल होते ही उसी दिन निबंधित होकर प्रतिवादी की उपस्थित एवं लिखित कथन की तारीख के साथ सम्मन जारी हो जाते हैं। कुछ राज्यों में वाद-पत्र दाखिला हेतु सिरिस्तेदार/मुंसिफ की रिपोर्ट लगने के लिए तारीख पड़ने लगती है। न्यायालय की नियमावली में ही ऐसा प्रावधान है। सम्मन जारी होने में महीनों, सालों लग जाते हैं। कुछ राज्यों में एकपक्षीय आदेश अथवा वादी की अनुपस्थिति में वाद खारिज का आदेश के पुनर्स्थापन दो तारीख में होते हैं। कुछ राज्यों में 2-4 साल लग जाते हैं। शपथ-पत्र पर्याप्त है, तब साक्ष्य लेने की आवश्यकता क्या है?

न्यायालयों की अपनी कार्य-संस्कृति के कारण ऐसी अनेक प्रथाएँ, परंपराएँ व नियम हैं, जो दीवानी एवं फौजदारी मामलों में न्यायाधीश को कार्यवाही न करके तारीख देने को विवश करते हैं। उदाहरण के लिए, उत्तर प्रदेश में जैसे ही किसी आपराधिक मामले के पक्षकार आपस में सुलह कर लेते हैं, उनका सुलहनामा आवेदन पर न्यायालय तत्काल शमनीय अपराधों के लिए सुलहनामा स्वीकार करते हैं। अशमनीय अपराधों के लिए सुलाहनामा खारिज करते हुए दोनों पक्षों का साक्ष्य लेते हैं। तत्काल ही अभियोजन पक्ष के दस्तावेजों का अभियुक्त पक्ष के अधिवक्ता द्वारा धारा 294 द.प्र.सं. में स्वीकारने पर प्रदर्श चिह्नित करते हैं। अभियुक्तों का बयान धारा 313 द.प्र.सं. अंकित करके, बहस सुनकर दोषमुक्ति का निर्णय उसी दिन देते हैं। कुछ राज्यों में न्यायाधीश सुलहनामा आवेदन खारिज करते हुए, अशमनीय को तोड़कर शमनीय बनाने के लिए साक्ष्य हेतु तारीखें देते हैं अर्थात् जो केस आज खत्म होना था, वह व्यर्थ की तारीखों में सालोसाल चलता रहता है। ऐसी अनगिनत प्रथाओं, परंपराओं, नियमों से अवरुद्ध न्यायालय की कार्य-संस्कृति को बदलकर न्यायिक सुधार को न्यायिक क्रांति में बदला जा सकता है। बदला जाना चाहिए, यह आज की माँग है।

न्यायालयों की छुट्टियाँ, कार्य के घंटे, प्रात:कालीन न्यायालय का होना या न होना, यह न्यायालयों की कार्य-संस्कृति ही है, जो वादकारी के लिए त्वरित न्याय हेतु नहीं, बल्कि न्यायाधीश एवं कुछ अधिवक्तागणों के सुख-सुविधा को ध्यान में रखकर उच्च न्यायालय द्वारा बनाए जाते हैं। फिर त्वरित न्याय की दुहाई देते हुए

भाषणों के आँसू बहाए जाते हैं। इस प्रकार न्यायिक क्रांति द्वारा, न्यायाधीश के सर्वोत्तम प्रदर्शन द्वारा न्यायिक व्यवस्था को रूपांतरित कर सकते हैं। बिना अच्छे प्रदर्शन के कोई रूपांतरण, कोई न्यायिक सुधार संभव ही नहीं।

न्यायधीश की प्रवृत्ति

"सोचने का एक निश्चित तरीका" इसके दो प्रकार हैं—

1. नकारात्मक
2. सकारात्मक

1. नकारात्मक सोच

- न्यायालय में देर से बैठना, समय से पहले उठ जाना।
- खुदा करे झूठ हो जाए, मौज-मस्ती होती रहे, तारीख होती है तो हो जाए। पक्षकार के दर्द को न समझ पाएँ। प्रत्येक अभियुक्त में अपराधी ही नजर आए, न्यायिक कार्यवाही अधिवक्ता के नियंत्रण में चली जाए, अधिवक्ता जैसा चाहें, वैसा ही करें।
- पेशकार पर पूर्णतया निर्भर हो जाएँ, उसकी रिश्वत पर रोक न लगाएँ।
- अनकंटेस्टेड मामले को कंटेस्टेड बनाकर डिस्पोजल उच्च न्यायालय को दिखाएँ।
- अनुश्रुत साक्षी का अनुश्रुत साक्ष्य/असंगत साक्ष्य लिखने में न्यायालय का कीमती समय बर्बाद करना।
- काम हो-न-हो, यूनिट पूरी हो जाए।
- वादी/पक्षकार रोता है तो रोए, अधिवक्ता खुश हो जाए।
- सर्वोच्च न्यायालय के निर्देशों का पालन न कर पाएँ।
- पक्षकारों को तत्काल, अनुतोष न देना तकनीकी बनाकर खामियाँ निकालते हुए तारीख दे देना। उन्हें दंडित करने की मानसिकता बना लेना।
- अधिवक्ता से खिन्न हैं, तो उसके पक्षकारों से खुन्नस निकालना।
- बहस सुनकर आदेश या निर्णय सुरक्षित रखना। पक्षकारों को दौड़ाते रहना।
- भयवश, जमानत आवेदन खारिज करना, निर्दोष का दोष सिद्ध कर देना, अस्थायी निषेधाज्ञा न देना आदि। अर्थात् जो अनुतोष देनी चाहिए, भय के

कारण न देना। यही न्यायालयों का अन्याय है।

- सुविधाजनक क्षेत्र से बाहर न आना, समय का अभाव बताकर अधिवक्ता को तारीख लेने के लिए कहना।
- न्यायिक कार्य से भागना ही नकारात्मक सोच है।

यही न्यायिक सुधारों के असफल होने का कारण है।

2. सकारात्मक सोच

- प्रक्रिया विधि के दायरे में प्रत्येक पत्रावली पर जितनी और जो भी कार्यवाही आज संभव है अथवा पक्षकार जिस भी अनुतोष के हकदार हैं, आज ही उन्हें प्रदान करना।
- ऐसी सोच कि मानो पक्षकार की जगह मेरे माता, पिता, भाई, रिश्तेदार, दोस्त खड़े हों, तब हम क्या करते?
- उच्च न्यायालय का कोटा नहीं, पक्षकारों की संतुष्टि होनी चाहिए। कार्यवाही का अधिकार पक्षकारों को मिलना चाहिए।
- पक्षकारों, अधिवक्ता को यह सोचने के लिए विवश कर देना कि जितना कार्य सोचा नहीं था, उससे अधिक हो गया। यही सकारात्मक सोच है।
- बार एसोसिएशन को स्पष्ट संदेश देना कि इस न्यायालय में कोई भी कार्यवाही स्थगित नहीं होती, जिरह टुकड़ों में विभक्त नहीं होती, बहस आशिंक रूप से सुनी नहीं जाती। इस संदेश के बाद अधिवक्ता न्यायाधीश की कार्यशैली का सम्मान करते हुए कभी ऐसी माँग भी नहीं करते।
- नए मामलों को प्राथमिकता देकर उचित समय पर निर्णीत करके अधिवक्ता एवं पक्षकारों का विश्वास जीतना ही सकारात्मक सोच है।

न्यायाधीश का विधिक ज्ञान

- विधि पुस्तकें पढ़ने से अर्जित ज्ञान।
- विश्वविद्यालय की शिक्षा से अर्जित ज्ञान।
- अधिवक्ता या न्यायाधीश के रूप में अनुभवजन्य ज्ञान।

अत: न्यायिक कार्य करने में, अधिवक्ता–न्यायाधीश की कार्यशैली, न्यायालय की कार्य–संस्कृति एवं न्यायाधीश की कार्य प्रवृत्ति और उसका विधिक ज्ञान ही न्यायाधीश एवं अधिवक्ता के व्यक्तित्व का निर्माण करते हैं। न्यायाधीश एवं

अधिवक्ता चाहें तो आत्मनिरीक्षण द्वारा अपनी शैली, संस्कृति व प्रवृत्ति को बदल सकते हैं।

शैली, संस्कृति, प्रवृत्ति समय के साथ भी बदलती हैं, जैसे सन् 1985 से लोक अदालत की अवधारणा आने के बाद से ही, लोक अदालत को सफल दिखाने हेतु, सुलह मामलों की संख्या बढ़ाने के लिए, न्यायाधीश की कार्यशैली त्वरित न्याय के विपरीत हो गई। **सुलह होकर भी उसी दिन खत्म न करके लोक अदालत के दिन की तारीख दे दी गई।** यह गलत हो रहा है, इससे पक्षकारों पर समय एवं धन खर्च का कष्टप्रद भार पड़ता है। इसे बंद करें। ऐसे अनेक उदाहरण हैं।

त्वरित न्याय पर कार्यशैली एवं कार्य-संस्कृति का प्रभाव

कार्यशैली एवं कार्य-संस्कृति का त्वरित न्याय पर सीधा प्रभाव पड़ता है। इस प्रकार समझ सकते हैं कि न्यायालय के सभी अंग न्यायाधीश, स्टाफ, पक्षकार एवं उनके अधिवक्ता द्वारा किसी मामले के निस्तारण में संयुक्त रूप से प्रथाओं, परंपराओं, प्रक्रिया विधि एवं सिविल कोर्ट नियमावली के अनुसार किए गए न्यायिक कार्य को उस न्यायालय की कार्यप्रणाली या कार्य-संस्कृति कहते हैं। न्यायालय के कार्य दिवस, कार्य के घंटे एवं प्रात:कालीन न्यायालय की अवधारणा भी कार्य-संस्कृति में शामिल है।

प्राय: एक राज्य के सभी सिविल कोर्टों की कार्य-संस्कृति एक जैसी ही होती है, क्योंकि यह अधिवक्ताओं की प्रथागत तथा परंपरागत प्रक्रिया एवं एक ही नियमावली से शासित हैं। स्थानांतरित होनेवाले न्यायाधीश इसी कार्य-संस्कृति को एक जिले से दूसरे जिले तक ले जाते हैं। इसी कारण से पूरे देश की प्रक्रिया विधि एक होने के बावजूद भी एक राज्य के न्यायालयों की कार्य-संस्कृति दूसरे राज्य के न्यायालयों की कार्य-संस्कृति से भिन्न होती है। इसका कारण है कि दो राज्यों के बीच नियमावली भिन्न है, प्रथाएँ-परंपराएँ भिन्न हैं। छुट्टियों की संख्या, काम के घंटे भिन्न हैं। तथापि न्यायाधीशों के वेतन-भत्ते व सुविधाएँ पूरे देश में समान हैं। अत: **जो न्यायिक कार्य किसी राज्य में एक दिन में होता है, वही अन्य राज्य में अनेक तारीखों में होता है, कभी-कभी सालों लग जाते हैं।** ऐसी त्वरित कार्य-संस्कृति को अन्य राज्यों में लागू करना चाहिए एवं विलंबित कार्य-संस्कृति को तत्काल रोकना चाहिए, जैसे उ.प्र. में आवश्यकता पड़ने पर तीन गवाहों का साक्ष्य एक साथ अंकित करने की एक अच्छी कार्य-संस्कृति विकसित हो गई, किंतु अकारण अधिवक्ता हड़ताल की

गलत कार्य-संस्कृति 1985 से विकसित हो गई। इस गलत संस्कृति के कारण उत्तर प्रदेश के न्यायालयों में न्यायिक कार्य की अपूर्णनीय क्षति हो रही है।

दो परिस्थितियाँ होती हैं—

- एक में न्यायाधीश अपनी कार्यशैली से न्यायालय की कार्य-संस्कृति को बदल दें।
- दूसरी, न्यायालय की कार्य-संस्कृति के अनुरूप न्यायाधीश अपनी कार्यशैली को बदल लें।

दूसरी परिस्थिति का उदाहरण—

धारा 294 द.प्र.सं. के तहत दस्तावेज जब विरोधी अधिवक्ता को दिए गए, तो उन्होंने 'देखा गया' लिखकर छोड़ दिया। मैंने कहा, आप या तो स्वीकार करें या इनकार करें। 'देखा गया' का कोई मतलब नहीं है। अधिवक्ता महोदय सकते में आ गए, क्योंकि गया सिविल कोर्ट की कार्य-संस्कृति में ऐसा नहीं होता था। मैंने कहा, केवल 'देखा गया' लिखने से धारा 294 की मंशा पूर्ण नहीं होती। स्वीकारने पर वह दस्तावेज प्रदर्शन चिह्नित होगा, इनकार करने पर साबित करने का विकल्प होगा। 'देखा गया' करने से तो कुछ नहीं होगा। मैं अपने सेवाकाल में समझा-समझाकर हार गया, किंतु मेरी इस कार्यशैली से न्यायालय की कार्य-संस्कृति नहीं बदल सकी। कारण? कारण यह कि प्रतिरक्षा के अधिवक्ता या लोक अभियोजन का स्पष्ट कहना था कि जब तक सभी न्यायालयों में ऐसा नहीं होगा, तब तक अधिवक्ता क्या करें? अधिवक्ता यदि स्वीकृत या अस्वीकृत लिखेगा, तो सभी न्यायालयों में लिखेगा, किंतु इस न्यायालय की तरह दूसरे न्यायालय में स्वीकृत/अस्वीकृत लिख देंगे, तो वह न्यायाधीश साहब ही कहेंगे कि यह क्या लिख दिया? क्यों लिख दिया? अतः हुजूर अधिवक्ता को समझाने के पहले अपने न्यायाधीशों को समझा लें। तब हम लोग जैसा आप कहेंगे, वैसा ही करेंगे। न्यायाधीशों का कहना था कि जो हो रहा है, वही हम करेंगे, सही हो या गलत। इस प्रकार धारा 294 का उद्देश्य असफल हो गया। यद्यपि धारा 294 का प्रावधान त्वरित न्याय के हित में बहुत अच्छा प्रावधान है। यहाँ मैं अपनी कार्यशैली से न्यायालय की कार्य-संस्कृति को नहीं बदल सका। मैं चुप हो गया। लिखना अधिवक्ता को था, अतः मैंने अपनी शैली को न्यायालय की कार्य-संस्कृति के अनुरूप बदल लिया।

पहली परिस्थिति का उदाहरण—

जब मैंने अपनी कार्यशैली से मुंसिफ गिरिडीह के न्यायालय की कार्य-संस्कृति को बदल दिया। कैसे?

मुंसिफ गिरीडीह के न्यायालय के अधिकांश फाइलों पर आदेश 39 द.प्र.सं. (स्टे आवेदन) का आवेदन, प्रतिवादी का जवाब लगा है, किंतु कोई आदेश नहीं किया गया है। अन्य कार्यवाहियाँ हो रही हैं। मैं पहली ही तारीख पर ऐसे आवेदन पर सुनकर आदेश करने लगा। नया आवेदन आए तो तुरंत बहस करने को विवश करता और आदेश कर देता। चूँकि आदेश हमें करना था, मैं करने लगा। अधिवक्तागण को थोड़ी तो परेशानी हुई। कुछ दिनों बाद बार एसोसिएशन के अध्यक्ष श्री राम लखन प्रसाद आए। वे भी सिविल के अधिवक्ता थे। उन्होंने कहा कि हुजूर, जिस तरह आप स्थगन के मामले में आदेश करते हैं, अनुज्ञात भी करते हैं, ऐसा मत करें, आप फेरा में फँस जाएँगे। मैंने उन्हें कह तो दिया कि ठीक है, किंतु उनकी बात नहीं मानी, अपनी शैली में काम करता रहा। मैंने देखा कि इस बिंदु पर न्यायालय की कार्य-संस्कृति बदल गई। अधिवक्ता आवेदन के साथ बहस के लिए तैयार होकर आने लगे। मैं तत्काल सुनकर आदेश करता। इस प्रकार, मैंने अपनी कार्यशैली से न्यायालय की कार्य-संस्कृति को बदल दिया।

इसी प्रकार, प्रायः सभी स्टेशनों पर परिवाद मामलों में मैं प्रायः सभी केसों में एक या दो तारीखों पर धारा 202 द.प्र.सं. की जाँच पूर्ण करके सम्मन जारी कर देता। यहाँ अधिवक्तागण मेरे साथ थे, अतः सम्मन जारी होने में साल-6 माह का समय लगने वाली संस्कृति खत्म हो गई। तत्काल सम्मन जारी करने की नई संस्कृति उत्पन्न हो गई, किंतु अन्य न्यायालयों में ऐसा न होने से नई संस्कृति स्थायी नहीं हो सकी।

अन्य उदाहरण—

मुंसिफ गिरिडीह के रूप में वाद दाखिला होते ही तत्काल कोर्ट फीस निपटाकर, सिरिस्तेदार से जबरदस्ती रिपोर्ट लगवाकर, निबंधित कर, सम्मन जारी करते हुए तारीख दी तो अधिवक्ता को परेशानी के साथ अच्छा लगा। वाद दाखिला के दिन ही सम्मन जारी करने की संस्कृति शुरू हो गई अन्यथा 6 माह रिपोर्ट लगने में बीत जाते थे।

न्यायिक दंडाधिकारी द्वितीय श्रेणी का कार्यभार सँभालने के बाद कुछ मामलों में सच जानने की आवश्यकतावश द.प्र.सं. की धारा 313 (1)(a) में बिना पूर्व सूचना के अभियुक्त का बयान लिया तो अधिवक्ता ने मुझसे विरोध किया, क्योंकि इस तरह बयान लेना सिविल कोर्ट, गया की कार्य-संस्कृति में नहीं था। प्रक्रिया विधि देखी तो चुप हो गए। इसी प्रकार, धारा 238 द.प्र.सं. के तहत आरोप गठन

के पहले प्रतिरक्षा पक्ष का दृष्टिकोण जानने के लिए अभियुक्त का बयान लिया तो लोक अभियोजक ने विरोध किया। पुनः जमानत के दुरुपयोग के मामलों में मैंने जब सरलता से जमानत देना शुरू किया, तो अभियोजन को झटका लगा। वरिष्ठ लोक अभियोजक एवं अध्यक्ष, लोक अभियोजक संघ मधेशर धारी सिंह को मेरे न्यायालय में नियुक्त किया गया। प्रक्रिया विधि पर लंबी बहस के बाद वे मेरी कार्यशैली से सहमत हो गए। निष्कर्ष में कहा कि हुजूर की कार्यशैली यहाँ के न्यायालयों की कार्य-संस्कृति में नहीं है। अतः अभियोजन को झटका लगा और हमें आपके न्यायालय में भेजा गया। **कार्यशैली से न्यायिक कार्य प्रभावित होता है। घाटशिला के एक जिला न्यायाधीश अपनी कार्यशैली से अपनी कोर्ट में शून्य लंबन रखते हैं। ऐसी सर्वोत्तम कार्यशैली में सभी न्यायाधीशों को कार्य करना चाहिए।** ऐसे न्यायाधीश को न्यायिक अकादमी में निदेशक होना चाहिए।

"तेजी से कार्य करने की शैली, की कार्य-संस्कृति विकसित हो।"

छोटे बच्चे सोचते नहीं है, केवल करते हैं। अतः जो भी करते हैं, 100 प्रतिशत करते हैं। व्यक्ति जो सोचते हैं, वही करते हैं। अतः वे ऐसा कुछ नहीं करते, जिसमें उनका हित नहीं हो।

न्यायाधीश भी ऐसा कुछ नहीं करते, जिसमें उनका हित नहीं हो अर्थात् उच्च न्यायालय ने जो कोटा/यूनिट/मानदंड दिया है, उसे पूरा करने में ही उनका हित है, उसे पूरा करते हैं। यही न्यायाधीश की कार्यशैली है। इसी कारण वे न्यायालय का आज (प्रत्येक तारीख) का संपूर्ण न्यायिक कार्य 100 प्रतिशत नहीं कर पाते।

100 प्रतिशत कार्य कैसे हो

जैसे छोटे बच्चे करते हैं। 100 प्रतिशत कार्य करने की—

पहली शर्त—मन खाली हो अर्थात् मन में स्वहित साधने की, भयभीत होकर अच्छा-बुरा देखने की तिकड़मबाजी न हो, वादकारी की संतुष्टि का भाव हो।

दूसरी शर्त—दिल भरा हो अर्थात् मन प्रसन्न हो, गद्गद हो, पूर्णरूपेण ऊर्जान्वित हो, सभी अधिवक्ता एवं पक्षकारों के प्रति समभाव हो।

तीसरी शर्त—हाथ व्यस्त हों अर्थात् एक पल को खाली नहीं बैठें। सेवा भाव। ईश्वर के प्रति प्रेम एवं भय का भाव हो।

इस प्रकार जो भी कार्य किया जाएगा, वह 100 प्रतिशत होगा। बच्चों का

मन खाली होता है, दिल गद्‌गद होता है, हाथ इतना व्यस्त होता है कि माँ अगर चूक जाए तो वे कुछ भी कर डालेंगे। तात्पर्य यह है कि यदि न्यायाधीश की ऐसी कार्यशैली है, तब वह न्यायिक कार्य उच्च न्यायालय का कोटा पूरा करने के लिए नहीं, बल्कि न्यायालय में खड़े सभी व्यक्तियों का काम पूर्ण करके उनको संतुष्ट करने के लिए करता है। खाली मन का मतलब ही है, कोई तिकड़मबाजी नहीं। अपने सुख के लिए शुद्ध हृदय से कार्य। सामने खड़े व्यक्ति की संतुष्टि में ही उसको पूर्ण आनंद मिलता है।

न्यायाधीश की त्वरित कार्यशैली—अधिकतम तेजी से कार्य करने की शैली जो संभव है, वह मैंने श्री ओ.पी. द्विवेदी मुख्य न्यायिक दंडाधिकारी, रायबरेली में देखी। मैंने देखा कि 2-2.5 मिनट में एक जमानत आवेदन पर दोनों पक्षों को सुनकर आदेश देकर फाइल स्टेनो के सामने फेंक दी। 20-25 आवेदन 1 घंटे में निपटा दिए। केस डायरी किसी केस में नहीं माँगी। जमानत देनी है तो दी, नहीं देनी है तो खारिज की। तब मुझे लगा कि हमारे बिहार में ऐसी कार्यशैली कैसे और कब तक आएगी, जहाँ केस डायरी मँगाने का फैशन है। जमानत आदेश सुरक्षित रखने का शौक है। कार्यशैली के इस अंतर को समझना होगा, खत्म करना होगा। दिखावटी न्यायालय (Mock Court) में ऐसी कार्यशैली का प्रशिक्षण देना चाहिए। अनावश्यक विलंब की कार्यशैली इस युग में अब नहीं चलेगी। अनावश्यक लंबी सुनवाई, लंबी जिरह, लंबी बहस, लंबे आदेश एवं निर्णय कीमती समय का बहुत बुरा दुरुपयोग है। इससे बचना ही न्यायाधीश की त्वरित कार्यशैली होगी।

उदाहरण के लिए—किसी बहुत पुरानी फाइल पर अभियुक्त फरार था। वह आज हाजिर होता है, उसका जमानत आवेदन खारिज किया जाता है। विलंबित कार्यशैली कहती है, जेल रिमांड करके तारीख दे दो। फरार होने की सजा तो इसे मिलनी ही चाहिए। त्वरित कार्यशैली यह है कि अभियुक्त को अभिरक्षा में लिया गया। पत्रावली का अवलोकन किया, सभी गवाहों का साक्ष्य हो चुका है अथवा सभी साक्षी उपस्थित हैं, उनका साक्ष्य अंकित किया। प्रतिरक्षा पक्ष ने 294 द.प्र. सं. में अभियोजन दस्तावेजों की प्रामाणिकता को स्वीकार किया। प्रदर्श चिह्नित किया। धारा 313 का बयान अंकित किया। प्रतिरक्षा साक्ष्य बंद किया, बहस को सुना, साक्ष्य दोषसिद्धि के लिए अपर्याप्त है, अतः अभियुक्त को दोषमुक्त किया गया। पत्रावली दाखिल दफ्तर हो। यहाँ प्रक्रिया विधि के विपरीत कुछ भी नहीं है। केवल कार्यशैली का अंतर है। एक मामला आज ही खत्म हो गया। एक बार यदि

न्यायाधीश की ऐसी कार्यशैली का ढिंढोरा बार एसोसिएशन में हो गया, फिर पुराने-पुराने केसों के फरार अभियुक्त गवाहों के साथ आएँगे, अधिवक्ता सैकड़ों पुरानी फाइलों के फरार अभियुक्तों को लाकर ऐसे ही निर्णीत करवाएँगे।

जैसे पति की सताई हुई बेटी अपने पिता-माता के साथ आकर आज ही परिवाद दाखिला करती है, शाम को पति के विरुद्ध धारा 498ए भा.द.स. के अपराध का सम्मन जारी करवाकर घर जाते हैं। यही न्यायाधीश की त्वरित कार्यशैली है, त्वरित न्याय है, न्यायिक प्रक्रिया में क्रांतिकारी कदम है, बजाय इसके कि पति के विरुद्ध सम्मन जारी होने में साल-6 माह लग जाएँ।

त्वरित कार्यशैली के कारण Inspecting Judge गया, माननीय न्यायमूर्ति एस.बी. सिन्हा ने सर्किट हाउस में बुलाकर प्रश्न किया कि आपने अपनी भरती के तीन महीनों के भीतर इतना कार्य कैसे कर लिया। अपनी निरीक्षण टिप्पणी में लिखा, "ऐसा दिखता है कि वह एक विद्वान् न्यायाधीश होंगे।" त्वरित कार्यशैली का ही परिणाम है कि विगत 25 वर्षों में कभी भी किसी भी अधिवक्ता ने मेरी सख्त शैली को सहकर भी हमसे पंगा नहीं लिया। सभी खुश रहते थे, क्योंकि उन्हें जो चाहिए था, वह हम तत्काल उसी दिन, उसी समय देते थे, कल पर कुछ नहीं।

न्यायालय में जब तक एक भी पक्षकार या अधिवक्ता किसी काम के लिए खड़ा है, न्यायाधीश उसका कार्य खत्म करके ही कुर्सी छोड़ेंगे, यह त्वरित कार्यशैली है। न्यायाधीश ने घड़ी की सूई देखी और उठकर चल दिया, यह गैर-जिम्मेदाराना शैली है।

न्यायाधीश की त्वरित कार्यशैली के महत्त्व पर एक घटना है—हजारीबाग में परिवाद केस दाखिल हुआ। गाँव के गरीब बाप-बेटी का जाँच साक्ष्य अंकित करते समय पिता ने बताया कि उसकी बेटी तीन साल से एक बच्चे के साथ उसके घर पर पड़ी है। मैंने पूछा, "3 साल से अब तक केस क्यों नहीं किया?" उसने कहा, "केस करने की हैसियत नहीं है।" मैंने पूछा कि तो तीन साल बाद कैसे हैसियत हो गई? जवाब दिया, "नहीं साहब, एक आदमी ने बताया कि अभी कोई जज साहब आए हैं, जो एक ही दिन में सब कर देते हैं। तब मैंने वकील साहब से पूछा, तो बताया कि हाँ, यहाँ एक दिन में हो जाएगा, तब मैं आज बेटी को लेकर आया हूँ।" मेरे जीवन की अविस्मरणीय घटना है। अपने न्यायाधीश दोस्तों को मैंने समझाया कि वे भी ऐसा करें, परंतु वे नहीं करते। यह सोच का, अपनी-अपनी शैली का फर्क है वरना किसी के सुर्खाब के पंख नहीं लगे होते हैं।

त्वरित कार्यशैली हेतु विधि का ज्ञान होना—विधि का ज्ञान होना भी त्वरित कार्यशैली के लिए आवश्यक है। एक अच्छा न्यायाधीश या अधिवक्ता बनने के लिए स्मार्ट वरिष्ठ अधिवक्ता के साथ अथवा त्वरित कार्यशैली के न्यायालय में काम करके अनुभवजन्य ज्ञान पाना चाहिए। अनुभवजन्य ज्ञानविहीन न्यायाधीश या अधिवक्ता, कभी-न-कभी संकट में पड़ते ही हैं। अनुभवजन्य ज्ञान है, तो न्यायाधीश या अधिवक्ता चट्टान की तरह अडिग रहता है। न्यायिक कार्य वह करता नहीं है, स्वभावत: प्रवाह में होता रहता है। उदाहरण के लिए, धारा 294 द.प्र.सं. में दस्तावेज स्वीकारने का तरीका नहीं बताया गया है। ऐसे वाक्य वरिष्ठ अधिवक्ता के साथ रहकर ही सीखा जा सकता है।

"Genuineness admitted, contents denied, formal proof dispense with." इस वाक्य से दस्तावेज की सत्यता स्वीकार हो गई, दस्तावेज साबित करने की आवश्यकता नहीं रही, प्रतिरक्षा पक्ष को क्षति भी नहीं होगी, क्योंकि विषयवस्तु अस्वीकृत की गई है। अत: औपचारिक सबूत की आवश्यकता नहीं रही। चूँकि अधिवक्ता को न्यायाधीश की त्वरित कार्यशैली एवं विधिक ज्ञान का पता है, अत: वह सोचकर आता है कि उसका अहित नहीं होगा।

कभी-कभी अपवादस्वरूप न्यायाधीश का अल्प ज्ञान भी निर्दोष को दोषी सिद्ध कर देता है। अनेक अधिवक्ताओं ने मुझसे खुलकर बताया, निर्णय दिखाए। सच में परिवाद पत्र के तथ्यों से कोई अपराध नहीं बनता, किंतु उस अपराध की परिभाषा का सटीक ज्ञान न होने के कारण तथ्यों से भ्रमित होकर न्यायिक दंडाधिकारी ने गलत संज्ञान ले लिया, फिर विचारण भी हो गया, सजा भी हो गई। अपीलीय न्यायालय के अधिवक्ता ने मेरे सामने निर्णय रख दिया। पूछा, क्या यही न्यायाधीश हैं? परिवाद केस नं. 1140/2006 का निर्णय स्वयं बोलता है कि मुख्य न्यायिक दंडाधिकारी, राँची ने भारी गलती की है। कारण अल्प ज्ञान है या रिश्वत, ईश्वर जाने!

प्राय: न्यायिक दंडाधिकारी के अल्प ज्ञान से खतरनाक कार्य-संस्कृति उत्पन्न हो जाती है। संयुक्त बिहार के न्यायालयों में मैंने देखा कि यद्यपि परिवाद-पत्र अथवा आरोप-पत्र में दिए गए तथ्यों से कोई अपराध नहीं बनता है, किंतु न्यायिक दंडाधिकारी का अल्प ज्ञान यह मान लेता है कि वकील साहब ने परिवाद-पत्र बनाया है, तो सही बनाया होगा या दरोगाजी ने आरोप-पत्र समर्पित किया है, तो सही ही किया होगा। एक बार धारा 190 द.प्र.सं. में संज्ञान ले लेने के बाद फिर

चाहकर भी गलती को सुधारना मुश्किल हो जाता है। अपराध नहीं होता, किंतु अपराध का विचारण हो जाता है। सजा भी हो जाती है।

बार एसोसिएशन/अधिवक्तागण की कार्य-संस्कृति

विधि आयोग की रिपोर्ट—मालीमाथ कमेटी रिपोर्ट, विधि विद्वानों के लेख, न्यायाधीशों के आलेख एवं वक्तव्य की मानें, तो "**अधिवक्तागण ही विचारण में विलंब का प्रमुख कारण हैं अर्थात् अधिवक्तागण के सहयोग के बिना समस्या का एक इंच भी समाधान नहीं है। अधिवक्तागण की गलत कार्य-संस्कृति पर प्रायः सभी न्यायाधीश घंटों बहस करते हैं, निष्कर्ष देते हैं कि उनकी गलत कार्य-संस्कृति का कोई हल नहीं है। इस प्रकार त्वरित न्याय की सभी संभावनाओं को ही खारिज कर देते हैं।** अपनी गलती का ठीकरा भी अधिवक्ता के सर मढ़ देते हैं। मेरी राय में ऐसा नहीं है, यदि है भी तो उसका समाधान भी है। सच यह है कि 90 के दशक से अब तक न्यायाधीशों में व्याप्त भ्रष्टाचार, रिश्वतखोरी, पक्षपात एवं अल्पज्ञान की क्रिया की प्रतिक्रिया में अधिवक्तागण की गलत कार्य-संस्कृति का जन्म हुआ। यही कारण है कि अधिवक्तागण त्वरित न्याय के प्रति अति असंवेदनशील हैं। वे न्यायालय के हित अथवा पक्षकार के हित से नहीं, अपनी आय से मतलब रखते हैं।

अधिवक्ता ऐसा करते हैं, क्योंकि उन्हें—

- बड़ी सरलता से कार्यवाही स्थगित होने की मिलीभगत संस्कृति विकसित हो गई है।
- न्यायाधीश की ईमानदारी, निष्पक्षता, उनकी कार्यशैली अथवा विधिक ज्ञान पर संदेह है।
- आय के लिए किसी भी सीमा तक जा सकते हैं।
- लचर प्रक्रिया विधि के प्रावधानों का दुरुपयोग करते हैं।
- गवाहों को तोड़कर अपने पक्ष में लाने हेतु विलंब करते हैं।
- सुलह होने के लिए सही समय का इंतजार करते हैं।
- यदि अभियुक्त दोषी है, तब अधिवक्ता केस को येन-केन-प्रकारेण लंबा खींचते हैं अथवा उच्च न्यायालय में टाँग देते हैं। इससे बचने का उपाय है कि विचारण न्यायालय को हाईकोर्ट के भय से मुक्त किया जाए अर्थात् उच्च न्यायालय से स्थगन आदेश लाने की धमकी देकर कार्यवाही स्थगित

करने की मिलीभगत संस्कृति खत्म की जाए।

- कार्यवाही स्थगित नहीं की जाएगी, जब न्यायालय का ऐसा माहौल/संस्कृति बन जाए। तब अधिवक्ता भी केस तैयार करके आते हैं, स्थगन नहीं माँगते हैं। वे न्यायालय से नहीं टकराते हैं। इसके विपरीत, यदि कार्यवाही आसानी से स्थगित होती है, तो केस तैयार करके नहीं आते हैं। **अतः "कार्यवाही स्थगित नहीं होगी", यह संस्कृति न्यायाधीश को बनानी होगी, अधिवक्ता को नहीं।**

न्यायाधीश से पनगा लेना अधिवक्ताओं की कार्य-संस्कृति कभी नहीं होती, बल्कि हर कीमत पर वे न्यायाधीश का सम्मान करते हैं। यद्यपि अधिवक्तागण को उचित सम्मान देना न्यायाधीश के आचरण/व्यवहार में नहीं होता। ऊँची कुरसी पर बैठने का अभिमान उन्हें ऐसा करने से रोकता है। न्यायाधीश जितना सम्मान चाहते हैं, उतना सम्मान वे करते नहीं हैं। यही सम्मान पाने और सम्मान देने का न्यायाधीश का स्वभाव ही अधिवक्ता विशेष की कार्यशैली को बदल देता है। धीरे-धीरे बार एसोसिएशन की कार्य-संस्कृति बदल जाती है। न्यायाधीशों द्वारा सभी अधिवक्तागण को थोड़ा सम्मान देने मात्र से यही कार्य-संस्कृति सकारात्मक हो जाती है अर्थात् अधिवक्ता या अधिवक्ता संघ की कार्य-संस्कृति बनती-बिगड़ती है, न्यायाधीश की कार्यशैली उसके स्वभाव एवं आचरण व्यवहार से। ऐसे समझिए कि फिल्मों का नायक, नायक है भगवान् नहीं, किंतु उसके आचरण से प्रेरणा पाकर दर्शकों का भाव बदल जाता है। वे नायक में भगवान् खोजने लगते हैं। न्यायाधीश तो सच में भगवान् का रूप है। अतः वादकारी हों या अधिवक्तागण, न्यायाधीश में भगवान् खोजते हैं, तो उन्हें न्यायाधीश में भगवान् का रूप दिखना चाहिए। नहीं दिखता, तब वे इनसान खोजते हैं; जब एक अच्छा इनसान भी नहीं दिखता, तब वे न्यायाधीश को गलत मान लेते हैं। तब उनकी कार्य-संस्कृति गलत दिशा में चली जाती है। निष्कर्ष में हम कह सकते हैं कि **"अधिवक्तागण की कार्य-संस्कृति न्यायाधीश की कार्यशैली एवं कार्य-संस्कृति से शासित होती है।"**

- न्यायाधीश हों या अधिवक्ता, केस तैयार नहीं है तो भागने के सिवा कोई उपाय नहीं है। ऐसे आलसी एवं प्रमादी लोगों के लिए ही प्रक्रिया विधि को संशोधित करके सख्त प्रावधान बनाए जाएँ। अतः 'Speedy Trial Act' द्वारा विचारण की समय-सीमा निश्चित करना ही एकमात्र उपाय है।

न्यायाधीश की कार्यशैली, न्यायालय की कार्य-संस्कृति में परिवर्तन कैसे हो?

"अपनी अवस्था बदलो-व्यवस्था स्वयं बदल जाएगी।"

भारत सरकार एवं भारत की न्यायपालिका वास्तव में यदि त्वरित न्याय के प्रति गंभीर है, तो मालीमाथ कमेटी रिपोर्ट की संस्तुतियाँ आवश्यक हैं। विधि आयोग की रिपोर्ट विचारणीय है, सर्वोच्च न्यायालय की केस विधियाँ अनुकरणीय हैं। किंतु जब तक न्यायाधीश की कार्यशैली एवं न्यायालयों की कार्य-संस्कृति में परिवर्तन नहीं होता, त्वरित न्याय का सपना सच नहीं होगा।

न्यायाधीश की कार्यशैली में परिवर्तन—विचारण प्रक्रिया देखने से होगा, चाहे कोर्ट में वास्तविक ट्रायल हो या दिखावटी ट्रायल हो। समाजशास्त्र का यह सामाजिक नियम है कि प्रत्येक सामाजिक व्यक्ति अपना आदर्श समाज के अपने ही जैसे किसी व्यक्ति में खोज लेता है। फिर वह जाने-अनजाने अपने आदर्श के आचरण का अनुसरण करने लगता है अर्थात् अपने आदर्श व्यक्ति के नक्शेकदम पर चलने लगता है। सन् 1985 में रायबरेली में सी.जे.एम. रहे, श्री ओ.पी. द्विवेदी में मैंने अपना आदर्श खोज लिया था। संकल्प कर लिया था कि न्यायाधीश बनने के वाद न्यायिक कार्य उन्हीं की कार्यशैली में करूँगा। न्यायाधीश की निर्भीकता प्रथम आवश्यकता है। श्री ओ.पी. द्विवेदी की कार्यशैली ऐसी थी कि केवल अधिवक्ताओं में ही नहीं, बल्कि आम जनमानस में उनकी कार्यशैली की तारीफ होती थी। दस वर्षों का कचरा तीन वर्षों में साफ करके न्यायालय को अद्यतित कर दिया था।

तात्पर्य यह है कि श्री ओ.पी. द्विवेदी जैसी विशिष्ट कार्यशैली के न्यायाधीश के न्यायालय में बैठकर, उनके न्यायालय में बैठने के समय का अनुशासन, न्यायिक कार्य करने का उनका अंदाज, उनके उत्साह-ऊर्जा एवं कौशल को देखकर ही एक न्यायाधीश प्रेरणा ले सकता है, सीख सकता है कि—

1. किस प्रकार न्यायालय के चलने के समय के एक मिनट पहले न्यायाधीश बिना अपवाद के बैठते हैं और प्रत्येक फाइल को स्वयं से निपटाते हुए तारीख देते हैं? उस दिन के सभी अभियुक्त सुबह सात बजे कोर्ट के सामने खड़े मिलते थे।
2. किस प्रकार लोक अभियोजन को पूर्ण सम्मान देकर डाँट लगाते थे? 'गवाह पेश करो, नहीं तो केस गया तुम्हारे हाथ से।' लोक अभियोजन

सिर के बल खड़े होते थे। गवाह की गवाही कब शुरू हुई, कब खत्म हुई, सोचना पड़ता था। जिरह हेतु वकील साहब को देर हो रही है तो जिरह स्वयं करके फाइल रख दी, वकील साहब आए तो बता दिया कि जिरह पढ़ लो, कुछ और पूछना है तो गवाह खड़ा है। उनकी जिरह के बाद प्रायः वकील साहब जिरह नहीं करते थे।

3. किस प्रकार दो मिनट में जमानत आवेदन सुनकर आदेश लिखवा करके, फैसला सुनाकर फाइल स्टेनो के सामने फेंक दी जाए?
4. किस प्रकार निर्णायक बहस सुनते समय सवाल-पर-सवाल करते-करते अधिवक्ता की बहस को समाप्त करते हुए निर्णय की तारीख बताकर अधिवक्ता को बहस खत्म करने को विवश किया जाए?
5. किस प्रकार प्रथम पाली में बहस सुनें और दूसरी पाली में निर्णय सुना दिया जाए। 3-5 निर्णय प्रतिदिन का औसत था?
6. किस प्रकार अधिवक्ता से काम करवाने के लिए उन्हें खुश करते हुए मामले का परिचालन किया जाए?
7. ऐसे आदर्श न्यायाधीश का न्यायालय में बैठना, बोलना, पक्षकारों से बात करना, साक्ष्य लिखना आदि-आदि देखकर ही सीखा जा सकता है।
8. अति संक्षिप्त सारगर्भित आदेश एवं निर्णय लिखने की कला, उनके निर्णय आदेश पढ़कर ही सीखा जाए।
9. न्यायिक अकादमी में दिखावटी विचारण द्वारा भी कार्यशैली को सीखा जा सकता है। कार्यशैली एवं कार्य-संस्कृति में बदलाव के लिए यदि न्यायालयों में वास्तविक विचारण देखना संभव नहीं है तो ऐसे दिखावटी विचारण न्यायिक अकादमी में संपन्न कराए जाने चाहिए। यह शैली एवं संस्कृति बदलने का सर्वोत्तम उपाय है।
10. यह सीख पाने के लिए उनमें जलने की जिज्ञासा हो, सुलगकर धुआँ देनेवाले कभी नहीं सीख पाएँगे। जरूरत है, ओ.पी. द्विवेदी जैसे प्रोरणादायी आदर्श न्यायाधीश की, जो त्वरित न्याय देने को समर्पित हों। न्यायाधीश को अपने स्टाफ एवं बार के अधिवक्ता का आदर्श स्वयं बनना चाहिए।

कार्य-संस्कृति में परिवर्तन

1. कार्य-संस्कृति में परिवर्तन के लिए जिलों की बार एसोसिएशन द्वारा बार

व बेंच के बीच नियमित रूप से वाद-विवाद एवं मॉक ट्रायल आयोजित हो। मॉक ट्रायल (दिखावटी विचारण) एवं वाद-विवाद से व्यावहारिक सारगर्भित विचार आने चाहिए। विधि आयोग की रिपोर्ट एवं सर्वोच्च न्यायालय के फैसले पर खुलकर बहस हो, किए गए सुधारों का ज्ञान हो। मॉक ट्रायल कार्य-संस्कृति में बदलाव का सर्वोत्तम तरीका है। इसमें न्यायाधीश, अधिवक्ता एवं स्टाफ की भागीदारी होनी चाहिए। वे देख सकेंगे कि बदली हुई कार्य-संस्कृति में उन्हें कैसे काम करना होगा ?

2. विधिक जागरूकता शिविर की कार्य-संस्कृति निरर्थक है। अभी वह मनोरंजन एवं पिकनिक का साधन होकर रह गई है। मॉक ट्रायल में भी मनोरंजन व पिकनिक है। अत: जनमानस को विधिक जागरूकता कराने के बजाय हमें न्यायालय की कार्य-संस्कृति बदलने पर जोर देना चाहिए। यू.एस.ए. के आरेगन राज्य में विधिक कॉलेज एवं हाईस्कूल के बच्चे मॉक ट्रायल के मुकाबले करते हैं। विजेता कॉलेज को वहाँ के न्यायालय द्वारा अवार्ड दिया जाता है। मॉक ट्रायल को विधिक जागरूकता शिविर की तरह पब्लिक प्रोग्राम बनाकर भी मॉक ट्रायल द्वारा विधिक जागरूकता दी जा सकती है। मॉक ट्रायल में विधिक जागरूकता समाहित है। मॉक ट्रायल के दो लाभ हैं—प्रथम, सुना गया भाषण दो-चार दिनों में विस्मृत हो जाता है, किंतु देखा गया दृश्य कभी विस्मृत नहीं होता।

3. संयुक्त बिहार के न्यायाधीशों की कार्य-संस्कृति खतरनाक दिशा में तब चली गई, जब वरिष्ठ न्यायाधीश ने समझा दिया कि "तुम अपने न्यायालय से बाँध दो, न्याय करने के लिए अपीलीय न्यायालय है न, वह देखेगी।" आगे यह भी शिक्षा दे डाली कि "तुम इतना याद रखो कि जमानत आवेदन खारिज करो, फिर जमानत देनेवाले ऊपर बैठे है, वे देंगे। तुम जमानत में क्यों दिमाग लगाते हो ? फेरा में पड़ जाओगे तो कोई बचाने नहीं आएगा।" हमें भी यही शिक्षा बार-बार हर रोज दी जाती थी। इसी गलत संस्कृति के कारण पक्षकार जिस न्याय को पाने के हकदार थे, न्यायाधीश ने भयवश नहीं दिया। यह न्याय के नाम पर न्यायालयों का अन्याय है।

4. कार्य-संस्कृति में परिवर्तन चार प्रकार से संभव हो सकता है—

1. न्यायाधीश की कार्यशैली से कार्य-संस्कृति को बदलना सबसे सरल

तरीका है, क्योंकि न्यायाधीश ही न्यायालय का नायक है, आदर्श है।

2. सिविल कोर्ट नियमावली में परिवर्तन द्वारा, उच्च न्यायालयों के लिए अत्यंत सरल है। उच्च न्यायालय नायकों का नायक निदेशक है।
3. न्यायिक कार्यवाहियों में विलंब करनेवाली प्रथागत-परंपरागत प्रणालियों को छोड़ना एवं नई प्रणालियों को धारणा करना। यह बार एसोसिएशन सदस्यों का नैतिक दायित्व है।
4. 300 दिन कार्य हो, 8 घंटे का कार्यदिवस हो, न्यायालयों में सी.सी. टी.वी. कैमरे लगे हों, यह माननीय सर्वोच्च न्यायालय का विषय है—विधि आयोग की सिफारिश को स्वीकार करे, अपनी 21 छुट्टियाँ घटाए, कार्य के घंटे बढ़ाए, तब अधीनस्थ न्यायपालिका पर यही नियम लगाए, स्वयं प्रेरणास्रोत बन जाए। त्वरित न्याय के लिए न्यायालयों की विलंब करनेवाली कार्य-संस्कृति में परिवर्तन आवश्यक है। जैसे, गवाह का साक्ष्य पूर्ण होते ही साक्ष्य की एक **कॉपी दोनों पक्षों को देना, यह त्वरित कार्य-संस्कृति है। कॉपी न देना विलंबित कार्य-संस्कृति है।** इसी साक्ष्य की प्रति लेने के बहाने बहस स्थगित करवाएँगे। कंप्यूटर एवं फोटोकॉपी के युग में अब विधिक नियमों में ऐसा परिवर्तन अपरिहार्य हो गया है। परिवर्तन करने के ऐसे अनेक उदाहरण हैं। अतः न्यायालयों की कार्य-संस्कृति एक दिन में नहीं बदली जा सकती, समय लगेगा। न्यायिक सुधार में तो कभी नहीं बदलेगी। न्यायिक क्रांति में अधिवक्ता, न्यायाधीश, स्टाफ एवं वादकारी धमाकों के साथ अपनी मानसिकता बदलकर पुरानी कार्य-संस्कृति को छोड़ते हुए नई कार्य-संस्कृति को पकड़ सकते हैं। यद्यपि यह एक टेढ़ी खीर है।

बार-बेंच व विद्वानों के बीच यह वाद-विवाद का विषय हो, न्यायिक अकादमी में रिसर्च का विषय हो कि—

- वे बिंदु, जो न्यायिक कार्यवाही में विलंब के कारण हैं।
- वे सिविल कोर्ट नियम, जो कार्यवाही स्थगित कर तारीख देने का प्रावधान करते हैं।
- वे परंपराएँ, जो लंबे समय के बाद न्यायिक प्रक्रिया में जुड़ गईं और विलंब का कारण बन रही हैं, उन्हें चिह्नित किया जाए।
- उनकी जगह पर नया प्रावधान देकर पुराने प्रावधानों को समाप्त किया जाए।

न्यायालयों की कार्य-संस्कृति लंबे समय में विकसित हुई है। बार के सदस्यों, स्टाफ एवं न्यायाधीश की मानसिकता में रच-बस गई है। यदि यह विलंब का कारण है, तो ऐसी पुरानी कार्य-संस्कृति को त्यागकर नई गतिशील त्वरित कार्य-संस्कृति को अपनाना चाहिए। उदाहरण के लिए—

1. उत्तर प्रदेश में प्रात:कालीन न्यायालय की अवधारणा खत्म कर दी गई, यद्यपि दिल्ली के बाद सबसे गर्म प्रदेश है। द.प्र.सं. की धारा 438 अग्रिम जमानत का प्रावधान लंबे समय पूर्व खत्म कर दिया गया आदि। पूरे देश में सजा के बाद जमानत का प्रावधान धारा 389 खत्म किया जाए, ताकि अपील में विलंब खत्म हो जाए।
2. आदेश 39 नियम 1-2 दि.प्र.स. अस्थाई निषेधाज्ञा के आवेदन का निस्तारण तत्काल किए जाने की संस्कृति विकसित हो।
3. यदि पहचान परेड में गवाह अभियुक्त को नहीं पहचान सका, ऐसी स्थिति में अभियुक्त को धारा 169 द.प्र.सं. के अनुसार बंध-पत्र लेकर छोड़ देना चाहिए। यह उत्तर प्रदेश के न्यायालयों की कार्य-संस्कृति है।
4. एकपक्षीय आदेश हो, एकपक्षीय डिक्री हो या अदम पैरवी में वाद खारिज का आदेश हो, इनके पुनर्स्थापना के मामलों में दोनों पक्षों का आवेदन एवं प्रति उत्तर का शपथ-पत्र से समर्थित होना पर्याप्त है। मौखिक साक्ष्य लेने की परंपरा गलत कार्य-संस्कृति है, यह अति-अति विलंब का कारण है। इसमें बदलाव होना चाहिए।
5. न्यायालयों की कार्य-संस्कृति बदलने में बार के वरिष्ठ सदस्यों की भूमिका प्रमुख होनी चाहिए। उदाहरण के लिए, न्यायालय शुल्क अधिनियम के अनुसार न्यायालय शुल्क की गणना करके वाद-पत्र में अंकित करते हुए न्यायालय शुल्क अदा करके ही वाद-पत्र दाखिल करें, तो अनावश्यक साल-6 माह की तारीखों से बचा जा सकता है। उत्तर प्रदेश की कार्य-संस्कृति यही है। वरिष्ठ अधिवक्तागण से कनिष्ठ अधिवक्ताओं को सीखना चाहिए।

इस बिंदु पर भी विचार किया जा सकता है कि—

- मुकदमों के दाखिला के बाद प्रारंभिक जाँच एवं प्रतिवादी/अभियुक्त की उपस्थित सुनिश्चित करने तक के लिए अधिवक्ता पीठ का गठन किया जाए।

- यदि वाद-पत्र दाखिला के समय प्रतिवादी उपस्थित रहे, तो कैसा रहेगा? अधिवक्ता पीठ वाद बिंदु बनाकर पत्रावली न्यायालय को सुपुर्द करें।
- परिवाद-पत्र दाखिला के पूर्व अभियुक्त को सूचना हो, ताकि दाखिले के समय (कम-से-कम चेक वापसी के मामले में) यदि अभियुक्त पक्ष उपस्थित रहे, तो कैसा रहेगा! इस प्रकार, प्रतिवादी एवं अभियुक्त की उपस्थित में लगने वाले समय को बचाया जा सकता है।
- परिवाद एवं परिवाद-पत्र (फौजदारी एवं दीवानी), दोनों मामलों में न्यायालय जाने से पूर्व न्याय सदन जाना यदि आवश्यक कर दिया जाए, तो क्या प्रभाव होगा?

मेरा सर्वोत्तम सुझाव है कि प्रत्येक जिला मुख्यालय पर सरकारी नौकरी से अवकाश प्राप्त अधिकारी, कर्मचारी, इंजीनियर, अध्यापक, प्रोफेसर, प्रवक्ता, लोक अभियोजक समाज सेवक एवं न्यायाधीश हैं, जो पूर्ण स्वस्थ हैं, किंतु कोई कार्य नहीं है, अत: बेकार हैं, उनमें भी सेवा की भावना है, किंतु क्या करें? कहाँ जाएँ? **ऐसे पेंशनरों/वरिष्ठ नागरिकों से उनसे स्वैच्छिक सेवा की सहमति लेकर विधिक सेवा प्राधिकार के अधीन तीन या पाँच की पीठ बनाकर जूरी बेंच की नई व्यवस्था बनाएँ। मध्यस्थों द्वारा विवाद के न सुलझने वाले मामलों को वरिष्ठ नागरिकों की इस अपीलीय या सीनियर जूरी बेंच की पीठ में भेजे जाएँ।** दोनों पक्षों को सुनकर यह वरीष्ठ पीठ निर्णय का एक प्रयत्न करें। निर्णय पर दोनों पक्ष सहमत हों, तो निर्णय बाध्यकारी होगा। एक पक्ष सहमत न हो तो निर्णय बाध्यकारी नहीं होगा अर्थात् एक वैकल्पिक विवाद समाधान के असफल होने पर एक अपीलीय/सीनियर जूरी बेंच की पीठ के समक्ष मामले में दूसरे वैकल्पिक विवाद समाधान का एक और प्रयत्न किया जाए। पारिवारिक मामलों में दुर्घटना, दावा, श्रमिक मामलों एवं चेक वापिस के एवं अन्य सभी मामलों में ये वरिष्ठ निर्णायक समिति की पीठ पूर्ण सफल होगी।

जूरी मेंबरों को उनके घर से न्याय सदन तक लाने ले जाने एवं चाय-पानी की व्यवस्था दी जानी चाहिए। पेंशन के सरकारी पैसे के बदले में यह उनकी सेवा होगी एवं न्याय सदन की निर्णायक समिति की पीठ में बैठकर वे अपने को समाज का सेवक समझकर गौरवान्वित महसूस करेंगे। न्यायालयों का भार कम/हल्का करेंगे। यह प्रयोग पूर्ण सफल होगा, जब दिल से किया जाए। माननीय सर्वोच्च न्यायालय ने अगस्त 2017 में, धारा 498A भा.द.सं. पर यही तो आदेश दिया कि गाँव-मोहल्लों

में समितियाँ बनें, जो पति-पत्नी के विवादों को देखें, समाधान करें। मेरी राय में धारा 498A के लिए ही क्यों, इस प्रकार के प्राय: सभी विवादों पर वरिष्ठ नागरिकों की निर्णायक समिति की पीठ देखे और समाधान दे।

सूचना युग में सूचना के इतने तरीके हैं कि विपक्षी को सूचना देना होगा एवं सूचना का आत्यंतिक सबूत होगा, तब एकपक्षीय डिक्री को निरस्त करने के प्रावधान O.9. R.13 CPC पर, धारा 125 द.प्र.सं. भरण-पोषण के एकपक्षीय आदेश में समय व्यर्थ गँवाने के दिन खत्म हो जाएँगे। प्राय: सौ प्रतिशत मामलों में प्रतिवादी पक्षकार सूचना पाकर भी जानबूझकर गैर-हाजिर रहते हैं, ताकि खिलाफ पक्षकार परेशान हो। एकपक्षीय आदेश को बाद में मामूली कास्ट लगाकर अनुज्ञात कर दिया जाता है। अधिवक्ता इसी का लाभ लेकर एकपक्षीय निर्णय होने तक प्रतिवादी को हाजिर होने से रोके रखते हैं, बाद में पुनर्स्थापना याचिका देते हैं। इस संस्कृति को बंद करने का उपाय है कि सूचना का सबूत होने पर ही एकपक्षीय आदेश हुआ है, अत: रेस्टोरेशन याचिका खारिज कर दी जाए। अभिप्राय यह है कि प्रक्रिया विधि एवं नियमावली में आधुनिक सूचना तकनीकी युग के अनुरूप संशोधन करके न्यायालय की कार्य-संस्कृति को बदलकर न्यायिक कार्यवाही को अत्यंत गतिशील बना सकते हैं। अत्यंत गतिशीलता ही न्यायिक क्रांति है।

न्यायाधीश की कार्यशैली न्यायालय की कार्य-संस्कृति में परिवर्तन की आवश्यकता क्यों ? और क्या ?

"आये थे व्यवस्था बदलने, व्यवस्था ने उन्हें बदल दिया"

आवश्यक क्यों ? न्यायपालिका को अपनी आबरू बचानी है, अपराध भ्रष्टाचार एवं आतंकवाद से देश को बचाना है। देश को और आगे ले जा सकता है, तो आज देश में त्वरित न्याय (दो वर्षों में) के लिए कार्यशैली एवं संस्कृति में परितर्वन जरूरी है अर्थात् जो नहीं है (जजों की संख्या दो गुनी हो), वह हो नहीं सकता, तो जो है, वह तो बदल सकता है। सरकारें कानून बदलें या न बदलें, न्यायपालिका खुद को तो बदल सकती है।

आवश्यकता क्या ? न्यायपालिका की विश्वसनीयता खत्म होने के निशान से ऊपर जा चुकी है, अत: निम्नांकित 13 बिंदु विचारणीय हैं—

1. न्यायाधीश न्याय के मंदिर में न्याय की जीवंत मूर्ति 'न्यायमूर्ति' हैं। मूर्ति कभी मंदिर की गरिमा को ठेस पहुँचा सकती है क्या ? न्यायाधीश स्वयं

न्यायालय की गरिमा एवं वादकारी के विश्वास को बनाए रखने या नष्ट कर देने के लिए जिम्मेदार हैं।

2. न्यायाधीश स्वयं अपने आचरण, कौशल, ईमानदारी, सकारात्मक प्रवृत्ति एवं कार्यशैली से न्यायालय के संपूर्ण वातावरण को बदल सकते हैं। अधिवक्ता एवं स्टाफ को प्रेम और अपनेपन द्वारा उनकी कार्य प्रवृत्ति को बदल सकते हैं। न्यायालय के प्रति वादकारी के नजरिए को भी बदल सकते हैं। कैसे? बेहिचक, बेखौफ, पूरी निर्भीकता से वादकारी को सुनें, समझें, उनका ध्यान रखें, उनकी समस्या को बाँटें। अपनी कार्यशैली से उन्हें विश्वास दिलाएँ कि बिना कार्यवाही के तारीख नहीं दी जाएगी। यह न्यायालय तुम्हारा है, तुम्हारा कार्य करने के लिए ही मैं यहाँ हूँ। तत्काल, आज-अभी तुम्हें अनुतोष एवं न्याय प्रदान कर रहा हूँ।

3. न्यायाधीश को केवल देने के लिए बनाया गया है, शेष सभी माँगनेवाले हैं। माँगनेवाले ऐसा कुछ नहीं माँगते, जो आप नहीं दे सकते हैं। आप तो न्याय देने के लिए ही वेतन और भत्ता पाते हैं। न्यायिक अनुतोष तत्काल दे दें। तत्काल न देकर तारीख देना, न्यायाधीश की मजबूरी नहीं, केवल बहानेबाजी है।

4. हे ईश्वर! मैं तेरा आभारी हूँ कि तूने मुझे जरूरतमंद की सेवा और पीड़ित को न्याय, अपराधी को दंड देने के लिए चुना है, मुझे यह अवसर दिया है, इसके योग्य बनाया है तो मैं भी एक कर्मयोगी की भाँति त्वरित सेवा, तत्काल न्याय देने के लिए तत्पर हूँ। यह हमारी शैली और प्रवृत्ति होनी चाहिए। **निष्पक्षता, ईमानदारी, कौशल आपके पास है, तो कोई भी व्यक्ति या अधिवक्ता आपको कभी नहीं छुएगा।**

5. "सम्राट् की तरह जियो, सेवक की तरह सेवा करो।" न्याय करना ईश्वरीय कार्य है, आप ईश्वर का दूसरा रूप है। शेट्टी आयोग ने कहा है—'आप प्रभुसत्ता संपन्न राजा हैं, तब आपको राजा जैसा आचरण भी करना चाहिए। किसी से अपेक्षा करना, माँगना तो भिखारीपन है। यह आपको शोभा नहीं देता। वादकारी की संतुष्टि के लिए कंफर्ट जोन से बाहर आकर वह सबकुछ करना चाहिए, देना चाहिए, जो आप कर सकते हैं।' शेट्टी आयोग की अनुशंसा के आलोक में गीली लकड़ी जैसी शैली के न्यायाधीशों को 55 या 58 की उम्र में हटा देना चाहिए अन्यथा वे अपनी

इसी शैली को दूसरे न्यायाधीशों में संक्रमित करते हैं। यह मेरा निजी अनुभव है। सौ प्रतिशत सत्य है।

6. वादकारी का हित सर्वोच्च है। यही हमारी मानसिकता एवं आशय होना चाहिए। हमें वादकारी के प्रति पहले जवाबदेह होना चाहिए, उच्च न्यायालय के प्रति बाद में। सामने खड़े वादीकारी/पक्षकार के मामले निपटाकर उसे संतुष्ट करना आवश्यक है, बजाय इसके कि पुराने मामले निपटाएँ और नया मामला पुराना हो जाए। पुराने मामले निपटाने की नीति नए मामले के पक्षकारों को तारीख लेने को विवश करती है।

7. कैसे भी हो, किसी भी प्रकार हो, न्यायालयों की गिरती हुई साख के आलोक में या तारीख देने, काम न करने की बदनामी से बचाने के लिए उच्च न्यायालय को चाहिए कि न्यायाधीश द्वारा प्राप्त वेतन-भत्ते सुविधाओं के अनुपात में न्यायिक कार्य करने हेतु कार्यदिवसों की संख्या एवं समयावधि बढ़ाए। गणित सीधा है—
   - काम के दिन कम, काम के घंटे कम, तो न्यायिक कार्य कम, कनिष्ठ अधिवक्ता की आय कम, मुकदमों का निस्तारण कम, न्याय में विलंब।
   - काम के दिन अधिक, काम के घंटे अधिक, तो न्यायिक कार्य अधिक, कनिष्ठ अधिवक्ता की आय अधिक, मुकदमों का निस्तारण अधिक, त्वरित न्याय निश्चित।

8. झारखंड उच्च न्यायालय के प्रथम मुख्य न्यायाधीश वी.के. गुप्ता ने एक घंटा प्रथम पाली, एक घंटा द्वितीय पाली में समय बढ़ा दिया था, कोई पहाड़ नहीं टूटा था। न्यायिक कार्य डेढ़ गुना बढ़ गया था। मीडिया भी दबी जबान यही बात बार-बार कहती है कि न्यायाधीश आखिर अपनी छुट्टियाँ क्यों नहीं घटाते? जब कार्यदिवस घटेंगे, तो न्यायिक कार्य कैसे बढ़ेगा? भारतीय जनमानस की खुली शिकायत यही है। यह बात माननीय उच्च न्यायालय को समझनी चाहिए। जनमानस की खामोशी न्यायिक व्यवस्था की स्वीकार्यता नहीं, उनकी मजबूरी है। अत: 52 रविवार, 13 त्योहार, शेष 300 दिन कार्य के सिद्धांत को स्वीकार करना चाहिए। 2 जुलाई, 2014 को खबर छपी कि भारत के प्रधान न्यायाधीश ने 365 दिन न्यायालय खुला रखने के संबंध में सभी उच्च न्यायालयों के सुझाव माँगें

हैं, फिर क्या हुआ ? क्या सकारात्मक उत्तर गया ? क्यों नहीं गया ?

9. विधि आयोग की रिपोर्ट संख्या 245 जुलाई, 2014 एवं मालीमाथ कमेटी की रिपोर्ट 2003 में अनुशंसा की गई है कि पाँच वर्षों में न्यायाधीशों की संख्या दोगुनी की जाए। इन्हीं अनुशंसाओं के आलोक में भारत के प्रधान न्यायाधीश ने विज्ञान भवन में 2016 में भावुक होकर प्रधानमंत्री से जजों की संख्या बढ़ाने की माँग की। विधि आयोग ने भी अपनी रिपोर्ट सं. 230 में 10 से 15 छुट्टियाँ घटाने एवं न्यायालय का समय ¾ घंटे बढ़ाने की अनुशंसा एवं उच्च न्यायालय की 21 छुट्टियाँ घटाने की अनुशंसा की है। अत: प्रधानमंत्री ने भी भारत के प्रधान न्यायाधीश से अपने अंदाज में कह दिया कि छुट्टियाँ घटाई जानी चाहिए। देश के लोगों ने सुना और देखा, किंतु अभी तक छुट्टियाँ घटाई नहीं गईं। देश स्तब्ध है कि छुट्टियाँ घटाने में कौन सी भारत सरकार की अनुमति चाहिए ? 21 छुट्टियाँ घटाने से अधीनस्थ न्यायपालिका को प्रेरणा मिलेगी। वे 21 नहीं, 42 छुट्टियाँ घटाने को तैयार हो जाएँगे। इससे जनमानस में न्यायपालिका का मान-सम्मान बढ़ जाएगा। जनता का कल्याण होगा, त्वरित न्याय की दिशा में बड़ा कदम होगा।

10. 'Delay Defeats Justice' यदि सत्य है, त्वरित न्याय हमारा लक्ष्य है, तब या तो न्यायपालिका व विधायिका के बीच समन्वय बने न बने तो खुद्दारी यह कहती है कि स्वयं न्यायपालिका द्वारा कम-से-कम—
    - वार्षिक अवकाश खत्म किए जाएँ। समय की माँग है, बार एसोसिएशन की नहीं।
    - प्रात:कालीन न्यायालय की अवधारणा खत्म की जाए। सर्वस्वीकृत तथ्य है कि लगभग आधा समय व्यर्थ चला जाता है।
    - सभी धर्मों के सभी त्योहारों की छुट्टियाँ 13 दिनों तक सीमित की जाएँ। बदले में आकस्मिक अवकाश दोगुने किए जाएँ, उपार्जित अवकाश एक माह किया जाए। कोई अवकाश न ले, तो एक माह का वेतन दिया जाए। जिसे त्योहार या जयंती मनानी है, अवकाश ले, त्योहार या जयंती मनाए। न्यायालय क्यों बंद किया जाए ? न्यायपालिका में कितने प्रतिशत ईसाई हैं, जिनके लिए 7 दिनों का क्रिसमस अवकाश होता है ? यह कौन सा सामान्य ज्ञान है ?
    - महाराष्ट्र की तरह न्यायिक कार्यदिवस 245 नहीं, बल्कि 300 दिन

सुनिश्चित किए जाएँ। 30-35 दिनों का आकस्मिक एवं उपार्जित अवकाश बढ़ाकर 40-50 छुट्टियाँ घटाने जैसा है। न्यायाधीश के लिए ये 30 अवकाश उनके जीवन की जरूरतों, बच्चों की पढ़ाई, उनके विवाह आदि में बहुत काम आएँगे।

- पति न्यायाधीश का पितृत्व अवकाश खत्म किया जाए। ईश्वर ने खुशी दी है, तो उपार्जित अवकाश खर्च करें। जनता के कर का दुरुपयोग न करें।
- महिला न्यायाधीश का प्रत्येक माह दो दिन का विशेष अवकाश खत्म किया जाए। दोगुने किए गए आकस्मिक अवकाश का लाभ उठाएँ।
- अधिवक्ता के निधन पर शोकसभा न्यायालय अवधि के बाद की जाए। कार्यरत न्यायाधीश के निधन पर भी शोकसभा करने का नियम बनाया जाए।

न्यायाधीश के आकस्मिक अवकाश या उपार्जित अवकाश यथासंभव शीघ्रातिशीघ्र नोटिस बोर्ड, बार एसोसिएशन एवं अभियोजन को सूचित किए जाएँ, ताकि उन तारीख में लगे मामले के पक्षकारों को सूचना हो जाए, अनावश्यक परेशानी से बचाएँ। यह भी महत्त्वपूर्ण होगा कि प्रभारी न्यायाधीश अपने प्रभार न्यायालय का सभी आवश्यक कार्य निबटाएँ। उस अतिरिक्त कार्य का वेतन शेट्टी आयोग की अनुशंसा के आलोक में उन्हें प्रदान किया जाए।

11. न्यायालय की समयावधि को 2 घंटे के भोजनावकाश के साथ प्रातः 9 बजे से 12 बजे तक एवं 2 बजे से 5 बजे तक किया जाए। इस प्रकार, समयावधि के दो पालियों में विभाजन से निम्नांकित लाभ होगा—

- न्यायाधीश यद्यपि 6 घंटे की ही सिटिंग करेंगे, तथापि वादकारी को उपस्थित आने एवं कार्यवाही हेतु 8 घंटे का समय मिलेगा। जिस प्रकार प्रातःकालीन न्यायालय में प्रातः दो घंटे का समय व्यर्थ जाता है, उसी प्रकार इस समयावधि में दो घंटे का अतिरिक्त समय वादकारी के उपयोग में आएगा।
- पत्रावली पर तारीख के साथ प्रथम पाली अथवा दूसरी पाली का समय दिया जाए। अधिवक्ता को सुविधा होगी कि वे दूसरी पाली के मामले

के लिए प्रथम पाली में तनाव नहीं लेंगे। न्यायालय में काम कम या अधिक होने की स्थिति में मामले की कार्यवाही प्रथम पाली से दूसरी पाली के लिए स्थगित हो सकेगी। शहर के दुकानदार या नौकरीपेशा वादकारी प्रथम पाली में अपने मामले में हाजिर होकर कार्यवाही के बाद अपने व्यवसाय व नौकरी पर जा सकते हैं। गाँव का दूर-दराज का वादकारी/गवाह अपने घर से भोजन करके बस या ट्रेन द्वारा गवाहों के साथ न्यायालय की दूसरी पाली में उपस्थित होकर कार्यवाही में भाग ले सकता है। उसका होटल का पैसा बचेगा, अधिवक्ता या मुंशी से बात करने का अधिक समय मिलेगा।

- समयावधि दो पालियों में बाँटने से अधिवक्ता पर कम समय में अधिक कार्यभार की स्थिति नहीं रहेगी। वे सभी न्यायालयों के समस्त मुकदमे आसानी से निपटा सकेंगे।
- दो घंटे के भोजनावकाश के समय मध्यस्थ अधिवक्तागण को न्याय सदन में पक्षकारों के बीच समझौता कराने का खाली समय मिल जाएगा। वास्तव में, इन दो घंटों में न्यायालय की गहमागहमी सचिव, जिला विधिक सेवा प्राधिकार के न्याय सदन में आ जाएगी।
- भोजनावकाश में जज साहब के नाश्ता-चाय आदि की व्यवस्था करने से पेशकार बच जाएँगे। जज साहब को पेशकारों द्वारा इस प्रकार के लगाए गए कलंक से छुट्टी मिल जाएगी। 2 घंटे के भोजन व विश्राम के बाद न्यायाधीश दूसरी पाली का काम करने के लिए तरोताजा हो जाएँगे।
- दो घंटे के भोजनावकाश में न्यायाधीश अपने आवास पर राजा की तरह, आयुर्वेद के अनुसार संपूर्ण थाल का भोजन करें, विश्राम करें या ऑफिसर्स मेस में भोजन करके कक्ष में विश्राम करें। तदनुसार वरिष्ठ अधिवक्ता विश्राम करें, कनिष्ठ अधिवक्ता काम करें। वर्तमान समय में, न्यायाधीश का नाश्ता व दोपहर का भोजन (आधा-अधूरा, बिना विश्राम) आयुर्वेद विज्ञान के विपरीत है। आधे घंटे में दोपहर का भोजन व विश्राम संभव नहीं है, अतः न्यायाधीश का न्यायालय में देर से बैठना, फिर झपकी लेना स्वाभाविक है, क्योंकि भोजनावकाश के अतिरिक्त आधा पौन घंटा कक्ष में या गप-शप में बीत जाता है।

आयुर्वेद का सिद्धांत—

— नाश्ते के बाद थोड़ा काम
— दोपहर के भोजन के बाद थोड़ा आराम
— रात्रि भोज के बाद एक मील वाक

- इस सिद्धांत के विपरीत जाकर न्यायाधीश अपनी आयु कम कर लेते हैं। दो पाली की समयावधि में वे 8:00 बजे नाश्ता की तरह नाश्ता करेंगे, फिर 12:30 बजे राजा की तरह संपूर्ण भोजन व विश्राम करेंगे, तरोताजा होकर दूसरी पाली में बैठेंगे, तब आलस्य एवं नींद से बचेंगे। इससे दूसरी पाली में तरोताजा होकर पूरी क्षमता से काम करेंगे। सभी राज्यों में समयावधि भिन्न-भिन्न है। अतः एकरूपता लाने के लिए पूरे देश की समयावधि केंद्र सरकार की भाँति 9 से 5 की जानी चाहिए।
- दो शिफ्टों में न्यायालय एवं दो शिफ्ट में न्यायालय, दोनों में अंतर है। 25 जुलाई, 2006 को भारत के प्रधान न्यायाधीश ने दो शिफ्ट में कार्य का प्रस्ताव दिया था। विधि आयोग ने अपनी 125वीं रिपोर्ट 1988 में प्रस्तुत की। रिपोर्ट के आलोक में सर्वोच्च न्यायालय ने इस दो पाली व्यवस्था की अनुशंसा की थी। श्री राम जेठमलानी (तत्कालीन विधि मंत्री) ने इस पर कार्यवाही नहीं की। जस्टिस वी.एस. मालीमाथ कमेटी ने 2003 में आपराधिक न्यायिक व्यवस्था में सुधार के लिए सभी आपराधिक न्यायालयों में दो शिफ्ट की व्यवस्था को लागू करने की अनुशंसा की थी। जिस प्रकार कारखानों में तीन शिफ्टों में काम होता है, मीडिया में तीन शिफ्टों में काम होता है, कुछ शिक्षण संस्थाएँ, लॉ कॉलेज दो शिफ्टों में चलते हैं। मालीमाथ कमेटी के अनुसार न्यायालयों एवं न्यायाधिकरणों में इस व्यवस्था से न्यायालय में परेशानी नहीं होनी चाहिए। प्रथम शिफ्ट प्रातः 9 बजे से 2 बजे तक एवं दूसरी शिफ्ट 2:30 बजे से 7:30 बजे तक की अनुशंसा की थी। परंतु यह नहीं बताया कि दूसरी शिफ्ट में कौन न्यायाधीश, कौन अधिवक्ता काम करेगा ?
- मेरी राय में यह शिफ्ट व्यवस्था वर्ष भर तीनों मौसमों में संभव प्रतीत नहीं होती। दूसरी शिफ्ट में कौन काम करेगा ? व्यवहार में दो शिफ्टों के लिए अधीनस्थ न्यायालय की व्यवस्था संभव नहीं है। ऐसा कुछ हुआ भी नहीं। दो शिफ्टों की मेरी इस प्रस्तावित व्यवस्था में न्यायाधीश के कार्य के घंटे छह ही हैं, शेष तो विश्राम है, जिसमें वह पूर्णतया तरोताजा होता है। सभी मौसमों में 9 से 5 का समय अनुकूल है। अभी भी न्यायाधीश

5-6 घंटे कार्य करते हैं। कुछ भी हो, किंतु दो पाली की इस न्यायिक व्यवस्था पर सभी न्यायाधीशों द्वारा विधिक संस्थाओं द्वारा भारतीय जनमानस द्वारा सरकार एवं न्यायपालिका द्वारा सकारात्मक दृष्टिकोण से त्वरित न्याय के लिए वाद-विवाद एवं विचार किए जाने योग्य है। इससे न्यायपालिका की कार्य-संस्कृति एवं न्यायाधीश की कार्यशैली में अभूतपूर्व क्रांतिकारी परिवर्तन आएगा, विशेषकर ग्रामीण वादकारियों एवं गवाहों को, अभियोजन की विशेष सुविधा मिलेगी। मेरी अनुभव है कि न्यायिक कार्य डेढ़ गुना बढ़ जाएगा। काश! न्यायाधीशों की संख्या दोगुनी कर दी जाए तो न्यायिक कार्य तीन गुना बढ़ जाएगा। यह न्यायिक सुधार नहीं, न्यायिक क्रांति होगी।

12. प्रायः वरिष्ठ न्यायाधीशों द्वारा ऐसा कहा और कनिष्ठ न्यायाधीशों द्वारा ऐसा माना जाता है कि न्यायाधीश को साक्ष्य लिखते समय मुख्य पृच्छा या जिरह या बहस में हस्तेक्षप नहीं करना चाहिए। न्यायाधीशों को मुँह से नहीं, कलम से काम लेना चाहिए। **न्यायालयों की इस कार्य-संस्कृति अथवा कार्यशैली से न्यायालयों की ऊर्जा एवं समय का अत्यधिक नुकसान हो चुका है। त्वरित निस्तारण में यह सबसे बड़ी बाधा है।** आधुनिक तकनीकी युग में यह कार्य-संस्कृति बदलनी चाहिए। मामलों के त्वरित निस्तारण के संबंध में न्यायाधीश का एक लेख माखन लाल बंगल बनाम मानस भूनिया के बारे में देखा—लिखते हैं कि 18 गवाहों का साक्ष्य 120 दिनों में लिखा गया। बहस के समय पूछने पर विद्वान् अधिवक्ता इस बात से सहमत थे कि यदि मुख्य पृच्छा एवं जिरह को प्रभावी ढंग से न्यायाधीश द्वारा नियंत्रित किया गया होता, तो इन्हीं 18 गवाहों का साक्ष्य आधे से कम दिनों में लिखा गया होता तथा साक्ष्य के पृष्ठ एक-तिहाई या एक-चौथाई हो जाते अर्थात् साक्ष्य लिखते समय न्यायाधीश को मूक दर्शक की तरह चुप नहीं बैठना चाहिए, बल्कि न्यायालय की प्रत्येक कार्यवाही पर प्रभावी नियंत्रण रखना होगा, ताकि पक्षकार या अधिवक्ता न्यायालय का कीमती समय बर्बाद न कर सकें। ध्यान रहे, प्रायः अधिवक्ता लंबी जिरह एवं बहस न्यायालय के लिए नहीं, बल्कि अपने मुवक्किल को संतुष्ट करने के लिए, अर्थात् अपनी फीस को न्यायोचित करने के लिए या जिरह-बहस को टालने के लिए करते हैं। अतः मूक दर्शक की कार्यशैली खत्म होनी चाहिए। इस कार्य-संस्कृति

का खत्म होना, आज तब जरूरी हो जाएगा, जब प्रत्येक न्यायालय साक्ष्य लिखने हेतु कंप्यूटर एवं टाइपिस्ट से युक्त होगा। गवाह के मुँह से प्रश्न का उत्तर आते ही न्यायाधीश टाइपिस्ट को वाक्य बोलकर तुरंत अधिवक्ता से पूछेगा, "हाँ, अगला प्रश्न?" गवाह से उत्तर मिलते ही पुनः "हाँ, अगला प्रश्न?" यह शैली जिरह कर रहे अधिवक्ता एवं गवाह पर पूर्ण नियंत्रण रखेगी। समय व्यर्थ नहीं जाएगा। न्यायालय का कई गुना समय बचेगा। मेरा अनुभव है कि जिरह जब आवश्यक बिंदुओं पर हो जाए, अधिवक्ता सोच-सोचकर प्रश्न पूछने लगे तो न्यायाधीश का एक ही वाक्य जिरह खत्म करने के लिए पर्याप्त है कि **"वकील साहब, आपने सभी बिंदुओं पर बहुत अच्छी जिरह कर ली है। जिरह पर्याप्त हो गई।"** इस वाक्य से अधिवक्ता का वादकारी संतुष्ट हो जाता है, ऐसा महसूस कर वकील साहब जिरह खत्म कर देते हैं। बहस पर भी यही बात लागू होती है। बहस के समय जिरह करते-करते जैसे ही इस निष्कर्ष का कथन करते हैं कि **ठीक है, मैं आपका केस समझ गया। आप अपनी लिखित बहस दाखिल कर दें, मैं केस निर्णय पर लगा देता हूँ।** अचानक बहस समाप्त हो जाती है। जिरह एवं बहस कभी टाला न करें, अन्यथा एक बार यदि न्यायाधीश की छवि जिरह-बहस टालने वाली बन गई तो आप इस छवि को कभी बदल नहीं पाएँगे। बदलना चाहेंगे तो आपके खिलाफ आवाज उठेगी।

13. किसी पक्षकार के आवेदन पर या समयाभाव के कारण अथवा किसी भी कारण से मुख्य जिरह अथवा बहस को टालने की न्यायालय की कार्य-संस्कृति बड़ी खतरनाक संस्कृति है। यह अधिवक्ता एवं न्यायाधीश की स्वार्थ हित की समझ (Common Minimum Programme) होती है। इसे खत्म किया जाए। मुख्य जिरह-बहस को टालना सच में **न्यायालय द्वारा गवाह का प्रताड़न होता है। प्रश्नों का दोहराव होने के कारण एक प्रश्न के कई उत्तर आ जाते हैं। गवाह किंकर्तव्यविमूढ़ हो जाते हैं। अतः कुछ भी हो जाए, किंतु चीफ-जिरह-बहस को टाला नहीं जाएगा, न्यायालयों में यह कार्य-संस्कृति विकसित की जाए।** अमेरिकी न्यायालयों में यही कार्य-संस्कृति खूब विकसित है।

□

भयमुक्त न्यायाधीश : भ्रष्टाचार मुक्त न्यायपालिका

भयमुक्त न्यायाधीश के लिए ईमानदारी, निष्पक्षता सर्वोत्तम नीति है, यही उसका कवच है। भयमुक्त न्याय के लिए, ईमानदारी सर्वोत्तम नीति है। 11 अक्तूबर, 2014 इंदिरा गांधी प्रतिष्ठान, लखनऊ, 'अखिल भारतीय न्यायाधीश संघ' एवं 'उत्तर प्रदेश न्यायिक सेवा संघ' की संयुक्त सम्मेलन। सम्मेलन का विषय था, "अधीनस्थ न्यायपालिका में सुधार की आवश्यकता" माननीय न्यायमूर्ति (अवकाश प्राप्त) भारत के प्रधान न्यायाधीश, तीरथ सिंह ठाकुर, तत्कालीन न्यायाधीश सर्वोच्च न्यायालय, भारत के वर्तमान मुख्य न्यायाधीश ने अपने उद्घाटन भाषण में भयमुक्त न्यायाधीश एवं भ्रष्टाचार पर स्पष्ट किया कि "स्वयं को बड़े वाद-विवाद के साथ जोड़ें। आपको स्वयं में सुधार लाने की आवश्यकता है। एक ईमानदार न्यायिक अधिकारी के लिए भय जैसी कोई वस्तु नहीं है तो न्यायिक अधिकारी मनोरोगी की तरह डरते क्यों हैं?" [Associate yourself with a larger debate...you need to reform yourself...for the Honest Judicial Officer nothing like fear, why Judicial Officers are in fear Psychosis ?]

इलाहाबाद उच्च न्यायालय के तत्कालीन मुख्य न्यायाधीश माननीय न्यायमूर्ति डॉ. डी.वाई. चंद्रचूड़, वर्तमान न्यायाधीश सर्वोच्च न्यायालय ने विषय पर अपने विचार व्यक्त करते हुए कहा कि "बदलाव लाने का प्रयास करें। अपना सामर्थ्य तथा उत्साह बनाए रखना न्यायाधीशों के सामने एक बड़ी चुनौती है। आप अपनी चुनौती वास्तविकता में कैसे बदलेंगे? हमें सुधार बाहर से नहीं बल्कि भीतर से लाना चाहिए।" [Lest Trying to change. Its a great challenge before judges to maintain his potential and enthu. How you translate your challenge in reality...Reforms not out side rather reform inside within me.]

उपरोक्त वक्तव्य यह स्पष्ट करते हैं कि भय एवं भ्रष्टाचार के प्रति न्यायपालिका में मंथन चल रहा है। कोई उपाय नहीं निकल रहा है, यही चिंता का विषय है। अन्य विभागों में काम कर देने के बदले रिश्वत ली जाए, यह भ्रष्टाचार है, सभी करते हैं। न्यायालय में अन्याय करने के लिए रिश्वत ली जाए, यह पाप है, केवल न्यायाधीश करते हैं। न्याय के मंदिर में ईश्वर की प्रतिमूर्ति को रिश्वत की आपूर्ति क्यों?

भ्रष्टाचार-मुक्त न्यायपालिका—भयमुक्त न्यायाधीश कैसे?

केवल भयमुक्त न्यायाधीश ही न्याय कर सकता है, अन्यथा नहीं। महामहिम राष्ट्रपति द्वारा नियुक्त न्यायमूर्ति महाभियोग के कवच में संरक्षित हैं। वे शहाबुद्दीन को जमानत दें या सलमान खान को, उन पर आँच नहीं आएगी। महामहिम राज्यपाल द्वारा नियुक्त न्यायाधीश भी तो न्याय ही करते हैं, वे कहाँ संरक्षित हैं? क्या उनको संरक्षण नहीं चाहिए? संरक्षित नहीं हैं, अतः भयभीत हैं। भयभीत न्यायाधीश न्याय नहीं कर सकता, अतः अधीनस्थ न्यायाधीश को भी संरक्षण चाहिए।

झारखंड न्यायपालिका अन्य राज्यों की तुलना में कहीं अधिक ईमानदार है, किंतु रकीबुल हसन घोटाले ने दिल्ली से राँची तक न्यायपालिका में व्याप्त भ्रष्टाचार की पोल खोल दी है। भ्रष्टाचार और भय एक-दूसरे के पूरक हैं। भ्रष्टाचार है तो भय रहेगा, भ्रष्टाचार नहीं है तो भय नहीं रहेगा क्या? रहना तो नहीं चाहिए, किंतु जब तक रकीबुल हसन जैसे घोटाले होते रहेंगे, तब तक चंद बेईमान न्यायाधीशों के कारण ईमानदार न्यायाधीश भी संदेह के घेरे में रहेंगे।

- इस संदेह की पराकाष्ठा से ही न्यायाधीश के भीतर अटूट भय उत्पन्न होता है।
- बेईमान न्यायाधीश अपने गॉडफादर की गोद में मौज करते हैं। ईमानदार न्यायाधीश अपनी खाल बचाते फिरते हैं। न्यायाधीशों का प्रमुख उद्देश्य अपनी नौकरी बचाना है, तब न्याय करना है।
- भयभीत न्यायाधीश कितने अन्यायपूर्ण आदेश करता है, न्यायाधीश ही जानते हैं। सोचकर डर लगता है, वादकारी रोता है, किंतु ऐसा होता है। सत्र न्यायाधीश जमशेदपुर के जमानत आवेदन सं. 576/2016 के जमानत आदेश को देखकर ऐसा लगता है कि भय अथवा चाटुकारिता की यही स्थिति है, तो जमानत देने (धारा 437 द.प्र.सं.) की शक्ति सत्र न्यायाधीश से छीन लेनी चाहिए।
- राँची मुख्य न्यायिक दंडाधिकारी के न्यायालय कोर्ट के परिवाद केस

सं.-1140/2006 का निर्णय पढ़ने के बाद दो बातें स्पष्ट होती हैं कि या तो न्यायाधीश को कानून का कोई ज्ञान नहीं है अथवा भ्रष्टाचार की पराकाष्ठा है।

- भारतीय न्यायपालिका, वादकारी एवं अधिवक्ता ऐसी भयानक और खौफनाक स्थित से रोज रू-ब-रू होते हैं। केवल उच्च न्यायालय के पक्षपात एवं अधीनस्थ न्यायालय के भ्रष्टाचार के कारण ऐसी भयपूर्ण परिस्थिति बनती है।

यह माननीय उच्च न्यायालय को सोचना चाहिए कि माननीय न्यायमूर्तियों को संवैधानिक संरक्षण क्यों प्राप्त है? अधीनस्थ न्यायाधीश भी न्याय मंदिर की न्यायिक मूर्ति है, किंतु वह महाभियोग के कवच से सुरक्षित नहीं है। वह खुले आसमान के नीचे बार एसोसिएशन के तूफानी थपेड़ों के बीच कब उखड़ जाएगा, यही खौफ उसे प्रत्येक समय सताता है। **उसकी कुरसी उच्च न्यायालय के हाथ में कच्चे धागे से बँधी है, फिर भी वह बार की हॉट सीट पर बैठकर न्याय करता है। अधीनस्थ न्यायाधीश के लिए नौकरी खोने का भय अपने प्राण खोने के भय से कहीं अधिक होता है। अधीनस्थ न्यायाधीश यदि न्याय करने में अपने को तनिक भी असुरक्षित पाता है, तो वह अन्याय करने को विवश है। पहले वह अपने को सुरक्षित करता है, तब न्याय करता है।** इसीलिए ऐसा न्याय, नैसर्गिक न्याय नहीं, यह तो उच्च न्यायालय के संदेह के घेरे से बाहर रहने के लिए अथवा कभी-कभी पदोन्नति न रुके, इसके लिए या न्यायमूर्ति बनने के लिए अथवा चाटुकारिता के लिए किया गया तथाकथित न्याय है। नैसर्गिक-निष्पक्ष न्याय केवल एक भयमुक्त न्यायाधीश ही कर सकता है, अन्यथा नहीं। अत: न्यायकर्ता/न्यायाधीश को भयमुक्त रहने के लिए संरक्षित होना चाहिए।

झारखंड के एक वरिष्ठ न्यायाधीश ने कहा कि झारखंड में न्यायाधीश इतने डरे हुए हैं कि दीवानी मामले में किसी न्यायाधीश को अस्थायी निषेधाज्ञा (स्टे-आदेश 39 नियम-1,2 दीवानी प्र.सं.) देने का साहस नहीं है। प्रथम द्रष्टया केस, सुविधा का संतुलन, अपूर्णनीय क्षति होना बेकार है, क्योंकि न्याय करने के चक्कर में वह संदेह के घेरे में आ जाएगा। आगे कहा कि उच्च न्यायालय में आर.टी.आई. डालकर पूछ लो कि विगत वर्ष झारखंड में कितने स्टे दिए गए, उत्तर 'नहीं' आएगा। यह न्यायपालिका के लिए खतरनाक स्थिति है। यदि उच्च न्यायालय इस तथ्य पर गंभीर नहीं है, तब वास्तव में वह अधीनस्थ न्यायाधीश को अपनी नौकरी

बचाने के लिए अन्याय करने को विवश करता है। (देखें—अध्याय 19 खंड II) उच्च न्यायालय ऐसा कुछ करे, जो भी वह कर सकता है। **भारत सरकार Protection of Judicial Officers Act (न्यायिक अधिकारियों की सुरक्षा अधिनियम) में तदनुसार संशोधन करे, न्यायाधीशों को भय से बचाए। न्याय बचाने के लिए न्यायाधीश को बचाए।** यदि न्यायाधीश की ईमानदारी रजिस्ट्रार सतर्कता के राडार पर है, तो उसे निकालने में देर न करे।

यदि रिश्वत लेने (बेईमानी) के पुख्ता सबूत हैं, तब ऐसे न्यायाधीश अपराधी हैं, उन्हें पेंशन पाने का हक नहीं है। अत: नौकरी से बरखास्त कर देना चाहिए। ईमानदारी या बेईमानी छिपती नहीं है, काली भेड़ (रिश्वत खोर) किसे नहीं दिखाई पड़ती ? शर्त यह है कि रजिस्ट्रार सतर्कता का राडार सही काम करता है या पक्षपात करता है ? यदि न्यायाधीश की ईमानदारी पर प्रश्नचिह्न नहीं है, तब ऐसे न्यायाधीश को न्यायिक कार्य करने की पूरी छूट होनी चाहिए।

- जिस देश का न्यायाधीश न्याय करने से डरेगा—कहीं संदेह के घेरे में न आ जाए!
- सेना आतंकवादियों को मारने से डरेगी—कहीं कोर्ट मार्शल न हो जाए!
- नौकरशाही निर्णय लेने से डरेगी—कहीं जेल न हो जाए!
- पुलिस अभियुक्त को गिरफ्तार करने से डरेगी—कहीं पदोन्नति न रुक जाए!

वह देश विश्व का नेतृत्व कैसे करेगा ? जब सभी नरेंद्र मोदी की तरह भयमुक्त हो जाएँ (यह सिर्फ भारत में होता है, क्योंकि भारत प्रजातंत्र की कीमत चुका रहा है)

भयभीत (भ्रष्टाचार) न्यायाधीश अपने चारों ओर मौजूद हर व्यक्ति से डरता है। डरवश वह गलत निर्णय लेकर अन्याय करता है, अर्थात् जो रिलीफ दी जानी चाहिए, वह नहीं दे पाता है। अत: आदेश करने में देर करता है। एक पृष्ठ का आदेश चार पृष्ठों में लिखता है, ताकि संदेह के घेरे में न आए। स्वयं को सुरक्षित रखने के लिए जमानत आवेदन, स्टे आवेदन खारिज करता है। दीवानी मामलों में सरकार के खिलाफ निर्णय देने में उसकी रूह काँपती है। आदेश सुरक्षित कर लेता है जब कि भयमुक्त न्यायाधीश बिंदास न्याय करता है। अभी-अभी सुनवाई

की, अभी-अभी आदेश निर्णय दिया। वह ईश्वर को छोड़कर और किसी को नहीं डरता है। वह आध्यात्मिक होता है, तभी वह नैसर्गिक न्याय त्वरित करता है। अत: भारतीय न्यायपालिका को भयमुक्त न्यायाधीश चाहिए। त्वरित न्याय की पहली शर्त है, भयमुक्त न्यायाधीश।

भ्रष्टाचार मुक्त न्यायपालिका

न्यायाधीश के बारे में पुरानी धारणा है कि उसे विधवा नारी की तरह रहना चाहिए। आज के एंड्रॉएड-आई फोन के युग में यह व्यर्थ की बात है। बजाय इसके भयमुक्त न्यायाधीश का मतलब है, 'चंदन विष व्यापत नहीं, लिपटे रहत भुजंग' सर्वोच्च न्यायालय ने राष्ट्रीय विधिक सेवाएँ योजना में स्वीकार किया है कि "यद्यपि सचिव, जिला विधिक सेवा प्राधिकार अन्य न्यायाधीशों को लेकर विधिक जागरूकता हेतु जनता से मिलते हैं, फिर भी ईमानदार न्यायाधीश ईमानदार ही रहते हैं।" बेईमान कंबल ओढ़कर घी पीते हैं।

भय और भ्रष्टाचार एक-दूसरे के पूरक हैं, अर्थात् एक है तो दूसरा रहेगा। भ्रष्टाचार है तो भय रहेगा। भय का कारण भ्रष्टाचार है। भ्रष्टाचार नहीं तो भय का कोई कारण नहीं। यह बात न्यायाधीशों को समझनी चाहिए। आयुर्विज्ञान के अनुसार—भय को रेसपॉण्ड करने के लिए हमारे शरीर में विशेष किस्म के हार्मोनों का स्राव होता है। यदि भय क्षणिक है तो हार्मोन स्राव काम करता है, किंतु यदि भय शरीर और मन में बना रहे तो हार्मोन का स्राव भी काम नहीं करता। तब शरीर और मस्तिष्क भय को रेसपॉण्ड नहीं कर पाता, शरीर की रोग प्रतिरोधक क्षमता फेल होने लगती है। परिणामस्वरूप मधुमेह, रक्तचाप, अवसाद एवं हृदयघात जैसी अनेक बीमारियाँ घर कर लेती हैं। यह कुदरत का नियम है। कुदरत के इस नियम से सभी को बचना चाहिए।

न्यायपालिका में रिश्वत चार प्रकार से संपन्न होती है।

प्रथम—न्यायाधीश द्वारा अंतरात्मा के विपरीत जाकर न्याय के विरुद्ध अन्याय करने के लिए कभी-कभी, विशेषकर जमानत में या निर्णय देने में।

दूसरा—न्यायालय स्टाफ द्वारा कार्य करने के लिए या तारीख देने के लिए हर मामले में अभी-का-अभी।

तीसरा—अधिवक्तागण द्वारा न्यायाधीश के नाम पर पक्षकार से ले लेना, स्वत: काम हो गया तो पैसा हजम, न हुआ तो पैसा वापस।

चौथा—दलालों द्वारा, 'काम हो जाएगा' गारंटी के साथ कहते हैं। किसी से भी, कहीं भी, कुछ भी ले लेते हैं। किसको देते हैं, कहाँ देते हैं, क्या देते हैं, किसी को कुछ नहीं पता, किंतु काम होता है। रकीबुल हसन घोटाले से न्यायपालिका का राज खुलता है।

प्रथम एवं दूसरे प्रकार की रिश्वत के लिए न्यायाधीश की कार्यशैली जिम्मेदार है। तीसरे एवं चौथे प्रकार की रिश्वत के लिए जिम्मेदार है, उस न्यायालय/सिविल कोर्ट की कार्य-संस्कृति। पक्षकार रिश्वत देने के पहले ठोंक-बजाकर खूब पता कर लेता है कि जज साहब रिश्वत लेते हैं या नहीं, तब देता है अथवा अपने अधिवक्ता या दलाल पर पूर्ण विश्वास करके रिश्वत देता है। यदि किसी जज के बारे में सर्वविदित हो, घोषित हो कि रिश्वत नहीं लेते हैं, तो पक्षकार रिश्वत का प्रस्ताव करने का साहस नहीं करते, प्रसन्न मन से जज साहब को दुआ देते हैं। यदि सर्वविदित हो कि रिश्वत लेते हैं, तो खुलकर प्रथम व दूसरे प्रकार की रिश्वत चलती है। तीसरी स्थित में यदि जज के बारे में चुप्पी है, कुछ पता नहीं, तब तीसरे व चौथे प्रकार की रिश्वत में लोग हाथ साफ करते हैं, किंतु न्यायाधीश तक पहुँचे या न पहुँचे, लें या न लें, पक्षकार तो ढिंढोरा पीटता ही है कि सभी न्यायाधीश चोर हैं। न्यायपालिका का नाम तो बदनाम होता है। अकेली मछली भी पूरे तालाब को गंदा कर देती है।

मेरा मानना है, सफल प्रयोग है कि यदि न्यायाधीश अपने स्टाफ को दूसरे प्रकार की रिश्वत लेने से सख्ती से या प्रेम से या दोनों प्रकार से रोक दे, **खुले न्यायालय में रिश्वत के विरुद्ध टिप्पणी करे, तब वहीं से न्यायाधीश के बारे में सर्वविदित होता है, घोषित हो जाता है कि खबरदार, यहाँ कोई भी चोंच मारने की कोशिश न करे।** नए जिले में नियुक्ति के प्रथम सप्ताह में ही पहले प्रेम से, फिर सख्ती से आवश्यकतानुसार पेशकार/स्टाफ को रोजमर्रा की रिश्वत को रोक दें, तभी बार से एवं शहर में भी न्यायाधीश के बारे में अच्छी छवि बनने लगती है।

मेरी राय में यदि उच्च न्यायालय अथवा प्रधान जिला एवं सत्र न्यायाधीश या स्वयं न्यायाधीश द्वारा कोर्ट में पेशकार द्वारा ली जा रही रिश्वत को सख्ती या प्रेम से रोक दिया जाए, तब क्या होगा? प्रतिक्रिया में पेशकार या स्टाफ भी जज साहब की रिश्वत को रोक देगा। निगरानी करेगा। न्यायाधीश की प्रत्येक गतिविधि, आदेश एवं निर्णय पर, मिलने-जुलनेवालों पर पैनी दृष्टि रखेगा। न्यायाधीश द्वारा किया गया कोई भी कार्य पेशकार/स्टाफ से छिप नहीं सकता है। उसे साहब के

घर की अंदरूनी सभी बातें पता होती हैं। फिर पेशकार, जो राय पक्षकार या दलाल को देता है, उसी से न्यायाधीश की छवि बनती है। इसी का दूसरा पहलू यह है कि **यदि आपने प्रेम से स्टाफ की रिश्वत रोकी है, तब प्रेम की वही पराकाष्ठा न्यायाधीश के जमीर को भी रिश्वत लेने से रोक देती है। जमीर धिक्कारता कि तुम्हें रिश्वत लेनी थी तो पेशकार स्टाफ को क्यों रोका?** ऐसा संभव नहीं है कि एक हाथ से स्टाफ की रिश्वत रोकें और दूसरे हाथ से स्वयं रिश्वत लेने लगें। प्रेम की पराकाष्ठा यह है कि स्थानांतरण होने पर आपको स्टाफ द्वारा अश्रुपूर्ण भावभीनी विदाई मिलती है। प्रेम से आप पशुओं को जीत सकते हैं, स्टाफ तो आपके स्नेही इनसान होते हैं। वे भी चाहते हैं कि न्यायालय से भ्रष्टाचार खत्म हो, किंतु जब देखते हैं कि कुम्हार का सारा आँवा ही खँझड़ है, तो वे भी क्या कर सकते हैं?

कहना नहीं चाहिए, किंतु हमें क्षमा करें, नीचे से ऊपर तक सभी न्यायाधीशों को सुरक्षित, शुद्ध, सरल और मोटी मुँहमाँगी रकम की रिश्वत जमानत में मिलती है। अत: यदि जमानत के प्रावधानों में न्यायाधीश का **विवेकाधिकार खत्म कर दिया जाए, तो न्यायपालिका की तीन-चौथाई रिश्वत स्वयं खत्म हो जाएगी। न्यायपालिका के गलियारों में घूमनेवाले दलालों की दुकानें स्वत: बंद हो जाएँगी। न्यायपालिका को बाजार नहीं, न्यायपालिका कहा जाएगा।**

न्यायाधीशों का यह कहना कि पेशकार/स्टाफ को पेशी व अन्य रिश्वतें लेने से नहीं रोका जा सकता, यह भ्रामक बात है। रिश्वतखोरी को बढ़ावा देनेवाला है। यह वैसा ही है कि न हम तुम्हारी देखें, न तुम हमारी देखो। अत: न्यायाधीशों का यह तर्क नितांत गलत है। इसीलिए न्यायपालिका की छवि गर्त में मिल रही है। आप सोचते हैं कि यह रिश्वत नहीं, बख्शीश है, देनेवाला इसे रिश्वत ही समझता है और वह ठीक समझता है। चंद रिश्वतखोर न्यायाधीशों के कारण ईमानदार न्यायाधीशों को भी समाज कठघरे में खड़ा करता है। ऐसे में ईमानदार न्यायाधीशों द्वारा बेईमान न्यायाधीशों को चिह्नित करने की परंपरा विकसित होनी चाहिए।

अफसोस कि राष्ट्रीय न्यायिक अकादमी के निदेशक श्री गोपाल मोहन भी यही तर्क दें तो क्या होगा? घटना दिनांक 20.04.05 की है। झारखंड से मैं, आसिफ इकबाल, आर.एन. राय एवं एक ए.डी.जे. नेशनल न्यायिक अकादमी, भोपाल न्यायाधीश सम्मेलन में गए थे। माननीय न्यायमूर्ति सर्वोच्च न्यायालय श्री एस.वी. सिन्हा, अन्य उच्च न्यायालयों के पाँच न्यायमूर्तियों के साथ मंच साझा कर रहे थे। देश भर से कोई 400 न्यायाधीश श्रोता थे। विषय था—"Ethics and moral of Judges" माननीय एस.वी. सिन्हा ने अपने वक्तव्य के अंत में—'इसलिए

न्यायपालिका समाज का दर्पण है" कहते हुए समापन किया। पूछा कि जी हाँ, क्या कोई व्यक्ति कोई प्रश्न पूछना चाहता है ? मैंने खड़े होकर प्रश्न पूछने के बजाय उनके इस अंतिम वाक्य का खंडन करते हुए कहा, "श्रीमान्, मैं सहमत नहीं हूँ मेरा मानना है कि समाज न्यायपालिका का दर्पण है, जिसमें हम अपना चेहरा, चाहे वह भद्दा है या सुंदर, देख सकते हैं।" फिर मैंने एक वास्तविक घटना का जिक्र किया कि "एक बार मैंने जज होने के बाद अपने गाँव में जाड़ों की रात अलाव तापते हुए बैठे 10–15 बुजुर्ग लोगों से पूछा कि "वे लोग जजों के बारे में क्या सोचते हैं ? कुछ देर खामोश रहकर सबसे बड़े बुजुर्ग ने कहा, "नेता भइया (मेरा गाँव का यही संबोधन है) तुमका नहीं कहित, मुला जौ पूछथौ तो बताइए कि सब चोर हैं।" मैंने पूछा, "ऐसा क्यों सोचते हो ?" जवाब दिया, "तुम हाकिम हौ, फाँसी दियै के पावर है तुमका, औ पेशकार के पेशी नहीं रोकि सकतू तुम, मुला काहे का रोकौ, वहिमा तुम्हारौ हिस्सा है, मेम साहब की लिस्ट का सामान औ मिठाई वहीं से तौ आई न! यह बात का तुम नहीं जनतू ? तो फिर हमसे काहे पूछथौ ?" तब अन्य लोग बोल उठे, "देखौ रामेश्वर (बुजुर्ग का नाम यही था) यहि तना नहि कहा जातै, तुम तौ नेतौ भइया कै लिहाज नहीं करतू।" बात तो खत्म हो गई, लेकिन मेरे जेहन में आज भी ताजा है। इन्हीं वाक्यों की ताकत है कि मैं अपने को रोक नहीं पाया और माननीय के वक्तव्य का खंडन कर दिया।

भोजनावकाश के बाद निदेशक महोदय ने हमें बुलाकर डाँट लगाई कि माननीय साहब को बहुत बुरा लगा है, यह बात यहाँ नहीं उठाने चाहिए, उठाई है तो इसे रोकने का उपाय बताओ ? मैंने कहा, यदि उच्च न्यायालय/प्रधान जिला न्यायाधीश चाहें तो एक दिन में पेशकश का भ्रष्टाचार खत्म हो जाएगा। यदि न्यायाधीश पेशकार-स्टाफ की रिश्वत रोक दें, तब पेशकार भी न्यायाधीश की रिश्वत को रोक देगा। बार एसोसिएशन इस अभियान में सिविल कोर्ट स्टाफ का साथ देगी। स्टाफ की रिश्वत में अवरोध आते ही न्यायाधीश की रिश्वत में सैकड़ों अवरोध खड़े हो जाएँगे। न्यायालय भ्रष्टाचार मुक्त हो जाएँगे।

फिर मेरे उनके बीच एक घंटे तक वार्तालाप हुआ। निष्कर्ष स्वरूप उन्होंने मुझे सबक दिया कि दूसरे के न्यायालय में क्या हो रहा है, यह देखने का अधिकार तुम्हें नहीं है। अपने न्यायालय में आप कुछ भी करो, किंतु इस प्लेटफार्म पर ऐसी बातें फिर कभी मत उठाना, आगे कहा कि जिस न्यायाधीश की वंश परंपरा में ईमानदारी है, वे हमेशा ईमानदार रहेंगे; जिनके खून में बेईमानी है, वे प्रायः ईमानदार नहीं होते। अब इस विषय को यहीं खत्म कर दो। अफसोस कि नहीं कहना चाहिए था, किंतु प्रसंगवश मैंने यह बात यहाँ कही।

रिश्वत को न्यायोचित ठहराने का आधार

न्यायाधीशों की अंदरूनी बहस में प्राय: यह तर्क दिया जाता है कि जमानत देने योग्य या दोषमुक्त किए जाने योग्य मामलों में यदि पक्षकार, अधिवक्ता या दलाल रिश्वत का प्रस्ताव करता है, तो वह रिश्वत न्यायोचित है, क्योंकि रिश्वत लेकर भी हम वही कर रहे हैं, जो बिना रिश्वत लिये करते। अत: यह भ्रष्टाचार नहीं, यह तो एक बैंक खाते से निकलकर दूसरे बैंक खाते में जमा हो गया है, बस। ऐसे न्यायाधीशों को समझना होगा कि घर के बेडरूम और कोठे में फर्क होता है। जिस प्रकार नारी एक बार फिसलती है तो जीवन भर सँभल नहीं पाती, पहली फिसलन को भुला नहीं पाती। उसी प्रकार न्यायाधीश एक बार फिसला, तो दलाल उसे सँभलने नहीं देते। सँभलने की कोशिश की तो भय दोहन के जाल में फँसा देते हैं। अंतिम साँस तक वे अपनी पहली फिसलन पर रोते हैं।

आज सोशल मीडिया के युग में किसी से कुछ भी छिपा नहीं है, सोशल मीडिया किसी को नहीं छोड़ता। सोशल मीडिया के पहले भी न्यायालयों के गलियारों में लोग खुलकर चर्चा करते थे कि जिनके घर शीशे के बने हैं, वे दूसरों पर पत्थर नहीं फेंकते अर्थात् उच्च न्यायालय में बेईमान हैं तो वे अधीनस्थ न्यायालय की बेईमानी नहीं देखते। मैं सहमत नहीं हूँ कि सभी के घर शीशे के बने हैं, किंतु कुछ लोगों ने अपने घर शीशे के बना रखे हैं, वही चिंता का विषय है, क्योंकि फिर वे संविधान के अनुच्छेद 245 के तहत अधीनस्थ न्यायाधीश को दंडित कैसे कर सकेंगे? पर्यवेक्षण के अधिकार का प्रयोग कैसे कर सकेंगे? जब उनकी स्वयं की ईमानदारी प्रश्नांकित है? गांधीजी के अनुसार, "जीवन की शुद्धता उच्चतम तथा सत्यतम कला है।" Purity of life is the Highest and Truest Art. मारकस आरेलियस के शब्दों में, "एक व्यक्ति को ऊपर उठना चाहिए न कि उसे उठाकर ऊपर रख दिया जाए।" A man should be upright, not be kept upright. अर्थात् एक ईमानदार व्यक्ति सदैव अच्छा ही करेगा, जरूरी नहीं है कि उस पर कोई नजर रखे।

विधि आयोग के अध्यक्ष डॉ. ए.आर. लक्ष्मणन् ने अपनी 230वीं रिपोर्ट के पृष्ठ 28 पर उल्लेख किया है कि "न्यायपालिका भी बुराइयों से खाली नहीं है, किंतु फिर भी वह न्याय के मंदिर के समान है। न्यायालयों का भ्रष्टाचार स्वीकार नहीं किया जा सकता। अत: भ्रष्टाचार से कैसे लड़ा जाए? महाभियोग को भ्रष्ट न्यायाधीश के विरुद्ध उपचार माना गया, किंतु हम पाते हैं कि महाभियोग के अच्छे परिणाम नहीं आए। हमें आंतरिक संस्थागत मैकेनिज्म बनाना होगा। एक कमेटी, जो ऐसे मुद्दों पर

न्यायाधीशों को समर्थ बनाए।"

यह मेरी निजी राय है कि अन्य विभागों से भ्रष्टाचार खत्म करना कठिन हो सकता है, किंतु न्यायपालिका का भ्रष्टाचार रोकना बहुत सरल है, क्योंकि न्यायाधीश को पता है कि एक झटके में उसकी नौकरी चली जाएगी। अफसोस कि वही एक झटका देनेवाला भी कोई नहीं है। न्यायाधीश के भ्रष्टाचार पर प्राय: अधिवक्ता आँख मूँद लेते हैं, स्टाफ और न्यायाधीश के बीच आपसी समझ बन जाती है कि एक-दूसरे को मत देखो, अपना अपना कमाओ। आश्चर्य मुझे इस बात पर है कि जीवन भर मैं प्रतीक्षा करता रहा उच्च न्यायालय के उस आदेश की, जिसमें लिखा होगा कि न्यायाधीश अपने न्यायालय को भ्रष्टाचार मुक्त बनाएँ। पेशकार स्टाफ की रिश्वत बंद करें। मेरी प्रतीक्षा आज भी है कि माननीय उच्च न्यायालय द्वारा जारी अनेक आदेशों में, कभी तो एक आदेश इसी आशय का होगा कि न्यायाधीश अपनी कोर्ट का भ्रष्टाचार रिश्वत बंद करें। आखिर उच्च न्यायालयों को इस आशय का आदेश जारी करने से कौन रोक रहा है? न्यायालयों में व्याप्त रिश्वतखोरी पर उच्च न्यायालय चुप क्यों है? जिस भी दिन उच्च न्यायालय चाह ले, उसी दिन अधीनस्थ न्यायालयों का भ्रष्टाचार, रिश्वत स्वत: खत्म हो जाएगी। एक सरकुलर या आदेश निकालने की जरूरत है। देशवासी उस दिन की प्रतीक्षा कर रहे हैं। हर स्याह रात की सुबह होती है। इस काली रात की सुबह भी होगी, होगी, होगी!

श्री ओ.पी. द्विवेदी अतिरिक्त निदेशक, रिसर्च न्यायिक प्रशिक्षण एवं अनुसंधान संस्थान उ.प्र. लखनऊ के अनुसार, "न्यायपालिका में भ्रष्टाचार जितना सुना जाता है, वास्तव में उतना है नहीं। अधिवक्ता एवं न्यायाधीश का संबंध नाजुक है। बिना अधिवक्ता के सहयोग के भ्रष्टाचार पर लगाम लगाना बहुत आसान नहीं है। पुरानी विचारधारा अब समय के साथ बदल चुकी है कि न्यायाधीश को एकाकी व मात्र पारिवारिक ही रहना चाहिए। जहाँ तक भय का प्रश्न है, निगरानी आवश्यक हैं, क्योंकि न्यायाधीश का आधार आत्ममय है, जो अब रहा नहीं। निगरानी का स्वरूप सकारात्मक हो, नकारात्मक नहीं। जज का प्रथम गुण अध्ययनशीलता व विचारशीलता है, यही उसके चयन का आधार होना आवश्यक है। यह गुण बहुत से अवगुणों के लिए समय नहीं छोड़ता है तथा उसके व्यक्तित्व का सकारात्मक विकास होता है। यह ध्यान में रखना होगा कि न्यायपालिका स्वतंत्र है, किंतु एक न्यायाधीश स्वतंत्र नहीं है। वह आत्मबंधन में संतुलित व भयमुक्त होकर ही कार्य करता है।"

□

दंड प्रक्रिया संहिता में संशोधन : क्यों और क्या ?

संशोधन क्यों ?

क्योंकि लचर एवं कमजोर कानून, न्यायिक व्यवस्था को मजबूती नहीं दे सकता। विधि का शासन स्थापित नहीं कर सकता। राष्ट्र को शक्तिशाली नहीं बना सकता। त्वरित न्याय देने में समर्थ नहीं होता, अतः देश को मजबूत विधि एवं प्रक्रिया विधि चाहिए।

1860 के बाद भारत में संहिताकरण का युग भारत के प्रथम विधि आयोग के अध्यक्ष लॉर्ड मैकाले ने प्रारंभ किया। भारतीय न्यायिक वाङ्मय में तीन संहिताबद्ध कानून हैं—

1. भारतीय दंड संहिता (Indian Penal Code) 1860
2. दंड प्रक्रिया संहिता (Criminal Procedure Code) 1898
3. दीवानी प्रक्रिया संहिता (Civil Procedure Code) 1908।

Statutory Law (सांविधिक कानून)—सांविधिक विधि, संसद् द्वारा बनाए गए कानून हैं।

Codified Law (संहितीकृत कानून)—विधि के संहिताकरण का विचार सर्वप्रथम बेथम ने दिया।

लॉर्ड मैकाले एवं जेम्स मिल, दोनों बेथम के शिष्य थे।

संहिता का अर्थ है, सभी विधियों को परिवर्तित करके लिखित करना एवं व्यवस्थित ढंग से रखना।

बेथम के अनुसार, "प्रत्येक शासन उसकी उपयोगिता पर आधारित है अर्थात् अधिकतम लोगों की अधिकतम खुशी के लिए शासन हो। (बहुजन हिताय-बहुजन सुखाय) इंग्लैंड में इसी धारणा का बड़ा व्यापक प्रभाव पड़ा। इसी फिलॉसफी के

आधार पर इंग्लैंड में भी बहुत सारे सुधार किए गए। यही फिलॉसफी है, जो भारत में ब्रिटिश शासन का आधार बनी। लॉर्ड मैकाले ने ब्रिटिश संसद् में यह माँग रखी कि भारत में संहिताकरण आवश्यक है, क्योंकि भारत में कानून की स्थिति दयनीय, चिंतनीय है। इस प्रकार ब्रिटिश पार्लियामेंट (हाउस ऑफ कॉमन्स) द्वारा भारत के लिए संहिता एवं संविधियों का निर्माण किया गया। भारत में फौजदारी एवं दीवानी, दो प्रक्रिया संहिताएँ हैं, जिनसे सभी भारतीय कानून शासित होते हैं अर्थात् हमारे भारतीय निर्मित एवं ब्रिटिश निर्मित सभी कानूनों की व्याख्या ब्रिटिश निर्मित इन्हीं दो प्रक्रिया संहिताओं (प्रक्रिया कानून) से होती है अर्थात् हम न्यायाधीश भारतीय कानूनों को ब्रिटिश निर्मित चश्मे से देखते हैं। यह भारतीय संसद् के लिए विचारणीय विषय है कि स्वतंत्र भारत के अनुरूप हम अपनी प्रक्रिया विधि भी नहीं बना सके। इसका यह अर्थ नहीं है कि ब्रिटिश निर्मित प्रक्रिया विधि खराब है, लेकिन हाँ, **इससे अच्छी प्रक्रिया विधि हम आधुनिक विकासोन्मुख भारत के सामाजिक, आर्थिक एवं राजनैतिक संदर्भ में बना सकते हैं, बनाना चाहिए, बनाना पड़ेगा**। 2003 की मालीमाथ कमेटी की अनुशंसाओं को कब तक दबाकर रखेंगे? ध्यान रहे—अंग्रेजों द्वारा बनाए गए सभी कानून, 1857 जैसा गदर फिर न हो, को ध्यान में रखकर बनाए गए थे। अंग्रेजों का उद्देश्य भारतीय उपनिवेश को लूटकर ब्रिटेन ले जाने के लिए शासन करना था।

अभी सही समय है कि अंग्रेजों की प्रतिद्वंद्वात्मक (Adversarial System) प्रक्रिया व्यवस्था को बदलकर अंतर्निहित (Inquisitorial System) प्रक्रिया व्यवस्था लागू की जाए। क्यों? क्योंकि प्रतिद्वंद्वात्मक व्यवस्था को ब्रिटिश संसद् ने अपने उपनिवेश देशों (गुलाम देश) के लिए बनाया था। यह किसी आजाद प्रभुसत्तासंपन्न देश के लिए उचित नहीं है, केवल ब्रिटिश उपनिवेश देशों में चल रही है, अन्य देशों में अंतर्निहित व्यवस्था ही चल रही है।

भारत में प्रतिद्वंद्वात्मक व्यवस्था के कारण—

- न्यायाधीश को पुलिस के अनुसंधान में हस्तक्षेप/समीक्षा (Monitoring) का अधिकार नहीं है।
- मुकदमे के निस्तारण में विलंब होता है।
- अपराधी कानून की आँख में धूल झोंककर छूट जाता है।
- पुलिस, शासन अथवा रिश्वत के दबाव में सच को झूठ और झूठ को सच बनाने के लिए स्वतंत्र है।
- दोष-सिद्धि की दर कम होकर न के बराबर हो जाती है।

प्रक्रिया विधि के संबंध में विश्व में दो व्यवस्थाएँ प्रचलित हैं—

1. Adversarial System (प्रतिद्वंद्वात्मक व्यवस्था)—यह ब्रिटिश उपनिवेश देशों की प्रक्रिया व्यवस्था है। सभी राष्ट्र मंडल देशों में लागू है। यहाँ न्यायाधीशों को कुछ नहीं करना है। पुलिस को अपराध आरोपित करना है, अभियोजन को आरोप साबित करना है, साबित हो जाने पर प्रतिरक्षा पक्ष को आरोप नासाबित करना है। जिसका पलड़ा भारी होगा, उसके हक में फैसला होगा अर्थात् **पुलिस मामले को जिस प्रकार भी बनाकर न्यायालय को परोसेगी, उसी पर न्यायालय विचार करेगी। न्यायालय को मामलों की सच्चाई जानने के लिए पुलिस के चश्मे से ही देखना होगा। अपने विवेक से उसे मामले की सच्चाई जानने का अधिकार नहीं देती। अंग्रेजों को ऐसी ही व्यवस्था की जरूरत थी, जहाँ न्यायालय पुलिस के हाथ की कठपुतली हो।**

2. Inquisitorial System (अंतर्निहित व्यवस्था)—यह रोमन विधि अथवा नेपोलियोन कोड से निकाली गई व्यवस्था है। यहाँ न्यायाधीश सत्य जानने के लिए मामले के अनुसंधान की निगरानी करता है। मामले की सत्यता जानने के लिए वह किसी भी हद तक जा सकता है। इसलिए मालीमाथ कमेटी ने अपनी पहली संस्तुति ही यही की है कि द.प्र.सं. में एक प्रस्तावना जोड़ी जाए कि—

- जैसाकि सत्य की तलाश आपराधिक न्यायिक व्यवस्था की आधारशिला होनी चाहिए।
- जैसाकि यह आपराधिक न्यायिक व्यवस्था की कार्यप्रणाली तथा उससे जुड़े प्रत्येक व्यक्ति का कर्तव्य है कि न्याय के संचालन के लिए क्रियाशीलता के साथ सत्य की तलाश की जाए।
- धारा 311 द.प्र.सं. में संशोधन द्वारा निम्न वाक्य जोड़ने की संस्तुति की है—सत्य की तलाश प्रत्येक न्यायालय का संवैधानिक कर्तव्य है।

उदाहरण के लिए—हमारे उच्च न्यायालय एवं सर्वोच्च न्यायालय गंभीर अपराधों में सी.बी.आई. की जाँच को अपनी अंतर्निहित शक्ति के तहत मॉनीटर/सुपरविजन करते हैं। क्यों करते है? क्योंकि सी.बी.आई. जैसी जाँच एजेंसी भी सरकार के अधीन है। अत: कहीं सरकार के दबाव में मामले की सत्यता को छिपाने और सरकार के दबाव में झूठी रिपोर्ट न लगा दे। सर्वविदित है कि राज्यों की पुलिस भी राज्य सरकारों के अधीन उनके दबाव में हैं। अत: वे सरकारों के इशारे पर सत्य छिपाकर झूठी रिपोर्ट लगाती ही लगाती हैं। ऐसी स्थिति में प्रक्रिया विधि द्वारा

न्यायाधीश/दंडाधिकारी को भी सत्य जानने के लिए Inquisitorial System जैसी अंतर्निहित शक्तियाँ दी जाएँ।

मालीमाथ कमेटी द्वारा प्रस्तुत प्रस्तावना—प्रक्रिया विधि में मूलभूत परिवर्तन की बात कहती है, बशर्ते कि प्रस्तावना के अनुरूप प्रक्रिया प्रावधानों में भी मूलभूत परिवर्तन किए जाएँ—

- सिविल कोर्ट के न्यायाधीश के पास ऐसा प्रावधान अथवा ऐसी अंतर्निहित शक्ति अभी नहीं है, बल्कि द.प्र.सं. कहती है कि न्यायाधीश को पुलिस या सी.बी.आई. के ऐसे किसी अनुसंधान में हस्तक्षेप करने का हक नहीं है। यहाँ तक कि न्यायाधीश पुलिस से पूछ भी नहीं सकता कि अनुसंधान में क्या हो रहा है ? प्रक्रिया विधि के ऐसे प्रावधानों की जितनी भर्त्सना की जाए, वह कम है, जो न्यायाधीश को सच जानने से रोक देती है।
- अर्थात् सत्य जानने की न्यायाधीश की शक्ति पर रोक लगाकर पुलिस को फौजदारी मामले अपने ढंग से परिचालित करने, तोड़-मरोड़कर, जैसा चाहे, वैसा बनाकर पेश करने की असीमित शक्ति देती है।
- इसी असीमित शक्ति के कारण छोटे लोग, सज्जन और गरीब लोग, सभी पुलिस से भय खाते हैं। अमीर लोग पुलिस को खरीद लेते हैं।
- इसी असीमित शक्ति के कारण सरकारों और राज्यों के नेता अपनी राजनीतिक रोटियाँ सेंकते हैं। फौजदारी मामले में क्या करें, क्या न करें, यह पुलिस और सरकारें तय करती हैं।
- पुलिस की इसी असीमित शक्ति के कारण अंग्रेजों ने शासन किया, फिर पुलिस के बल पर हमारी सरकारें शासन कर रही हैं।
- ऐसे समझिए कि यदि सर्वोच्च न्यायालय एवं उच्च न्यायालय के पास सी.बी.आई. या पुलिस की गिनरानी करने की अंतर्निहित शक्ति न होती, तो घोटाले तो होते, किंतु घोटालेबाज केंद्रीय मंत्री एवं राज्यों के मंत्रिमंडल जेल में न होते। यही अंतर्निहित शक्ति जिस दिन सिविल कोर्ट के न्यायाधीश को दी जाएगी, उसी दिन भ्रष्टाचारी मंत्री, विधायक, नेता एवं उनके द्वारा संरक्षित सभी अपराधी जेल में होंगे, पुलिस का भय खत्म होगा। क्या सच है, क्या झूठ है, न्यायाधीश देख सकेगा। न्यायिक व्यवस्था में परिवर्तन आएगा। न्यायिक कार्यप्रणाली में तेजी आएगी। दोषसिद्धि की दर बढ़ेगी **अर्थात् आपराधिक प्रक्रिया की अंतर्निहित व्यवस्था न्यायाधीश को**

सच्चाई की तह तक जाने का अधिकार देती है।

आपराधिक न्याय-व्यवस्था में सुधारों हेतु बनाई गई समिति के अध्यक्ष न्यायमूर्ति डॉ. वी.एस. मालीमाथ ने अपनी रिपोर्ट में दोनों व्यवस्थाओं को विचार में लेते हुए कहा है कि स्पेन, फ्रांस, जर्मनी सहित तमाम महाद्वीपीय देशों में लागू अंतर्निहित व्यवस्था इस संदर्भ में बहुत अच्छी है कि अनुसंधान का पर्यवेक्षण न्यायिक दंडाधिकारी के द्वारा किया जाता है, परिणामस्वरूप, निर्णयों में दोष सिद्धि की दर अधिक होती है। अपराधी को दोषी सिद्ध होना ही है।

दोनों सिस्टम में संतुलन की दृष्टि से कमेटी ने महसूस किया कि जहाँ प्रतिद्वंद्वात्मक व्यवस्था में अपराधी को सजा मिले या न मिले, किंतु उसके अनुकूल, न्यायपूर्ण स्वच्छ विचारण का अधिकार भलीभाँति संरक्षित होता है। वहीं अंतर्निहित व्यवस्था में सत्य तक पहुँचने एवं पीड़ित को न्याय देने के उद्‌देश्य से अनुसंधान के मामलों में एवं साक्ष्य इकट्‌ठा करने में—

- सत्य की खोज करना,
- न्यायाधीश को Proactive भूमिका प्रदान करना,
- न्यायाधीश एवं अभियोजन एजेंसी को दिशा-निर्देश देना आदि शामिल हैं।

मेरी राय में प्रतिद्वंद्वात्मक व्यवस्था अपराधी के हित में है, जबकि अंतर्निहित व्यवस्था सच्चाई के हित में है। इस प्रकार, दोनों व्यवस्थाओं के अपने गुण-दोष हैं।

प्रतिद्वंद्वात्मक व्यवस्था में निम्नांकित दोष हैं—

- इसमें एक तरफ तो न्यायाधीश की निष्पक्षता बहुत आवश्यक है, जो जाति और धर्म पर आधारित हमारे समाज में प्रायः नहीं मिलता। इसे जाति-धर्म पर आधारित पक्षपात कहते हैं। इसे स्वजातीय या स्वधार्मिक के पक्ष में सहानुभूति कहते हैं।

— दूसरी तरफ सत्य, सत्य नहीं होता, बल्कि पक्षकार के अधिवक्ता की तार्किक क्षमता पर सत्य आधारित होता है। भ्रष्ट व्यवस्था में सत्य धनवान् के साथ होता है।

— अक्षम अधिवक्ता निर्दोष को सजा दिला सकता है। सक्षम अधिवक्ता दोषी को निर्दोष साबित कर सकता है। **अतः इसी दोषपूर्ण प्रक्रिया विधि के कारण दोषी अमीर जेल से बाहर रहते हैं। निर्दोष गरीब जेलों में रहते हैं,** जैसे सर्वोच्च न्यायालय के वरिष्ठ अधिवक्ता हरीश साल्वे सलमान खान को सजा पाने के दो घंटे बाद हाईकोर्ट से छुड़ा सकते हैं।

शहाबुद्दीन जमानत पर छूट सकते हैं, गरीब नहीं छूट सकता। इस दोष के निवारण का उपाय यही है कि अंतर्निहित व्यवस्था के उन प्रावधानों को दंड प्रक्रिया संहिता में जोड़ा जाए, जो प्राचीन काल से भारतीय एवं मुगलकालीन न्यायिक व्यवस्था में थे। ब्रिटिश राजशाही द्वारा ब्रिटिश शासन के हित में हटाए गए, ताकि ब्रिटिश पुलिस द्वारा अंग्रेजों के इशारे पर सच को झूठ और झूठ को सच बनाया जा सके। इसी कारण राष्ट्र मंडल देशों में प्रतिद्वंद्वात्मक व्यवस्था है।

अत: हम सबकी माँग है, वक्त की माँग है कि—

- भारत सरकार प्रक्रिया विधि में मूलभूत संशोधन इस प्रकार करे कि वर्तमान प्रतिद्वंद्वात्मक व्यवस्था के दोष दूर किए जाएँ एवं अंतर्निहित व्यवस्था **के गुण समाहित किए जाएँ,** अथवा
- इस प्रकार परिवर्तित किया जाए कि एक नई **भारतीय दंड प्रक्रिया संहिता बनाई जाए, जिसमें त्वरित न्याय अधिनियम समाहित हो।**
- Speedy Trial Act (त्वरित न्याय अधिनियम) के आलोक में विधायन द्वारा क्रांतिकारी परिवर्तन के लिए कई राज्यों के विचारण न्यायाधीश के विचारों, विधि आयोग एवं मालीमाथ कमेटी की रिपोर्ट की संस्तुतियों के आलोक में मैंने निम्नांकित सुझाव संशोधन हेतु प्रस्तुत किए है—

संशोधन क्या ?

दंड प्रक्रिया संहिता की धारा 167 से 171 तक

इन्हीं धाराओं के प्रावधान के तहत किसी भी व्यक्ति की संविधान प्रदत्त आजादी को न्यायिक दंडाधिकारी एक झटके (एक हस्ताक्षर) में छीनकर उसे जेल भेज देता है। उसी क्षण से वह व्यक्ति, व्यक्ति नहीं, संदिग्ध अपराधी हो जाता है। आजादी खोकर फिर वह कानून के लंबे हाथों की गिरफ्त में आ जाता है। अभी तक प्रक्रिया विधि में न्यायाधीश के इस एक हस्ताक्षर की एक छोटी सी शर्त यह है कि वह अनुसंधान के प्रथम परचे (संलग्न केस डायरी की कॉपी) में प्रथम दृष्टया साक्ष्य पाकर ही रिमांड करेगा। संयुक्त बिहार के न्यायालयों का सच यह है कि पुलिस अभियुक्त के प्रथम रिमांड के समय केस डायरी की कॉपी न्यायालय को देती ही नहीं है। अत: सभी रिमांड बिना कोई प्रामाणिक दस्तावेज देखे ही प्रक्रिया विधि के विरुद्ध कर दिए जाते हैं। दोषी-निर्दोष सभी आपराधिक बंदी बन जाते हैं।

ऐसा क्यों होता है ? दो कारणों से होता है—

प्रथम—धारा 167 से 171 द.प्र.सं. के प्रावधान न्यायोचित नहीं हैं, प्रतिद्वंद्वात्मक व्यवस्था की देन हैं। अंग्रेज चाहते थे कि सबूत हो या न हो, जब जिसे चाहो, अंदर कर दो।

दूसरा—न्यायिक दंडाधिकारी न्यायालय की कार्य-संस्कृति के अनुरूप मान बैठे हैं कि पुलिस से गलती नहीं हो सकती। पुलिस ने भेजा है तो सही है, न्यायिक मस्तिष्क नहीं लगाते हैं, डाकघर जैसा मस्तिष्क प्रयोग करके पुलिस के भेजे पार्सल को जेल की तरफ बढ़ा देते हैं। न्यायिक दंडाधिकारी से मेरा प्रश्न है कि क्या कभी किसी ने भी पूरे जीवन में एक भी रिमांड खारिज किया? नहीं! प्रक्रिया विधि के विरुद्ध रिमांड को भी खारिज करने का साहस नहीं रखते, इसे डाकघर नहीं तो क्या न्यायाधीश न्यायालय कहेंगे? प्रथम रिमांड विधि विरुद्ध न करें, न्यायिक विवेक का प्रयोग करें। आपका यह एक हस्ताक्षर एक जीवन, एक परिवार, कभी-कभी समाज को संकट में डाल देता है। अतिरिक्त निदेशक, रिसर्च, न्यायिक प्रशिक्षण एवं अनुसंधान संस्थान (उ.प्र.) के अनुसार, यह संभव नहीं है कि कुछ प्रावधानों के परिवर्तन से व्यवस्था प्रतिद्वंद्वात्मक से अंतर्निहित व्यवस्था में बदला जाएगी। **प्रश्न यह है कि प्रतिद्वंद्वात्मक व्यवस्था में Mensria का महत्त्व है, जबकि अंतर्निहित व्यवस्था में Actusreas दंडनीय है। अत: उपलब्ध प्रावधानों का वास्तविक उपयोग अधिक महत्त्वपूर्ण है, संशोधन नहीं।**

इस अन्यायपूर्ण आचरण से बचने का उपाय क्या है?

दोनों कारणों से बचने का उपाय एक ही है—

- द.प्र.सं. की धारा 167 से 171 तक के प्रावधानों को प्रतिद्वंद्वात्मक व्यवस्था से निकालकर अंतर्निहित व्यवस्था के अनुरूप परिवर्तित कर दिया जाए। क्यों? क्योंकि वारदात के सत्य को जानकर रिमांड करने का प्रावधान अंतर्निहित व्यवस्था में ही है।

अत: उक्त धाराओं में प्रावधान डाला जाए कि—

1. अभियुक्त के प्रथम रिमांड के समय शिकायतकर्ता एवं प्रत्यक्षदर्शी गवाह, जो भी हो, न्यायालय में उपस्थित रहेंगे।
2. न्यायिक दंडाधिकारी रिमांड के पूर्व—

- प्रथम सूचना रिपोर्ट की अंतर्वस्तुओं, निष्पादन एवं हस्ताक्षर/अँगूठा निशानी को शिकायतकर्ता से मौखिक रूप से सत्यापित करेगा, तब हस्ताक्षर करेगा।
- जाहिरा चोटों को देखकर आदेश प्रपत्र पर उल्लेख कर सकेगा। उपस्थित

गवाहों से प्रत्यक्षदर्शी होने की बात सत्यापित करेगा। दस्तावेज अथवा बरामद वस्तु यदि कोई है, उस पर अपने हस्ताक्षर करेगा, उन्हें कब्जे में लेकर सिविल कोर्ट मालखाने में जमा करने का आदेश देते हुए अभियुक्त को न्यायिक अभिरक्षा में लेकर जेल रिमांड करेगा।

3. सत्यापन न होने पर रिमांड खारिज कर सकेगा।
4. शिकायतकर्ता एवं गवाहों से वर्तमान धारा 170 के अनुरूप साक्ष्य हेतु निश्चत तारीख पर (प्रारूप 29) न्यायालय में उपस्थित रहने का निजी बंध-पत्र (मुचलका) लेकर उन्हें उन्मोचित कर सकेगा।
5. अभियुक्त को रिमांड के पूर्व एवं शिकायकर्ता को उन्मोचन के पूर्व केवल आज की कार्यवाही की आदेश प्रपत्र की कॉपी देगा या दे सकेगा।
6. रिमांड के साथ ही अनुसंधान की उसी प्रकार निगरानी करेगा, जैसे सर्वोच्च एवं उच्च न्यायालय गंभीर मामलों में सी.बी.आई. की जाँच को निगरानी करता है।
7. अनुसंधान की दिशा एवं दशा पर उचित आदेश कर सकेगा। इस प्रकार, अभियुक्त के प्रथम रिमांड में न्यायिक दंडाधिकारी को अपनी न्यायिक सोच का प्रयोग करना पड़ेगा। घटना की एवं घटना से रिमांड होने तक की कार्यवाही को सत्यापित करने से अंतर्निहित व्यवस्था में उपरोक्त दिए गए तीनों सिद्धातों का पालन भी होगा।

इस संशोधन से लाभ एवं हानियाँ

- न्यायालय द्वारा तथ्यों का प्रथम स्टेज पर ही सत्यापन होने के कारण पैसे के लिए झूठे मामले नहीं हो सकेंगे, अर्थात् पुलिस झूठे मामलों में झूठे लोगों को नहीं फँसा सकेगी। पुलिस के भ्रष्ट आचरण पर इस बंदिश/निगरानी से फौजदारी के मामलों की बुनियाद मजबूत होगी।
- अभियुक्त के प्रथम रिमांड की तैयारी के लिए अनुसंधान अधिकारी को 24 घंटे तक कड़ी मेहनत करके रिमांड की सभी शर्तों को पूरा करना पड़ेगा अन्यथा रिमांड खारिज हो सकेगा। यह भय उन्हें रात में सोने नहीं देगा। इस प्रकार, रिमांड के साथ ही अनुसंधान में तेजी आएगी।
- अनुसंधान अधिकारी रिमांड के बाद अनुसंधान में उन तथ्यों में हेर-फेर नहीं कर सकेगा या उन तथ्यों के खिलाफ नहीं जा सकेगा, जो न्यायालय

में सत्यापित हो चुके हैं। हेर-फेर की संभावनाएँ खत्म हो जाएँगी।

- शिकायतकर्ता एवं गवाह विचारण के समय साक्ष्य देते समय प्रथम सूचना रिपोर्ट की सामग्री क्रियान्वित करना, हस्ताक्षर एवं चश्मदीद गवाह होने से मुकर नहीं सकेंगे। यदि मुकरते हैं तो उनको शपथ-पत्र पर झूठी गवाही देने का दंड दिया जा सकेगा। गवाहों के मुकरने/प्रतिकूल साक्षी होने की समस्या खत्म होगी। दोषसिद्धि का प्रतिशत कई गुना बढ़ेगा।
- बरामदगी के गवाह बरामदगी से मुकर नहीं सकते, अर्थात् गवाहों की विश्वसनीयता बढ़ेगी, दोषसिद्ध होने की दर बढ़ेगी।
- शिकायतकर्ता एवं गवाहों द्वारा रिमांड कार्यवाही में भागीदारी बनने से न्यायालयों पर उनका विश्वास बढ़ेगा। बाद में साक्ष्य के लिए आने पर ग्रामीण गवाह न्यायालय की भटकन और भय से बच सकेंगे।
- दोषसिद्धि के डर से अभियुक्त मामले में सुलह-समझौते के लिए प्रेरित होंगे। विदित हो कि अमेरिका में अभियुक्त याचना की सौदेबाजी (Plea Bargaining) करते हैं, ताकि सजा कम हो सके। Plea Bargaining का प्रक्रिया कानून अमेरिका से 2005 में उधार लाया गया, किंतु भारत में यह कानून पूर्ण असफल रहा, क्योंकि अमेरिका के अधिकांश मामलों में सजा होने का डर रहता है। भारत में अभियुक्त को सजा होने का डर नहीं रहता, अत: वह याचना की सौदेबाजी करके सजा कम करवाने के पक्ष में नहीं होते।
- कहते हैं कि अच्छी शुरुआत से आधा कार्य पूर्ण हो जाता है।
- बार बेंच एवं पुलिस की भागीदारी के सुझाव के अनुसार प्रथम रिमांड के समय उपस्थित गवाहों का धारा 161 का बयान पैनल के अधिवक्ता अंकित कर सकेंगे। इस प्रकार अनुसंधान तेजी से आगे बढ़ेगा। पुलिस के स्थान पर अधिवक्ता यह काम अच्छा कर सकेंगे। (देखें—बार बेंच एवं पुलिस की भागीदारी)
- यदि प्रथम रिमांड के समय ही अभियुक्त का जमानत आवेदन दाखिल होता है, तो न्यायालय जमानत के बिंदु पर शिकायतकर्ता को सुन सकेगा। चोटों को देख सकेगा।
- यदि दंडाधिकारी को प्रतीत हो कि अपराध तुच्छ प्रकृति का है, शिकायतकर्ता क्षतिपूर्ति लेकर मामले को सुलह करना चाहता है, तो वह

स्वयं सुलह करने का प्रस्ताव रखे, अथवा मामले को दोनों पक्षों के साथ सचिव जिला विधिक सेवा प्राधिकरण के पास मध्यस्थता हेतु तत्काल भेज सकता है। सुलह की संभावनाएँ अधिक होती हैं, क्योंकि प्रायः ऐसे अवसरों पर दोनों पक्षों के हितैषी न्यायालय में उपस्थित रहते हैं। अतः सुलह की संभावना तलाशना भी न्यायालय का दायित्व है। धारा 320 के तहत मामला इसी स्तर पर सुलह हो जाए, तो पुलिस एवं न्यायालय का अत्यधिक समय बचेगा। एक मामला शुरू होते ही खत्म हो जाएगा, बशर्ते अनुसंधान के समय ही सुलह करने की प्रावधान/शक्ति धारा 320 में दिया जाए।

- संयुक्त बिहार में कभी-कभी जमानत आवेदन के साथ शिकायतकर्ता का सुलहनामा संलग्न होता है। अतः ऐसे सुलह आवेदन पर तत्काल सुनकर सुलहनामा स्वीकार करके मामले को भी खत्म किया जा सकता है। अनुसंधान, जो अनुसंधान अधिकारी की अज्ञानतावश गलत दिशा में जा रहा था, वो सही दिशा में जाएगा।
- पुलिस द्वारा दोनों पक्षों को लूटने की संस्कृति पर अंकुश लगेगा।
- गवाह एवं शिकायतकर्ता कोर्ट में साक्ष्य हेतु उपस्थिति के दायित्वाधीन होंगे, अन्यथा निजी बंध-पत्र की धनराशि को जब्त कर लिया जाएगा।
- अभियुक्त के किसी संवैधानिक अधिकार का हनन नहीं होता है, मौन का अधिकार भी बना रहता है। न्यायमूर्ति डॉ. वी.एस. मालीमाथ ने अपने एक साक्षात्कार में कहा है, "हमारी न्याय-व्यवस्था में पीड़ित से ज्यादा अपराधी की चिंता की जाती है, इसीलिए अपराध बढ़ रहे हैं।"

द.प्र. संहिता की धारा 193 एवं 209 में संशोधन पर विचार

धारा 193 अपराधों का सत्र न्यायालयों द्वारा संज्ञान

यह धारा सत्र न्यायालय को अपराधों का संज्ञान लेने से मना करती है, जब तक कि दंडाधिकारी के यहाँ से सत्र न्यायालय द्वारा मामला धारा 209 के अनुसार सत्र न्यायालय को सुपुर्द न किया जाए। इसे केस कमिटमेंट/दौरा सुपुर्दगी की स्टेज कार्यवाही कहते हैं।

सत्र न्यायालय द्वारा विचारणीय अपराधों की अनेक फाइलें न्यायिक दंडाधिकारी के यहाँ सुपुदर्गी की स्टेज पर सालोसाल तक लंबित रहती हैं। कारण ?

अभियुक्त को पुलिस कागजात प्रदान नहीं किए गए अथवा सभी अभियुक्त उपस्थित नहीं हो पाए।

जब तक अभियुक्त नहीं चाहता, तब तक पैसे के बल पर न्यायिक व्यवस्था की खामियों के कारण फाइल को सुपुर्दगी की अवस्था पर रोक लेता है।

अतः कई सत्र न्यायाधीशों द्वारा यह सुझाव दिया गया कि यदि मामला सत्र न्यायालय द्वारा विचाराधीन है, तो ऐसे मामलों में प्रथम रिमांड, पुलिस रिपोर्ट/आरोप-पत्र न्यायिक दंडाधिकारी की कोर्ट के बजाय सीधे सत्र न्यायालय में भेजा जाए। सत्र न्यायालय को धारा 109 अपराध का संज्ञान एवं 167-171 द.प्र.सं. की प्रथम रिमांड की शक्तियाँ दी जाएँ। इस प्रकार, दौरा सुपुर्दगी की अवस्था पर न्यायाधीश न्यायालय में उपरोक्त कारणों से सालोसाल तक फाइल पड़े रहने/लंबन का समय बचाया जा सकेगा। तदनुसार द.प्र.सं. की धारा 109, 167, 171, 193 में संशोधन किया जाए। तदनुसार द.प्र.सं. की धारा 209 में संशोधन किया जाए।

संशोधन से लाभ

1. अंतर्निहित व्यवस्था के अनुसार (समन वं वारंट मामलों में) घटना की सत्यता जानने की जो शक्ति/अधिकार न्यायिक दंडाधिकारी की होगी। सेसन ट्रायल मामलों में वही शक्ति सत्र न्यायाधीश की होगी अर्थात् मालीमाथ कमेटी की रिपोर्ट के आलोक में—

- सत्य की खोज करना।
- न्यायाधीश को अग्रसक्रिय (Pro Active) रोल प्रदान करना।
- अनुसंधान एजेंसी एवं अभियोजन को दिशा-निर्देश देने की जो शक्तियाँ अंतर्निहित व्यवस्था में है, वे शक्तियाँ सत्र न्यायालय द्वारा विचारणीय मामलों में सत्र न्यायाधीश को प्राप्त हो जाएँगी। इस प्रकार, गंभीर मामलों में अंतर्निहित व्यवस्था की शक्ति सत्र न्यायाधीश को मिलने से दोष सिद्धि की दर बढ़ जाएगी। न्यायपालिका की कद्र बढ़ जाएगी।

2. दूसरा, यह कि न्यायिक दंडाधिकारी को हत्या, डकैती, बलात्कार जैसे गंभीर मामलों में जमानत देने की शक्ति नहीं है, फिर भी प्रथम रिमांड के साथ जमानत आवेदन खारिज कराने के लिए दाखिला होगा, बहस होगी, फिर खारिज होगी। फिर आदेश की नकल ली जाएगी। तब सत्र न्यायाधीश के न्यायालय में दूसरा जमानत आवेदन दिया जाएगा। यह सारी

प्रक्रिया अनावश्यक समय और भ्रष्टाचार को बढ़ावा देती है। कई महीनों का समय लगता है। यदि गरीबों को न्याय देने का पवित्र उद्देश्य वास्तव में न्यायपालिका का है, तब यह संशोधन आवश्यक है। इस अनावश्यक प्रक्रिया एवं गरीब को बर्बाद होने से बचाया जा सकेगा। न्याय सस्ता और सुलभ हो सकेगा।

3. यदि अपराध की धारा सत्र ट्रायल है, किंतु अपराध छोटा है या झूठा है या जमानत देने योग्य है अर्थात् पुलिस ने साजिशन फँसाया है, तब अभियुक्त रिमांड के समय ही सत्र न्यायालय द्वारा जमानत पर छोड़ा जा सकेगा, जैसे सम्मन अथवा वारंट मामलों में न्यायाधीश प्रथम रिमांड के समय छोड़ देता है।
4. दौरा सुपुर्दगी की अवस्था पर होनेवाले विलंब से बचा जा सकेगा।

विदित हो कि पुरानी द.प्र.सं. (1974 से पूर्व) से सत्र मामलों में दंडाधिकारी द्वारा सभी गवाहों की गवाही लेने के बाद सत्र न्यायालय के सुपुर्द किया जाता था। गवाही लेने के समय को बचाने के लिए सन् 1973 में इस प्रावधान को हटा दिया गया। अब समय आ गया है कि सत्र न्यायालय द्वारा विचारणीय मामले में न्यायिक दंडाधिकारी को डाकघर बनाकर रखने का कोई अर्थ नहीं है। सत्र न्यायाधीश की तरह न्यायिक दंडाधिकारी का समय भी कीमती है। सर्वोच्च न्यायालय ने कई निर्णयों में अवधारित किया है कि सत्र न्यायालय द्वारा विचारणीय मामलों में न्यायाधीश को कुछ देखना नहीं है, केवल डाकघर की तरह फाइल को सत्र न्यायालय को सुपुर्द करना है। अतः न्यायिक दंडाधिकारी का समय बचेगा। सत्र न्यायाधीश को सत्यता का पता चलेगा। गरीब का पैसा बचेगा। निर्दोष जेल जाने से बचेगा।

धारा 291 ए दंड प्रक्रिया संहिता

धारा 291 में संशोधन करके 291 ए बनाई गई। इस संशोधन में चूक हो गई। वास्तव में धारा 291, 292, 293, में प्रावधान है कि कोई डॉक्टर, वैज्ञानिक या अधिकारी को अपने हाथ से जारी किए गए दस्तावेज को साबित करने के लिए न्यायालय में उपस्थित होना आवश्यक नहीं है, जब तक कि न्यायालय ऐसे गवाह को बुलाना उचित न समझे।

इस प्रावधान में जेल में अभियुक्त की पहचान, पहचान परेड वाले दंडाधिकारी अथवा धारा 164 द.प्र.सं. के तहत बयान अंकित करनेवाले दंडाधिकारी का

उल्लेख नहीं था, अतः पहचान परेड करानेवाले दंडाधिकारी को पहचान परेड रिपोर्ट साबित करने के लिए या 164 का बयान साबित करने के लिए कोर्ट में उपस्थित होना पड़ता था। अतः धारा 291 में नई धारा 291 ए जोड़ दी गई। चूक यह हो गई कि जहाँ 'कोई दंडाधिकारी' लिखना था, वहाँ 'कार्यकारी दंडाधिकारी' लिख दिया। अतः स्वर्ग से गिरे, तो खजूर में अटक गए। संशोधनकर्ता यह भूल गए कि बिहार एवं झारखंड में अभी भी न्यायिक दंडाधिकारी पहचान परेड करके अपनी रिपोर्ट न्यायालय में देता है, धारा 164 का बयान अंकित करता है। फिर विचारण के समय वह अपने पहचान परेड के स्टेशन पर गवाही देने जाता है। यदि 'कार्यकारी दंडाधिकारी' (Executive Magistrate) के स्थान पर 'कोई दंडाधिकारी' (Any Magistrate) कर दिया जाए तो इसमें न्यायिक एवं कार्यकारी दंडाधिकारी, दोनों शामिल हैं। इस प्रकार संशोधन होने पर न्यायिक दंडाधिकारी को भी गवाही देने के लिए पूर्व के किसी स्टेशन पर नहीं जाना पड़ेगा, उसे 3-4 दिनों का विशेष अवकाश नहीं देना पड़ेगा। उस दंडाधिकारी के न्यायालय का न्यायिक कार्य 3-4 दिन के लिए नहीं रुकेगा। उसको यात्रा एवं आवास शुल्क देने का पैसा बचेगा। परिवार टेंशन से बचेगा। अतः धारा 291 ए में 'कार्यकारी दंडाधिकारी' के स्थान पर 'कोई दंडाधिकारी' जोड़ा जाए।

धारा 299 दंड प्रक्रिया संहिता

यह धारा फरार अभियुक्त के वापस आने पर विचारण का प्रावधान करती है। 45 वर्ष पूर्व द.प्र.सं. में संशोधन करते समय त्वरित न्याय को प्राथमिकता न देते हुए न्यायालयों का समय बचाने की बजाय अभियुक्त को सुविधा देने के प्रति विधायिका अधिक संवेदनशील थी। अतः अभियुक्त को उसी की गलती के लिए पुरस्कार दे दिया गया। अतः धारा 299 में ऐसा प्रावधान जोड़ दिया गया कि न्यायालय उस खाज को खुजलाना भी चाहते हैं, तो खुजला नहीं पाते। फरार अभियुक्त न्यायालय को कानून के मकड़जाल में ऐसा उलझा देता है कि न्यायाधीश के पास मामलों को लंबित रखने, बाद में दोष-मुक्ति के सिवाय कोई उपाय नहीं होता है।

अभियुक्त प्रायः जानबूझकर, कभी-कभी मजबूरी में फरार हो जाता है। प्रायः गवाहों के हौसले पस्त होने तक या मरने तक या सौदेबाजी होने तक फरार रहता है, पुलिस केस को पैसे के बल पर साध लेता है। न्यायालय 4-6 सालों बाद उसे फरार घोषित कर गवाहों का मुख्य प्रच्छा साक्ष्य लेकर मामला बंद कर देता है।

स्थायी वारंट पर अभियुक्त प्रकट होता है, जेल जाता है, गवाहों से जिरह करने हेतु पुनः बुलाने का आवेदन देता है। गवाहों को पुनः बुलाना न्यायालय के लिए टेढ़ी खीर होती है। अभियोजन पक्ष के पसीने छूटते हैं। वे गवाह अनेक कारणों से दोबारा न्यायालय जाने में कोई रुचि नहीं रखते। प्रायः न्यायाधीश के सामने कोई विकल्प नहीं होता, क्योंकि उच्च न्यायालय द्वारा पुराने मामलों को निपटाने का दबाव होता है। अतः न्यायाधीश बिना जिरह हुए ही अभियोजन साक्ष्य बंद करता है, अभियुक्त का बयान लेकर जिरह न होने के कारण अभियुक्त को दोष-मुक्त कर देता है। यदि गवाह दोबारा आ भी जाए तो प्रायः निश्चित योजना के मुताबिक वे जिरह में टूट जाते हैं। या नहीं भी टूटे, तब भी उनसे जिरह हो, फिर दोष सिद्ध हो, तब तक न्यायालय का इतना समय बर्बाद हो जाता है कि उसकी भरपाई में दूसरे मामलों में विलंबन हो जाता है।

अतः मेरी राय में धारा 299 की उपधारा (1) में शब्द If it is proved के स्थान पर If it appears शब्द जोड़ा जाए। आगे की पंक्ति में If the deponent is dead से would be unreasonable तक कह पंक्ति को हटा दिया जाए। इस संशोधन से फरार अभियुक्त गवाहों को दोबारा बुलाने का लाभ नहीं ले सकेंगे अर्थात् अपनी ही गलती का लाभ नहीं ले पाएगा। बांग्लादेश ने अपनी प्रक्रिया विधि में ऐसा संशोधन किया है।

प्रायः सभी विचारण न्यायाधीशों की राय है कि पुराने मामले पहले से ही न्यायालय के लिए कोढ़ होते हैं, फिर गवाहों को दोबारा बुलाने की उलझन से नए मामलों के निस्तारण पर बुरा प्रभाव पड़ता है। अतः मेरी व अन्य न्यायाधीशों की राय में धारा 299 में उक्त संशोधन अपरिहार्य है। त्वरित न्याय के लिए यह संशोधन किया जाए। इससे अभियुक्त के किसी अधिकार का उल्लंघन नहीं होता। सूचना तकनीक के आज के युग में 'सूचना नहीं थी', यह अभियुक्त की दलील व्यर्थ है।

दंड प्रक्रिया संहिता धारा 309 में संशोधन

- धारा 309 के प्रावधानों का पालन न करना ही विचारण में देरी का सबसे बड़ा कारण है।
- धारा 309 के अनुसार, "प्रत्येक विचारणीय कार्यवाही तब तक दिन-प्रतिदिन जारी होगी, जब तक उपस्थित गवाहों का परीक्षण न हो जाए।" न्यायालय ऐसा नहीं करते, क्योंकि नीचे एक उपबंध जोड़ दिया गया

है कि "यदि न्यायालय को ऐसा लगे कि कार्यवाही को स्थगित करना आवश्यक है, तब वह स्थगित करने का कारण लिखते हुए कार्यवाही स्थगित कर सकेगा।" इसी प्रावधान के कारण प्रत्येक मामलों में प्रत्येक अधिवक्ता, न्यायाधीश पर भारी पड़ता है। अधिवक्ता का सीधा तर्क है कि जब कार्यवाही स्थगित करने का प्रावधान है, तो उचित कारण मैं देता हूँ, कार्यवाही स्थगित करें। न्यायालय न चाहते हुए भी ऐसा करते हैं। यही एक पंक्ति पूरी प्रक्रिया विधि पर इतना भारी पड़ गई कि—

- अपराधियों की चाँदी हो गई। पीड़ित की तबाही हो गई।
- न्यायाधीश की बला टल गई।
- वकील साहब की फीस पक्की हो गई।
- यह कहना अतिशयोक्ति नहीं होगी कि हमारी प्रक्रिया विधि में जहाँ भी देरी से बचने का कोई प्रावधान दिया गया है, ठीक वहीं पर प्रावधान को लचर करने का उपबंध भी जोड़ दिया गया है। अत: अधिवक्ता एवं न्यायाधीश के बीच सद्भावपूर्ण रिश्तों के कारण दोनों ही इसी उपबंध के तहत कार्यवाही को मनमाना स्थगित करते हैं। इस धारा की मंशा के विरुद्ध मुकदमे अनंतकाल तक विचारण में पड़े रहते हैं। विलंब का यही प्रमुख कारण है। अत: इसे रोकने के लिए छोटा सा संशोधन करना चाहिए कि यदि किन्हीं असाधारण परिस्थिति में कार्यवाही को स्थगित करना आवश्यक हो जाए, तब विद्वान् अधिवक्ता सत्र न्यायालय के मामले में उच्च न्यायालय से एवं दंडाधिकारी न्यायालय के मामले में जिला न्यायालय से ऑनलाइन स्थगन की अनुमति लेकर ही कार्यवाही का स्थगन आवेदन दे सकेंगे, अथवा नहीं, अथवा न्यायालय को ऑनलाइन अनुमति लेनी पड़ेगी। दोनों में एक को ऑनलाइन में जाना पड़ेगा। इस संशोधन का लाभ यह होगा कि न्यायालय एवं अधिवक्ता महोदय को यह लाभ वास्तव में असाधारण परिस्थितियों में ही मिल सकेगा। यह अनुमति लेनी थोड़ा कठिन होगा। उच्च न्यायालय या जिला न्यायालय द्वारा पुराने मामलों का निपटाने का जो दबाव अधीनस्थ न्यायालय पर होता है, वह दबाव अब स्वयं उच्च न्यायालय पर शिफ्ट हो जाएगा। केवल असाधारण परिस्थिति में ही उस परिस्थिति का उल्लेख करते हुए न्यायालय ऑनलाइन अनुमति लेगा। इस प्रकार धारा 309 में संशोधन करके लचर प्रावधान को सख्त बनाकर

अनावश्यक कार्यवाही स्थगित करने से बचा जा सकता है। मेरी राय में तत्काल न्याय का लक्ष्य यदि पूरा करना है, तब ऐसा सख्त कदम उठाना आवश्यक हो गया। लचर प्रावधानों को संशोधित करके सख्त बनाना होगा।

मालीमाथ कमेटी ने 82वीं संस्तुति में उल्लेख किया है कि विचारण कार्यवाही दिन प्रतिदिन चलानी चाहिए। कार्यवाही स्थगित करने से बचना चाहिए। वे आगे लिखते हैं कि इस विषय में किसी प्रकार की चूक के लिए न्यायाधीश को जवाबदेह ठहराया जाना चाहिए। उच्च न्यायालय को इसका पालन सुनिश्चित करने के लिए प्रशिक्षण देकर और निगरानी करनी चाहिए।

मेरी राय में कमेटी की इस अनुशंसा में नया कुछ नहीं है। यदि वास्तव में न्यायालय को कार्यवाही स्थगित करने से रोकना है, तब सख्त कदम उठाकर केवल असाधारण परिस्थितियों में ही ऊपरी न्यायालय से अनुमति लेकर न्यायालय कार्यवाही को स्थगित करेगा, ऐसा प्रावधान लाना होगा। मेरा मानना है कि जितनी देर में न्यायालय में स्थगन आवेदन पर बहस होती है, उतनी देर में ऑनलाइन आज्ञा मिल जाएगी। मालीमाथ कमेटी के अनुसार—चूक के लिए न्यायाधीश को जवाबदेह ठहराना, फिर प्रशिक्षित और निगरानी करना, यह काफी सालों से हो रहा है, कुछ नहीं होनेवाला है। प्रक्रिया विधि में संशोधन द्वारा इस प्रावधान को लचर नहीं, सख्त बनाना ही न्याय मिलने में देरी का इलाज है। इस प्रावधान के होने पर वास्तव में पुराने मामलों के विचारण का नियंत्रण जिला न्यायालय या उच्च न्यायालय का होगा अर्थात् अनुमति आवेदन, मामले का वर्ष देखकर ही उच्च न्यायालय को अनुज्ञात या खारिज करना है। ऑनलाइन अनुमति के लिए दो घंटे का भोजनावकाश ही उचित समय होगा।

द.प्र.स.-389 अपील के लंबित रहने तक सजा का निलंबन, अपीलकर्ता को जमानत पर छोड़ना

यह धारा सजायाफ्ता अपराधी को दो प्रकार से छूट देती है—

प्रथम, सजा की अपील होने के बाद अपीलीय न्यायालय, अपील के लंबित रहने तक अभियुक्त को जमानत पर छोड़ सकता है।

दूसरा, यदि सजा 3 वर्ष या इससे कम है, तब सजा करनेवाला न्यायालय सजा सुनाकर तत्काल अभियुक्त को जमानत पर छोड़ देगा अर्थात् न्यायालय को तीन वर्ष तक की सजा देकर सजायाफ्ता को छोड़ना ही पड़ेगा। जेल नहीं भेजेगा।

यह धारा न्यायाधीश को एवं शिकायतकर्ता को सकते में डाल देती है। सजा सुनाकर अभियुक्त को छोड़ने पर मजबूर न्यायाधीश को भी शरमाना पड़ता है। शिकायतकर्ता/पीड़ित व्यक्ति का कलेजा मुँह को आता है। क्यों? क्योंकि पीड़ित व्यक्ति जब 2-4 वर्षों की पैरवी के बाद देखना चाहता है कि अपराधी जेल जाएगा, तभी अचानक कोर्ट द्वारा जमानत पर छोड़ने से वह ठगा-ठगा सा कोर्ट का मुँह देखता है कि क्या इसी दिन के लिए वह 5 सालों से कोर्ट के चक्कर काट रहा है? उसी दिन पीड़ित व्यक्ति का विश्वास इस प्रक्रिया कानून से उठ जाता है। कानून बनानेवाले समझें या न समझें, धारा 498 ए भा.द.वि. में पति को सजा देकर जब मैंने जमानत पर छोड़ा तो एक बेटी अपने पिता से लिपट गई। दोनों रोने लगे। पिता ने मुझसे इतना ही पूछा, "साहब, क्या वह जेल नहीं जाएगा?" मैंने शर्मिंदा होकर जवाब दिया, "क्या करें, कानून ही ऐसा है।" गाँव का गरीब एक बाप अपनी असहाय बेटी का हाथ पकड़कर न्यायालय के बाहर चला गया। गरीब बाप पर एक बच्चे के साथ बोझ बनी बेटी का क्या हुआ होगा, हमें नहीं पता, किंतु इस मामले की परिस्थितियाँ ही ऐसी थीं कि मैं सोचता रहा कि कल वह बेटी अपनी जान दे दे तो उस घटना का प्रेरक मैं हूँ या कानूनी प्रावधान? कानून के सामने असहाय न्यायाधीश की उक्त वेदना को मैं इस जन्म में नहीं भुला सकूँगा। ऐसा न्यायालयों में प्रतिदिन हो रहा है।

यह कानून कितना भोंडा है कि जब किसी अपराध का आरोप लगाया गया था, तब जमानत का आवेदन खारिज कर दिया गया कि गंभीर गैर-जमानती अपराध का आरोप है। बाद में विचारण के बाद वही गंभीर गैर-जमानती अपराध साबित हो गया, सजा हो गई, तब न्यायालय को जमानत आवेदन पर सुनने का कोई अधिकार नहीं! अवसर नहीं है। जमानत पर छोड़ना ही पड़ेगा, यही कानून है। इस भोंडे कानून पर रोना आता है। सलमान खान केस में इस कानून के चीथड़े तब उड़ गए, जब 5 वर्ष की सजा होते ही मुंबई उच्च न्यायालय ने इसी धारा के तहत 2 घंटे में उसे छोड़ दिया। संविधान का मौलिक अधिकार न्याय की दृष्टि में समानता धरा-का-धरा रह गया। न्यायमूर्ति डॉ. वी.एस. मालीमाथ ने अपने एक इंटरव्यू में कहा कि "भारत में पीड़ित से अधिक संरक्षण अपराधी को दिया जाता है।" मेरी राय में इतना उदार/लचर कानून कभी सुसंगत रहा होगा, आज ऐसा प्रक्रिया कानून पीड़ित का विश्वास कानून एवं न्यायालयों से खत्म कर देने के लिए बहुत है।

अतः मेरी राय में धारा 389 द.प्र.सं. का कानून आज अप्रासांगिक है। इसे खत्म कर देना चाहिए, क्योंकि यह कानून त्वरित न्याय में सबसे बड़ी बाधा है।

इस प्रक्रिया कानून धारा 389 के गुण-दोष

सीधा-सादा इनसान भी अपनी फितरत से कुछ भी कर सकता है, तब अपराधी की फितरत के बारे में अनुमान लगाना कठिन है, किंतु इतना तो समझना आसान है कि सजायाफ्ता अपराधी को पता है कि अपीलीय न्यायालय का फैसला उसके खिलाफ हो सकता है। अतः वह क्यों चाहेगा कि आ बैल मुझे मार? इसी कारण अपीलीय न्यायालय के बहस एवं फैसले को रोकने के लिए वह तिकड़म करने में अपना सर्वस्व लगा देता है। अभियुक्त यदि ऐसा न भी करें, तो भी विधि आयोग की 142वीं रिपोर्ट 1991 के पृष्ठ 2 पर उल्लेख है कि—

"उच्च न्यायालय में (अपवाद छोड़कर) 5 से 8 वर्ष का समय अपील के निस्तारण में लगता है। इलाहाबाद एवं मुंबई उच्च न्यायालय की सूचनानुसार फौजदारी अपील निस्तारण में 10 वर्ष लगते हैं। यदि अपील के फैसले के विरुद्ध सर्वोच्च न्यायालय जाते हैं, तो 10 वर्ष पुनः लगेंगे। इस प्रकार 20-25 वर्ष किसी मामले के खत्म होने में लगते हैं। यह भी निर्विवाद सत्य है कि यदि गरीब की अपील है तो अपील के निर्णय तक वह जेल में रहेगा, अमीर की अपील है तो वह धारा 389 का लाभ लेकर जेल से बाहर रहेगा।"

मेरा मानना है कि यदि अमीर व नेतागण भी अपील के फैसले तक जेल में रहें, तो स्थित बदल जाएगी। तब अपील के निर्णय तक न्याय की दृष्टि से समानता होगी। अमीरों की अपीलें जल्दी निबट जाएँगी, तब गरीबों का नंबर भी आ ही जाएगा। यदि ऐसा न भी हो, तो भी इतना तो स्पष्ट है कि विचारण के पहले जमानत को लेकर न्यायालयों का बहुत वक्त बर्बाद हो चुका है, अब सजा के बाद फिर जमानत? बहुत हो गई जमानत, अब कोई जमानत नहीं होनी चाहिए। धारा 389 का प्रावधान खत्म होना चाहिए।

यदि जमानत नहीं होती है, तब जेल काट रहा सजायाफ्ता अपराधी अपनी सारी ताकत लगा देगा कि अपील की सुनवाई शीघ्र हो, ताकि शायद फैसला उसके हक में हो और वह जेल से बाहर आ जाए। अतः धारा 389 के खत्म होने पर किसी भी अपीलीय न्यायालय में कोई अपील लंबित नहीं रहेगी। रहेगी केवल अमीर समाज में एक कशमकश कि अब क्या होगा? क्योंकि तब न्यायालय के समक्ष गरीब-अमीर में कोई फर्क नहीं होगा। फर्क होगा तो केवल यह कि तब अपीलों की सुनवाई दिन-रात होगी। अमीरों की अपील किसी भी कीमत पर लंबित नहीं होगी। अधिवक्ता बहस करने की प्रतीक्षा में बैठे होंगे। न्यायाधीश घड़ी की सूई देखना बंद कर देंगे। **सभी की राय है कि बार एवं पीठ की जितनी शक्ति ऊर्जा एवं समय धारा**

389 के जमानत की सुनवाई में खर्च होती है, उतने में तो अपील की सुनवाई हो जाएगी। जमानत के आदेश के बजाय अपील का निर्णय आ जाएगा।

धारा 389 का प्रावधान इसलिए भी खत्म होना चाहिए, ताकि न्यायपालिका के गलियारों के दलाल खत्म हो जाएँ। न्यायाधीश रिश्वत लें या न लें, किंतु सजायाफ्ता मजबूर होकर दलालों के कहने पर अपनी तिजोरी खोल देते हैं। फिर समाज में थू-थू होती है न्यायपालिका की।

इस धारा के प्रावधान की अवैधता का दूसरा पहलू यह भी है कि लिली थॉमस बनाम यूनियन ऑफ इंडिया में माननीय सर्वोच्च न्यायालय ने अवधारित किया कि किसी भी सांसद, विधायक तथा विधानसभा के सदस्यों को दो वर्ष या अधिक की सजा होते ही उसकी सदस्यता तत्काल प्रभाव से समाप्त हो जाएगी। **सर्वोच्च न्यायालय की पूरी पीठ ने विचारण न्यायालय के निर्णय को सत्य माना, उस निर्णय पर संदेह नहीं किया,** जबकि धारा 389 द.प्र.सं. के कानून की मूल भावना में विचारण न्यायालय के निर्णय पर संदेह छिपा हुआ है। इस 389 के कानून को सजा पर पूर्ण संदेह है, तभी वह प्रावधानित करता है कि "तीन वर्ष तक की सजा के मामले में अभियुक्त को तत्काल छोड़ दो।" इस प्रकार, जब हम लिली थॉमस केस का विश्लेषण करते हैं, तब धारा 389 द.प्र.सं. का प्रावधान सर्वोच्च न्यायालय की फुल बेंच निर्णय की मूल भावना के विरुद्ध है। सांसद, विधायक पद के अयोग्य हो गए, तब अपराधी जमानात के योग्य कैसे हो गया? इस प्रकार, विचारण न्यायालय के दोषसिद्धि के निर्णय पर संदेह करना गलत है। अतः जमानत देने का प्रावधान भी गलत है, अतः धारा 389 को समाप्त किया जाना चाहिए।

दंड प्रक्रिया संहिता धारा- 340-344 में संशोधन
(मालीमाथ कमेटी की रिपोर्ट के आलोक में)

माननीय डॉ. वी.एस. मालीमाथ के अनुसार, न्यायिक व्यवस्था की असफलता का प्रमुख कारण है—गवाहों का न्यायालय में आकर झूठ बोलना। झूठी गवाही के लिए गवाह के खिलाफ कार्यवाही करना मुश्किल पड़ता है। गवाह द्वारा झूठ बोलने का कारण है कि वे लालचवश दबाव में होते हैं या उन्हें धमकी मिली होती है। इससे उन्हें बचाने का कोई उपाय नहीं हैं। जिरह में इन्हें अनावश्यक परेशानी में डाला जाता है। जिरह को अनावश्यक स्थगित किया जाता है। अतः कमेटी संस्तुत करती है कि—

- गवाह को उचित सम्मान दिया जाए। उनका यात्रा एवं निवास भत्ता तत्काल दिया जाए। किसी प्रकार की असुविधा के लिए न्यायाधीश को दायित्वाधीन ठहराया जाए।
- गवाह को बैठने के लिए कुरसी दी जाए (जैसे अमेरिका में दी जाती है)।
- यदि न्यायाधीश को लगे कि गवाह ने जानबूझकर झूठी गवाही दी है तो धारा 344 (1) के वर्तमान प्रावधान को हटाकर, इस प्रकार संशोधित किया जाए कि न्यायालय ऐसे झूठे गवाह के विरुद्ध संक्षिप्त विचारण करके उसे दंडित करें। 2 वर्ष के कारावास एवं 10,000 रुपए तक के दंड से दंडित करें। इस प्रकार, धारा 340 में कार्यवाही की जाए एवं 341 में अपील के प्रावधान को हटाया जाए।

दंड प्रक्रिया संहिता धारा 482 में संशोधन
(मालीमाथ कमेटी की रिपोर्ट के आलोक में)

माननीय डॉ. (स्व.) वी.एस. मालीमाथ ने अपनी पाँचवीं संस्तुति में निम्नांकित सुझाव दिया है—"प्रत्येक न्यायालय को अंतर्निहित शक्ति होगी कि वह सत्य की खोज के लिए या इस संहिता के किसी आदेश को प्रभावकारी बनाने हेतु अथवा न्यायालय की प्रक्रिया का दुरुपयोग रोकने के लिए अथवा न्याय हित सुरक्षित करने हेतु ऐसा आवश्यक आदेश कर सकेंगे।" प्राय: सभी न्यायाधीशों की ऐसी राय है कि दीवानी प्रक्रिया संहिता की धारा 151 की तरह धारा 482 दंड प्रक्रिया संहिता की अंतर्निहित शक्तियाँ अधीनस्थ न्यायालय के सभी न्यायाधीशों को प्रदान करनी चाहिए, ताकि वे किसी भी कीमत पर सत्यता तक पहुँचकर न्याय कर सकें। समय आ गया है कि उच्च न्यायालय की इस अंतर्निहित शक्ति का उपयोग अधीनस्थ न्यायाधीश भी करें।

दंड प्रक्रिया संहिता की धारा 209 में संशोधन

यह धारा सत्र न्यायालय द्वारा विचारणीय मामलों को न्यायिक दंडाधिकारी द्वारा सत्र न्यायालय भेजने का प्रावधान करती है। सभी न्यायाधीशों का अनुभव है कि फाइल इस स्टेज पर आकर रुक जाती है, प्राय: अभियुक्त द्वारा रुकवा दी जाती है। धारा 209 का प्रावधान ही ऐसा है कि जब सभी अभियुक्त एक साथ हाजिर होंगे, तभी केस सत्र न्यायालय को दौरा सुपुर्द किया जाएगा। अत: 'सभी अभियुक्त हाजिर

होंगे' की शर्त हटा दिया जाए एवं 'अभियुक्त अथवा उसके अधिवक्ता की उपस्थित में केस दौरा सुपुर्द किया जाए।' जोड़ दिया जाए। इसका लाभ यह होगा कि अपने अधिवक्ता की सलाह पर जो अभियुक्त बारी-बारी से गैर हाजिर होकर सुपुर्दगी की कार्यवाही को रोक देते हैं, वे अब ऐसा नहीं कर सकेंगे, क्योंकि उनके अधिवक्ता की उपस्थिति ही दौरा सुपुर्दगी के लिए पर्याप्त है।

दंड प्रक्रिया संहिता धारा 173 (II) में संशोधन

इस धारा के तहत, अनुसंधान अधिकारी आरोप-पत्र न्यायिक दंडाधिकारी के न्यायालय में दाखिल करते हैं। आरोप-पत्र के अवलोकन के पश्चात् संज्ञान लेकर अभियुक्त को सम्मन भेजा जाता है कि वह न्यायालय में उपस्थित हो। उपस्थित आने पर उसे पुलिस पेपर प्रदान किए जाते हैं। यही अवस्था होती है, जब पत्रावली सालोसाल तक पुलिस पेपर की अवस्था में पड़ी रह जाती है। कारण, कि जब तक अभियुक्तगण नहीं चाहते कि कार्यवाही आगे बढ़े, तब तक इसी अवस्था पर रोकने के बहाने हैं अथवा पुलिस कागजात तैयार नहीं है या तैयार होने की प्रक्रिया में है। सर्वोच्च न्यायालय ने एक मायल में यद्यपि अवधारित किया है कि अनुसंधान अधिकारी प्रति अभियुक्त पुलिस कागजात की प्रतियाँ संलग्न करते हुए ही आरोप-पत्र समर्पित करें, किंतु सभी राज्यों में आदेश का पूर्ण पालन नहीं हो रहा है। अतः संशोधन द्वारा धारा 173 (II) में प्रत्येक अपराधी के लिए पुलिस के कागजात की प्रतिलिपियों सहित जोड़ा जाए।

सिटिजन कॉज बनाम झारखंड जनहित याचिका सं. 885/2009 आदेश सं. 34 तिथि 08-01-2012 में झारखंड उच्च न्यायालय ने इसी आशय का आदेश किया है, किंतु आदेश का पूर्ण पालन नहीं होता। संशोधन के बाद जब यही कानून बन जाएगा, तब सभी को पालन करना आवश्यक होगा।

द.प्र. संहिता धारा 207

इस धारा के तहत, अभियुक्त के उपस्थित आने पर न्यायालय पुलिस कागजात अभियुक्त को प्रदान करती है। जैसा आपने पूर्ववर्ती धारा में देखा कि पुलिस कागजात तैयार नहीं थे या अन्य कारण से कार्यवाही पुलिस कागजात के स्तर पर रुकी रहती है। अब जब पुलिस कागजात के साथ आरोप-पत्र दाखिल हैं, अर्थात् पुलिस कागजात फाइल पर उपलब्ध हैं, तब धारा 207 में 'बिना विलंब किए' शब्दों

की जरूरत नहीं है, अत: 'बिना विलंब किए' शब्द हटाकर 'तय की गई तारीख पर' शब्दों को जोड़ा जाए, अर्थात् अभियुक्त की उपस्थिति आते ही पहली ही तारीख पर पुलिस कागजात प्रदान करना न्यायालय के लिए बाध्यकारी होगा। यहीं पर यह भी संशोधन कर दिया जाना चाहिए कि पुलिस कागजात अभियुक्त को अथवा उनके अधिवक्ता को प्रदान किए जा सकें। इस प्रकार, सालोसाल तक लंबित रहनेवाली कार्यवाही प्रथम तारीख पर ही पूर्ण हो जाएगी। यही Highspeed Track पर Highspeed कार्यवाही होगी।

दंड प्रक्रिया संहिता धारा 228, 240 एवं 246 (1) में संशोधन

यह दोनों धारा में क्रमश: सत्र न्यायालय द्वारा, मजिस्ट्रेट न्यायालय द्वारा पुलिस मामले एवं परिवाद मामले में आरोप गठन का प्रावधान करती है। अभियुक्तगण यदि किन्हीं भी कारणों से नहीं चाहते कि उनका विचारण शुरू हो, यानी मामला खुले, तो कार्यवाही रोके रखने का उनके पास यह अंतिम अवसर है। आरोप गठन के बाद कार्यवाही रोकना अभियुक्त के वश में नहीं होता। अत: अधिवक्ता की सलाह पर वह न्यायालय से निम्न प्रकार आँख-मिचौली करता है; जैसे यदि चार अभियुक्त हैं, तो प्रत्येक तारीख पर बदल-बदलकर एक अभियुक्त अनुपस्थित हो जाता है, ताकि आरोप गठित न हो पाए। यद्यपि उपरोक्त तीनों धाराओं में शब्द 'अभियुक्त' बार-बार आता है, 'अभियुक्तगण' नहीं, किंतु इसका एक ही अर्थ उत्तर प्रदेश, बिहार एवं झारखंड, तीनों राज्यों में निकलता है अथवा परंपरा यही देखी गई है कि न्यायालय द्वारा आरोप उसी दिन गठित किया जाएगा, जिस दिन सभी अभियुक्त एक साथ उपस्थित आएँगे। अनेक अवसरों पर मैंने इस मुद्दे पर बहस की कि संहिता में शब्द 'अभियुक्त' लिखा है। दूसरा अर्थ है कि जब जो भी अभियुक्त उपस्थित आए, उसको आरोपित किया जाए, किंतु न्यायालयों की कार्य-संस्कृति यानी परंपरा में ऐसा नहीं होता। अत: मैं चुप हो गया। इसीलिए प्रक्रिया विधि के अनुसार नहीं, परंपरा विधि से सभी अभियुक्त के एक दिन, एक साथ आने पर ही आरोप गठित होगा, इसी का फायदा उठाकर अभियुक्त एक-एक करके जानबूझकर अनुपस्थित होते रहते हैं, ताकि आरोप गठन की कार्यवाही स्थगित होती रहे। ऐसा प्रत्येक उस मामले में होता है, जो Highly Contested होते हैं, मामले में आरोप सत्य होते हैं, गवाह Manage नहीं हो रहे होते हैं, सजा की संभावना प्रबल होती है। न्यायाधीश को न चाहते हुए भी आरोप गठन की कार्यवाही स्थगित करनी पड़ती है।

कार्यवाही स्थगित न हो, इसके दो उपाय हैं कि प्रथम, उक्त तीनों धाराओं

में संशोधन हो कि "आरोप गठन की नियत तारीख पर उपस्थित अभियुक्त या अभियुक्तगण के विरुद्ध एवं अनुपस्थित अभियुक्त के अधिवक्ता की उपस्थित में आरोप गठित किया जाए, अनुपस्थित अभियुक्त वाद में हस्ताक्षर करते समय जब तक आरोप पर आपत्ति नहीं करते, न्यायालय यह उपधारण करेगा कि उनके विरुद्ध गठित आरोप विधि विरुद्ध नहीं हैं।"

दूसरा उपाय यह है कि उपस्थित अभियुक्त को आरोपित किया जाए, शेष अभियुक्तों के उपस्थित आने पर आरोपित किया जाएगा। इसका लाभ यह होगा कि परंपरागत विधि खत्म होगी, संहिता के प्रावधानानुसार आरोप गठित होगा, तब अभियुक्त अधिक दिनों तक आरोप गठन से भाग नहीं सकेंगे अर्थात् संशोधन की आवश्यकता नहीं है, केवल परंपरागत विधि (कार्य-संस्कृति) को छोड़कर प्रक्रिया विधि के अनुसार कार्यवाही की जाए। अतः यह वाद-विवाद का विषय है कि संशोधन करें या प्रक्रिया विधि अनुसार कार्यवाही करें? आवश्यक है कि करें। अभियुक्त को भागने का अवसर न दें। यही त्वरित कार्यवाही है।

इस बिंदु पर वाद-विवाद की संभावना है, विधितः कोई उपाय निकालना चाहिए, अन्यथा सभी मामलों की कार्यवाही अनावश्यक स्थगित होती है। कार्यवाही न्यायालय के नियंत्रण में नहीं, अभियुक्त के नियंत्रण में होती है।

इसी क्रम में द.प्र.सं. की इन्हीं तीन धाराओं में पाँच शब्द और जोड़े जाने चाहिए "न्यायालय तयशुदा तारीख पर आरोप तय करेगा", ताकि आरोप गठन की प्रथम तारीख पर ही यह कार्यवाही करने के लिए न्यायालय बाध्य हो।

अग्रिम जमानत—धारा 438 द.प्र.सं.

अग्रिम जमानत का प्रावधान त्वरित विचारण में सबसे बड़ी बाधा है। इसे समाप्त किया जाना चाहिए। **पुरानी दंड प्रक्रिया संहिता 1898 में अग्रिम जमानत का प्रावधान नहीं था। 1973 के संशोधन द्वारा यह प्रावधान जोड़ा गया। यह राजनीति से प्रेरित प्रावधान है। उ.प्र. सरकार ने 1976 में इस प्रावधान को हटा दिया। प. बंगाल सरकार ने इस प्रावधान पर कई शर्तें लगा दीं। संशोधित दंड प्रक्रिया संहिता 1974 का सबसे विवादास्पद प्रावधान है, अग्रिम जमानत।** इसमें गुण एक ही है कि यह राजनीतिक नेताओं को प्रभावशाली/शक्तिशाली लोगों को कानून के शिकंजे से बचकर भागने का उपाय देता है। बाकी सब दोष ही दोष हैं, जैसे—

- मामले का अनुसंधान यदि हाईस्पीड ट्रेन की गति से बढ़ रहा है तो अग्रिम जमानत उस ट्रेन की चेन खींचना है। पुलिस उस मामले के अनुसंधान को वहीं लावारिस छोड़ देती है, क्योंकि 90 दिनों में चार्जशीट प्रस्तुत करने की जो शर्त गिरफ्तारी के बाद से शुरू होती है, वह गिरफ्तारी के पहले ही खत्म हो गई।
- गिरफ्तारी के बाद अभियुक्त का बयान लेने की स्टेज अनुसंधान अधिकारी के हाथ से निकल गई।
- पीड़ित व्यक्ति को अपराध से शायद कम पीड़ा हुई हो, किंतु अग्रिम जमानत पर अपराधी के छूटने की पीड़ा उसकी छाती पर मूँग दलने जैसी होती है मानो अपराधी पीड़ित व्यक्ति को चिढ़ा रहा हो कि न्याय मेरी मुट्ठी में है, और पीड़ित का विश्वास न्यायपालिका से उठ रहा हो।
- बलात्कार के अपराधी की अग्रिम जमानत हो जाए/होती ही है, तब पीड़ित लड़की व परिवार पर क्या बीतेगी, कल्पना कीजिए कि यदि बेटी आपकी हो!
- सत्र न्यायालय एवं उच्च न्यायालय का बेशकीमती वक्त बेमतलब बर्बाद होता है।
- गंभीर अपराधों के अनुसंधान पूरी तरह प्रभावित होते हैं।
- अभियुक्त साक्षियों को धमकी देते ही देते हैं या जान से मार देते हैं। साक्ष्य से छेड़छाड़ भी करते हैं।

विधि आयोग की रिपोर्ट 203 में उल्लेख है कि—

- 1974 के पहले जब पुराने Cr. P.C. में अग्रिम जमानत का प्रावधान नहीं था, तब भी राज्य के उच्च न्यायालय अपनी अंतर्निहित शक्ति के प्रयोग में अग्रिम जमानत देते थे। यद्यपि उच्च न्यायालयों में यह मत-भिन्नता थी कि क्या उच्च न्यायालय अग्रिम जमानत देने में अपनी अंतर्निहित शक्ति का प्रयोग कर सकते हैं?

  गुरुबक्श सिंह सिबिया बनाम स्टेट ऑफ पंजाब (1980) 2SCC565 में निष्कर्ष आया कि अंतर्निहित शक्ति के तहत अग्रिम जमानत नहीं दी सकती।
- विधि आयोग ने अपनी 41वीं रिपोर्ट में यह प्रावधान डालने की संस्तुति दी थी। रिपोर्ट में उल्लेख किया है कि—अग्रिम जमानत का प्रावधान लाने की आवश्यकता इसलिए पड़ी, क्योंकि "कभी-कभी प्रभावशाली लोग

अपने प्रतिद्वंद्वी को झूठे केसों में फँसाकर जेल भेजने की कोशिश करते हैं।" आजकल राजनीतिक प्रतिद्वंद्विता के कारण यह प्रवृत्ति कुछ अधिक हो गई है। आगे लिखते हैं कि—झूठे मामलों से अलग हटकर भी जहाँ इस बात का पर्याप्त आधार है कि किसी अपराध के अभियुक्त की भागने की संभावना नहीं है, या वह जमानत पर छूटने पर जमानत का दुरुपयोग नहीं करेगा।

अतः यह न्यायोचित नहीं लगता कि "पहले उसे गिरफ्तार किया जाए, कुछ दिन जेल में रखा जाए, तब जमानत का आवेदन दिया जाए।" यही से न्यायपालिका का दुर्भाग्य शुरू हो गया, जब 41वीं रिपोर्ट में आयोग ने आगे कहा, "We recommend the acceptance of this supposition. We are further of this view that the special power should be conferred only on High Court and the court of session. (पृष्ठ 320–321)" 41वीं रिपोर्ट की उसी अनुशंसा पर द.प्र.सं. में धारा 438 जोड़ी गई। आयोग ने अपनी 203वीं रिपोर्ट 2007 के अनुच्छेद 2.4 में फिर उल्लेख किया है कि धारा 438 जोड़ने के पीछे विधायन की मंशा एक तरीका विकसित करने की थी कि एक नागरिक को किसी प्रभावशाली व्यक्ति द्वारा झूठे आरोप पर अपमान न झेलना पड़े। आयोग ने आगे लिखा है कि इस शक्ति का प्रयोग नियमित रूप में नहीं किया जाना चाहिए। (दुर्गा प्रसाद बनाम स्टेट ऑफ बिहार 1987 Cr. L.T. 1200)

आयोग ने अपनी 48वीं रिपोर्ट फिर प्रस्तुत की, जिसमें कहा गया कि "The bill introduces a provision for the grant of anticipatory bail. This is Sabstantially in acceptance order with the recommendation made by the previous commission. We agree that this would be a useful addition though we must add that it is very exceptional cases that such a power should be exercised." आगे लिखते हैं कि "The direction can be issued only for reasons to be recorded and if the court is satisfied that such direction is necessary in the interest of Justice."

- **1981 में देश भर के पुलिस महानिरीक्षकों के सम्मेलन में यह प्रस्ताव पारित हुआ कि धारा 438 द.प्र.सं. में संशोधन करके सत्र न्यायाधीश से यह शक्ति वापस लेकर केवल उच्च न्यायालय में निहित की जाए।**

- **1983 में गृह मंत्रालय ने वरिष्ठतम सचिव स्तर के अधिकारियों की एक उच्च स्तरीय कमेटी गठित की। कमेटी को तीन प्रश्न दिए गए, तीनों प्रश्नों पर विचार करके कमेटी ने अपना निष्कर्ष दिया कि—**

धारा 438 को इस प्रकार संशोधित किया जाए कि—

1. अग्रिम जमानत की शक्ति सत्र न्यायाधीश से वापस लेकर केवल उच्च न्यायालय में निहित की जाए।
2. यदि न्यायालय अग्रिम जमानत का आवेदन खारिज नहीं करती, बल्कि जमानत का एक अंतरिम आदेश देती है, तब लोक अभियोजन को सूचना दी जाए, अग्रिम जमानत के प्रश्न पर दोनों पक्षकारों के तर्कों को सुनकर दोबारा विचार किया जाए।
3. न्यायालय से अग्रिम जमानत लेनेवाले अभियुक्त की उपस्थित, अपवादों को छोड़कर, सुनवाई के समय आवश्यक की जाए।

- कमेटी की संस्तुतियों के आलोक में 13 मई, 1988 को उपरोक्त आशय का बिल संसद् में लाया गया कि उपरोक्त अनुसार संशोधन किया जाए, किंतु ऐसा हुआ नहीं। तब तक 1990 में विधि आयोग की 154वीं रिपोर्ट आ गई। अत: यह बिल अधूरा रह गया। कहा गया कि 154वीं की रिपोर्ट के आलोक में दोबारा बिल लाया जाएगा।
- इस प्रकार धारा 438 बनने के बाद से ही यह प्रावधान **Judicial Scritiny** का विषय बना रहा।
- इस आयोग ने अपनी रिपोर्ट में आगे उल्लेख किया है कि धारा 438 के प्रावधान की बड़ी आलोचना हुई कि गंभीर अपराधों के अनुसंधान बुरी तरह प्रभावित होते हैं। अभियुक्त अपनी आजादी का दुरुपयोग करके आपराधिक धमकी देते हैं। साक्षियों को मारते हैं, कीमती साक्ष्यों से छेड़छाड़ करते हैं। अमीर, प्रभावशाली, शक्तिशाली अभियुक्त अग्रिम जमानत किसी भी प्रकार से ले ही लेते हैं। गरीब वंचित तरह जाते हैं।

हम सभी जानते हैं कि शक्तिशाली अपराधी के खिलाफ कोई गवाही नहीं देना चाहता। उस पर जब वह अग्रिम जमानत ले लेता है, तब पुलिस किंकर्तव्यविमूढ़ हो जाती है। शिकायतकर्ता और गवाहों के हौसले पस्त हो जाते हैं। इससे समाज में एक संदेश जाता है कि "कानूनी प्रक्रिया में कोई एक किसी अन्य के मुकाबले अधिक समान होता है।"

इसके बावजूद भी संशोधन अधिनियम 2005 के द्वारा धारा 438 का संशोधित रूप आया। मद्रास बार एसोसिएशन द्वारा इस प्रावधान पर आपत्ति के कारण इसे लागू नहीं किया गया। बाद में, 2006 में इसे लागू कर दिया गया।

यदि 2005 के राजनीतिक परिदृश्य पर नजर डालें तो पाते हैं कि तमिलनाडु में डी.एम.के. एवं केंद्र में कांग्रेस की सरकार थी। यह मिली-जुली सरकार थी। भ्रष्टाचार चरम सीमा पर था। अतः इस सरकार को अग्रिम जमानत के प्रावधान की अतीव आवश्यकता थी।

अग्रिम जमानत के प्रावधान की विवेचना, विधि आयोग की सभी रिपोर्टों के अवलोकन के बाद मैंने पाया कि यह प्रावधान विधि-व्यवस्था एवं अपराध नियंत्रण के विरुद्ध है। आपने देखा कि 1981 की पुलिस महानिरीक्षकों के सम्मेलन एवं गृह मंत्रालय की उच्च स्तरीय समिति ने इस प्रावधान को खत्म करने अथवा अंकुश लगाने की पुरजोर कोशिश की, किंतु विधायिका ने इस प्रावधान को येन-केन-प्रकारेण बनाए रखा। इस देश की राजनीतिक व्यवस्था ने ऐसे प्रावधान को इसीलिए बनाए रखा है, ताकि वक्त पर उनके काम आए, जेल जाने से बच जाएँ।

विधि आयोग की 41वीं रिपोर्ट में अग्रिम जमानत की अनुशंसा कितनी खोखली है, इसी एक वाक्य से पता चलता है, **"प्रभावशाली-शक्तिशाली लोगों द्वारा अपने किसी निर्दोष प्रतिद्वंद्वी को झूठे मामलों में फँसाकर जेल भेजने से बचाने के लिए ऐसे प्रावधान का होना जरूरी है।"** इस अनुशंसा के खोखलेपन का अंदाजा इससे लगाया जा सकता है कि प्रभावशाली शक्तिशाली लोगों ने निर्दोष को नहीं फँसाया, बल्कि सभी प्रभावशाली, शक्तिशाली लोग ही भ्रष्टाचार में फँस गए। तब यही लोग अनुसंधान एवं विचारण को प्रभावित करने लगे। (याद होगा सर्वोच्च न्यायालय ने सी.बी.आई. निदेशक को 'पिंजरे का तोता' कहा था।)

अंत में, सर्वोच्च न्यायालय ने इन्हीं प्रभावशाली-शक्तिशाली लोगों के विरुद्ध निपटने के लिए इम्तियाज अहमद बनाम यूनियन ऑफ इंडिया में विधि आयोग से रिपोर्ट माँगी। विधि आयोग ने 239वीं रिपोर्ट इसी विषय पर दी है कि किस प्रकार ऐसे प्रभावशाली शक्तिशाली लोगों से अनुसंधान एवं विचारण को प्रभावित होने से बचाया जाए? **तात्पर्य यह है कि विधि आयोग की 41वीं रिपोर्ट ने किसी निर्दोष को प्रभावशाली लोगों से बचाने के बजाय इन्हीं प्रभावशाली-शक्तिशाली लोगों को पुलिस और न्यायपालिका के शिकंजे में कसने से बचा लिया।**

अग्रिम जमानत के प्रावधान का केवल और केवल यही उद्देश्य था, अभी है, आगे भी रहेगा। इन्हीं शक्तिशाली एवं प्रभावशाली लोगों की नाव पर सवार होकर गंभीर अपराधों के अभ्यासी अपराधी भी पुलिस एवं न्यायपालिका को धता बताकर जेल का फाटक देखे बिना ही अपराध जगत् की वैतरणी पार कर जाते हैं।

10 जून, 2008 धनंजय महापात्रा के हवाले से टाइम्स ऑफ इंडिया में खबर आई कि—अग्रिम जमानत का प्रावधान निर्दोष लोगों को पुलिस के हाथों से बचने के लिए बनाया गया था, जिसका अधिकतम दुरुपयोग किया गया है। सर्वोच्च न्यायालय ने आगे कहा कि यह जानकर आक्रोश आता है कि यह विवेकाधिकार की शक्ति उच्च न्यायालय एवं सत्र न्यायालय में निहित की गई थी, जिसका अनेक बार गंभीर अपराधियों द्वारा लाभ लिया जाता रहा है। यद्यपि इस प्रावधान का यह आशय नहीं था।

भारतीय जनमानस का माननीय प्रधानमंत्रीजी से, माननीय सर्वोच्च न्यायालय एवं विधि आयोग से निवेदन है कि Equality before Law **से बढ़कर कोई विधि नहीं है। अमेरिकी सर्वोच्च न्यायालय के ललाट पर यही लिखा है। हमारे संविधान की गारंटी यही है।** फिर Equality before Law के विपरीत यह प्रावधान क्यों है? अत: धारा 438 के इस प्रावधान को खत्म किया जाए। **विधि-व्यवस्था बनाए रखने हेतु पुलिस महानिरीक्षकों की कॉन्फ्रेंस, उच्च स्तरीय कमेटी की अनुशंसा के अनुरूप केवल उच्च न्यायालय को धारा 482 द.प्र.स. के तहत असाधारण राजनैतिक मामलों में अग्रिम जमानत देने की अंतरर्निहित शक्ति प्रदान की जाए।**

□

अनुसंधान पुलिस एवं कानून-व्यवस्था पुलिस का पृथक्करण

भारतीय पुलिस अधिनियम 1861 बनाम राष्ट्रीय पुलिस आयोग 1977 प्रकाश सिंह व अन्य बनाम भारत संघ व अन्य

न्याय की पहली सीढ़ी पुलिस है। पुलिस और न्यायपालिका का चोली-दामन का साथ है। दोनों एक-दूसरे के पूरक हैं। दोनों एक-दूसरे पर निर्भर हैं—कानून न्यायपालिका का, व्यवस्था पुलिस की। किसी देश में विधि का शासन स्थापित करने एवं कानून-व्यवस्था, जन-जन के जीवन, शांति-अमन-चैन, अपराध-मुक्त सभ्य समाज के निर्माण की जिम्मेदारी इन्हीं दोनों पर है। यदि संपूर्ण परिदृश्य पर नजर डालें तो पता चलता है कि किस प्रकार इस देश में केंद्र व राज्य सरकारों ने अपने राजनीतिक स्वार्थ साधने के लिए पुलिस कानून में जो सुधार करने थे, वे नहीं किए। विधि का शासन स्थापित करने के बजाय अपनी पार्टी का शासन स्थापित करने हेतु अपने हित में इस्तेमाल किया। यही कारण है कि हमारे देश की पुलिस आज भी 1861 के कानून से शासित है। 1861 के कानून से कभी अंग्रेजों की गुलाम थी, अभी राज्य सरकारों की गुलाम है। जब आर.जे.डी. का शासन है तो कानून का शासन कैसे होगा ? यह मैं नहीं कहता, सर्वोच्च न्यायालय ने वीरेंद्र कुमार ओहरी केस में कहा है। देश हित में काम करने के लिए जो स्वतंत्रता पुलिस को दी जानी चाहिए थी, जिस स्वतंत्रता की वह हकदार थी, वही नहीं दी गई। देश की पुलिस देश की जनता के लिए नहीं, सरकारों की कठपुतली होकर रह गई। स्थिति यहाँ तक बिगड़ गई कि वीरेंद्र कुमार ओहरी बनाम भारत संघ WP(c)-341/204 में माननीय सर्वोच्च न्यायालय ने विधि आयोग को आदेश दिया कि प्रभावशाली-

शक्तिशाली लोगों के विरुद्ध आपराधिक मामलों में शीघ्र अनुसंधान और विचारण कैसे हो, इसके लिए अपने सुझाव देते हुए रिपोर्ट प्रस्तुत करें। विधि आयोग ने 230वीं रिपोर्ट इसी विषय पर मार्च 2012 में समर्पित की। रिपोर्ट की संस्तुतियाँ अब तक लागू नहीं की गईं। प्रभावशाली-शक्तिशाली लोगों को ही इसे लागू करना है। अपने ही पैर पर कुल्हाड़ी कोई क्यों मारेगा?

इन्हीं कारणों से अनुसंधान पुलिस को कानून-व्यवस्था पुलिस से पृथक् नहीं किया गया। आज 2019 में देश के बदले हुए परिवेश में केंद्र सरकार एवं राज्य सरकारों से, संविधान की दुहाई देनेवाले राजनेताओं से, नौकरशाहों से, हम भारत के लोगों की अपेक्षा है कि सर्वोच्च न्यायालय द्वारा 10 वर्ष पूर्व प्रकाश सिंह केस में पारित आदेश का पालन तत्काल प्रभाव से करें। अन्यथा हम भारत के लोग आपकी पार्टी के शासन के विरुद्ध, विधि के शासन के लिए उठ खड़े होने को तैयार हैं। अत: विगत 20 वर्षों से सरकार और सर्वोच्च न्यायालय के बीच खेली जा रही आँख-मिचौली को जान लेना यहाँ आवश्यक है।

फौजदारी मामले के अनुसंधान में देरी ही विलंब का सबसे बड़ा कारण है। कुछ दिनों या घंटों का अनुसंधान कार्य दरोगाजी कई वर्षों में करते हैं। बहाना यह है कि कानून-व्यवस्था में व्यस्तता के कारण या अति विशिष्ट लोगों की ड्यूटी के कारण समय नहीं मिला, इसी कारण लंबे समय से अनुसंधान पुलिस को कानून-व्यवस्था पुलिस से पृथक् करने की बात हो रही थी। इसी क्रम में सर्वोच्च न्यायालय ने प्रकाश सिंह व अन्य बनाम भारत संघ के मामले में केंद्र व राज्य सरकारों को 7 बिंदुओं/दिशा-निर्देशों पर अमल करने का आदेश दिया। इसमें चौथे दिशा-निर्देश में अनुसंधान पुलिस एवं पुलिस को अलग-अलग करने का आदेश है। यह निर्णय 2006 में आया। तब से आदेश का पालन न होने पर याचिकाकर्ता ने राज्यों के विरुद्ध अवमानना की कार्यवाही सी दाखिल किया। अब तक 10 वर्ष गुजर गए। सर्वोच्च न्यायालय ने अवमानना के मामले में स्पष्ट किया कि प्राय: किसी भी राज्य सरकार अथवा केंद्र सरकार ने सर्वोच्च न्यायालय के इन सात दिशा-निर्देशों पर अमल नहीं किया। इस प्रकार, सर्वोच्च न्यायालय के आदेश के बावजूद भी आदेश/दिशा-निर्देश का पूर्ण पालन नहीं किया गया।

झारखंड पुलिस के D.G.P. श्री डी.के. पांडेय ने बताया कि—"सर्वोच्च न्यायालय के आदेश के आलोक में झारखंड सरकार ने सिद्धांतत: पृथक्करण को स्वीकार किया है। शीघ्र ही मंत्रीमंडल की मंजूरी मिलने के बाद पृथक्करण प्रक्रिया पर अमल किया जाएगा अर्थात् पुलिस बल के चयन की प्रक्रिया शुरू की जाएगी।

उन्होंने आगे बताया कि माननीय सर्वोच्च न्यायालय के आदेशानुसार प्रथम चरण में 10 लाख की आबादीवाले कस्बों एवं शहरी क्षेत्रों में अनुसंधान पुलिस को कानून-व्यवस्था पुलिस से पृथक् करने की प्रक्रिया को चरणबद्ध तरीके से लागू किया जाएगा। बाद में कम आबादी के शहरों, फिर ग्रामीण क्षेत्रों में लागू होगा। यद्यपि सर्वोच्च न्यायालय ने यह नहीं बताया है कि यह पृथक्करण व्यवहार में कैसे किया जाएगा ? किंतु अपने निर्णय में यह स्पष्ट किया है कि पुलिस की इन दोनों अनुसंधान शाखाओं के बीच पूर्ण सामंजस्य बना रहेगा।"

समस्त आपराधिक मामलों की नींव रखना भारतीय पुलिस के हाथों में है। अत: भारतीय पुलिस के बारे में संक्षेप में जान लेना भी आवश्यक है।

1857 की स्वतंत्रता संग्राम के गदर के चार साल बाद अंग्रेजी हुकूमत ने भारतीय पुलिस अधिनियम 1861 बनाया था। इसी कानून से अंग्रेजों ने 87 साल भारतीयों की पुलिस की मदद से भारतीयों पर शासन किया था अर्थात् मियाँ की जूती, मियाँ के सिर! 1947 के बाद 1977 तक (आपातकाल तक) कांग्रेस सरकार ने, भारतीय पुलिस अधिनियम, अंग्रेजों ने जैसा बनाया था, वैसा ही बनाए रखा और 68 सालों तक भारत पर शासन किया। देश में प्रथम बार जनता पार्टी की मोरारजी देसाई सरकार ने 1977 में 'राष्ट्रीय पुलिस आयोग' का गठन किया एवं निम्नांकित बिंदुओं पर परीक्षण करके अपनी रिपोर्ट देने को कहा—

1. कानून-व्यवस्था लागू करनेवाली पुलिस एवं संविधान प्रदत्त नागरिक अधिकारों को संरक्षण देनेवाली पुलिस की भूमिका एवं कार्यक्षमता (Role & Performance) का नवीन परीक्षण।
2. पुलिस की भूमिका, कर्तव्य, शक्तियाँ एवं जिम्मेदारियाँ को पुन: विशिष्ट संदर्भ में परिभाषित करना कि—

(क) अपराधों पर नियंत्रण एवं बचाव।
(ख) लोक शांति बनाए रखना।
(ग) पुलिस व्यवस्था की कार्यक्षमता का मूल्यांकन।
(घ) मूल कमजोरियों एवं अयोग्यता की पहचान करना।
(ङ) प्रशासनिक तरीकों में आवश्यक परिवर्तन यदि हो तो उनका परीक्षण करना।
(च) अनुशासनात्मक नियंत्रण एवं जवाबदेही। (Disciplinary Control and Accountability)

(छ) अनुसंधान एवं अभियोजन के तंत्र की जाँच करना।

(ज) देरी एवं असफलता के कारणों की जाँच करना और सुझाव देना कि कैसे इस व्यवस्था को रूपांतरित किया जाए या बदलाव लाया जाए।

(झ) कैसे इस तंत्र को मानव-मूल्य एवं गरिमा के अनुरूप सक्षम, वैज्ञानिक एवं अनुकूल बनाए जाए।

(ञ) समाज के कमजोर वर्ग के लिए पुलिस की विशेष जिम्मेदारी एवं प्रकृति का परीक्षण एवं उनके अधिकारों एवं हितों की रक्षा के लिए उनकी शिकायतों पर त्वरित कार्यवाही सुनिश्चित करने के लिए क्या कदम उठाए जाएँ, इन विषयों पर सुझाव।

(च) पुलिस द्वारा, प्रशासन द्वारा या कार्यपालिका के निर्देश, राजनीतिक एवं अन्य दवाब, किसी प्रकार के मौखिक आदेश, जो विधि के विरुद्ध हों, द्वारा शक्तियों का दुरुपयोग रोकने के लिए संस्थागत व्यवस्था क्या हो एवं किए जानेवाले उपायों की संस्तुतियाँ क्या हों ?

पुलिस आयोग ने उपरोक्त सभी विषयों पर गहराई से जाँच करके अपनी रिपोर्ट 25 वर्ष पूर्व 1979 से 1981 तक प्रस्तुत कर दी। अपनी अंतिम रिपोर्ट में नए पुलिस अधिनियम का ड्राफ्ट भी संलग्न किया। राष्ट्रीय पुलिस आयोग की यह रिपोर्ट भारत सरकार (पुनः कांग्रेस की इंदिरा गांधी सरकार) द्वारा लागू नहीं की गई। इस रिपोर्ट का भी वही दुर्भाग्य था, जो अन्य आयोग की रिपोर्टों का हुआ। तब पद्मश्री सम्मानित प्रकाश सिंह, पूर्व डी.जी.पी. एवं अन्य ने लोकहित याचिका संख्या 310/1996 सर्वोच्च न्यायालय के समक्ष प्रस्तुत किया। याचिका में सभी राज्य सरकारों, केंद्र सरकार को पक्षकार बनाया और यह माँग की कि भारत सरकार को यह निर्देश दिया जाए कि पुलिस आयोग की अनुशंसा के अनुरूप संलग्न ड्राफ्ट के अनुसार एक नया पुलिस अधिनियम बनाए, ताकि यह सुनिश्चित हो कि—

पुलिस को आवश्यक एवं प्राथमिक रूप से भारतीय कानून एवं भारत के लोगों के प्रति जवाबदेह बनाया गया है। 10 वर्षों बाद 22 सितंबर, 2006 में भारत के प्रधान न्यायाधीश सहित तीन जजों की पीठ ने अपना निर्णय सुनाया।

इन 10 वर्षों के बीच 1998 में सर्वोच्च न्यायालय ने 'रिबेरो कमेटी' का गठन किया, कमेटी ने 1999 में अपनी रिपोर्ट सौंप दी। इसी के अनुसरण में 'पद्मनामैया समिति' ने अपनी रिपोर्ट 2000 में सौंपी। पुलिस ऐक्ट 1861 के स्थान पर नया पुलिस ऐक्ट 'सोली सोराबजी कमेटी' ने ड्राफ्ट किया। इस बीच इन समितियों की अनुशंसाओं के आलोक में जमीनी स्तर पर बहुत ही कम काम किया गया।

सन 2006 में प्रकाश सिंह केस में सर्वोच्च न्यायालय ने आदेश दिया कि पुलिस सुधार किए जाएँ। राज्यों को सात बाध्यकारी निर्देश दिए गए, जिनसे सुधार प्रक्रिया शुरू हो। सर्वोच्च न्यायालय अपने आदेश का तत्काल पालन चाहती थी, चाहे सरकार अधिसूचना से करे या आदेशों से करे या नया पुलिस कानून बनाकर। सर्वोच्च न्यायालय ने 2 वर्षों तक आदेश के अनुपालन की समीक्षा स्वयं की, फिर 2008 में तीन सदस्य 'समीक्षा समिति' बना दी। 2 वर्षों की समीक्षा के बाद रिपोर्ट देने को कहा। सर्वोच्च न्यायालय द्वारा दिए गए ये सात निर्देश पुलिस सुधार शुरू करने का व्यावहारिक तरीका प्रदान करते हैं। ये सात निर्देश एक स्कीम बताते हैं, जो समग्र रूप में लागू की जाए, तो वे सामान्य बुराइयाँ ठीक हो जाएँगी, जिनसे पुलिस में निम्न अक्षमता उत्पन्न होती है—

सर्वोच्च न्यायालय के सात निर्देश बिंदु क्या हैं ?

न्यायालय ने सात निर्देश देते समय इन चार बिंदुओं को ध्यान में रखा है कि पुलिस में—

1. राजनीतिकरण की समस्या की जड़ें गहरी हैं।
2. उत्तरदायित्व के तरीके की कमी है।
3. व्यवस्थागत कमजोरियाँ हैं, जिनसे पुलिस का समग्र प्रदर्शन कमजोर होता है।
4. पुलिस के प्रति जनता में असंतोष की भावना पैदा होती है।

यह सात निर्देश प्रमुखतः दो विषयों में विभाजित हैं—

प्रथम—पुलिस के लिए कार्यकारी जिम्मेदारी निभाने हेतु जरूरी विषय।

दूसरा—पुलिस के उत्तरदायित्व बढ़ाने वाले जरूरी विषय।

यह निम्नांकित हैं—

प्रथम निर्देश—राज्य सुरक्षा आयोग (State Security Commission) का गठन, ताकि यह सुनिश्चित हो कि—

- राज्य सरकार अनपेक्षित दबाव एवं प्रभाव पुलिस पर न डाले।
- समग्र पुलिस नीति-निर्देशों को उल्लेखित करें।
- राज्य पुलिस की सक्षमता का मूल्यांकन करें।

इस निर्देश का 79 प्रतिशत पूर्ण पालन हुआ है, 21 प्रतिशत आंशिक पालन हो चुका है।

दूसरा निर्देश—यह सुनिश्चित किया जाए कि डी.जी.पी. की नियुक्ति गुण-दोष पर आधारित पारदर्शी प्रक्रिया से की गई है एवं कम-से-कम दो वर्षों तक कार्यकाल होगा। यह निर्देश 15 प्रतिशत पूर्ण पालन, 11 प्रतिशत आंशिक पालन हुआ, 74 प्रतिशत अनुपालन नहीं हुआ।

तीसरा निर्देश—यह सुनिश्चित किया जाए कि अन्य पुलिस अधिकारी, जो Operational Duty (प्रचालन संबंधी ड्यूटी) पर हैं, वे भी दो वर्षों का कार्यकाल पूरा करेंगे। यह निर्देश 29 प्रतिशत पूर्ण पालन हुआ है, 7 प्रतिशत आंशिक पालन हुआ है, 64 प्रतिशत पालन नहीं हुआ है।

चौथा निर्देश—अनुसंधान पुलिस का पृथक्करण। असम, अरुणाचल प्रदेश, हरियाणा, हिमाचल प्रदेश, कर्नाटक एवं सिक्किम ने पालन कर दिया है, किंतु अधिकांश राज्यों ने अभी तक पालन नहीं किया है।

यह निर्देश 7 प्रतिशत पूर्ण पालन हुआ है, 25 प्रतिशत आंशिक पालन हुआ है, 68 प्रतिशत पालन नहीं हुआ है।

पाँचवाँ निर्देश—पुलिस स्थापना परिषद् (Police Establishment Board) का गठन करें, जो स्थानांतरण, नियुक्ति, प्रमोशन एवं पुलिस अधिकारियों (पुलिस उप अधीक्षक तक) से संबंधित सभी सेवा मामले देखेगी तथा (पुलिस उप अधीक्षक उपर) के अधिकारियों की नियुक्ति एवं स्थानांतरण पर अपनी संस्तुतियाँ देगी। इस निर्देश का 7 प्रतिशत पूर्ण पालन हुआ है, 25 प्रतिशत आंशिक पालन हुआ है, 68 प्रतिशत पालन नहीं हुआ है।

छठा निर्देश—राज्य स्तर पर पुलिस शिकायत प्राधिकरण (Police Complaints Authority) का गठन, जो पुलिस के उप अधीक्षक पद के ऊपर के पुलिस अधिकारियों के खिलाफ जनता की शिकायतों की जाँच करेगा। ऐसे मामलों में, जो गंभीर कदाचार से संबंधित हों, जैसे पुलिस अभिरक्षा में मृत्यु या गंभीर उपहति या पुलिस अभिरक्षा में बलात्कार के मामले।

जिले स्तर पर यह प्राधिकार पुलिस के उप अधीक्षक पद के नीचे के पुलिस अधिकारियों के गंभीर प्रकृति के कदाचार के मामलों में जनता की शिकायतों की जाँच करेगा।

इस निर्देश का 79 प्रतिशत पूर्ण पालन हुआ है, 21 प्रतिशत आंशिक पालन हुआ है।

सातवाँ निर्देश—केंद्र स्तर पर राष्ट्रीय सुरक्षा आयोग (National

Security Commission) का गठन, जो केंद्रीय पुलिस संस्था के प्रमुखों का चयन एवं स्थापना के लिए एक समूह तैयार करेंगे। इन प्रमुखों का कार्यकाल 2 वर्षों का होगा। विदित हो कि उपरोक्त पालन के प्रतिशत का जो उल्लेख है, वह वास्तविक नहीं है, राज्य सरकारों के शपथ-पत्रों में लिखा है।

सर्वोच्च न्यायालय ने अपने आदेश में कहा है कि "अनुसंधान पुलिस को विधि-व्यवस्था पुलिस से पृथक् किया जाएगा, ताकि अनुसंधान में तेजी, बेहतर विशेषज्ञता एवं लोगों के साथ तालमेल एवं आपसी समझदारी विकसित हो। कैसे भी हो, यह सुनिश्चित हो कि दोनों शाखाओं के बीच पूर्ण सामंजस्य है। यह पृथक्करण शुरू में शहरों में या ग्रामीणों क्षेत्रों में हो, जहाँ की आबादी 10 लाख या इससे अधिक है। बाद में इसका विस्तार धीरे-धीरे छोटे शहरों एवं ग्रामीण क्षेत्रों में किया जाएगा।"

वर्तमान में प्रायः ऐसा होता है कि विधि-व्यवस्था बनाने का दबाव होने पर केस का अनुसंधान कार्य रुक जाता है, अथवा पुलिस अधिकारी की सतर्कता को अनुसंधान कार्य से विचलित कर देता है। इस संबंध में आदर्श पुलिस अधिनियम (Model Police Act) उपयोगी विचार प्रस्तुत करता है। **यह पुलिस अधिनियम आदेश की श्रृंखला को प्रभावित किए बिना दोनों शाखाओं को पृथक् करने का एक क्रियाशील उदाहरण प्रदान करता है। इससे अनुसंधान शाखा को अनुसंधान के लिए समुचित वैज्ञानिक सहयोग, फोरेंसिक विज्ञान एवं उचित प्रशिक्षण प्राप्त अधिकारी प्राप्त होंगे।**

आदर्श पुलिस अधिनियम के अनुसार

थाना स्तर पर—सब इस्पेक्टर के अधीन एक विशिष्ट अपराध अनुसंधान इकाई होगी। हत्या, अपहरण, बलात्कार, डकैती, लूट एवं दहेज संबंधी अपराधों, छल के गंभीर मामले, आर्थिक अपराध एवं अनुचित मामलों में यह इकाई केवल अनुसंधान करेंगी।

जिले स्तर पर—विशिष्ट अनुसंधान प्रकोष्ठ बनाया जाएगा। यह अपर पुलिस अधीक्षक के नियंत्रण में होगा। यह प्रकोष्ठ अत्यधिक गंभीर प्रकृति के मामले, जटिल अपराधों एवं वित्तीय अपराधों का अनुसंधान करेगा।

राज्य स्तर पर—अपराध अनुसंधान विभाग होगा, जो अंतरराज्यीय या अंतरजिला अपराधों या अति विशिष्ट गंभीर अपराधों का अनुसंधान करेगा। डी.जी.

पी. द्वारा संचालन किया जाएगा। **इस प्रकार, आदर्श पुलिस अधिनियम कानून बनने के बाद यह पृथक्करण स्वयमेव लागू हो जाएगा।**

पुलिस सुधार के उपरोक्त सात निर्देशों का पालन करने में राज्य सरकारें वहीं पीछे हैं, जहाँ अनुपालन से उनकी शक्तियाँ छिन रही हैं। उनके सत्ता स्वास्थ्य के लिए अहितकर हैं अर्थात् राज्य सरकारें अपनी शक्तियों में कमी करके सर्वोच्च न्यायालय के आदेश का पालन करने को तैयार नहीं हैं। पुलिस सुधार के मामले में सरकार की ऐसी सोच का कारण उनके हित टकराते हैं। क्या न्यायपालिका से भी उनके हित टकराते हैं? जहाँ तक हित टकराते हैं, वहाँ तक वे न्यायिक सुधार से पीछे हट जाते हैं। न्यायिक सुधार न होने के पीछे भी पुलिस सुधार जैसे कारण हैं। चौथे निर्देश में अनुसंधान पुलिस को पृथक् करने का उल्लेख है। प्रायः छोटे-छोटे अनेक राज्यों ने आंशिक पालन कर दिया है। शेष राज्य अनुपालन की प्रक्रिया में हैं। इस प्रकार, हम आशा करते हैं कि दूसरे दशक में सभी राज्यों द्वारा इस निर्देश का शत-प्रतिशत पालन हो जाएगा।

पूर्व डी.जी.पी. प्रकाश सिंह ने एक बेहतर लोकतंत्र और वित्तीय स्थिरता के लिए पुलिस सुधार के महत्त्व पर विशेष बल दिया है। श्री सिंह कहते हैं कि **"पुलिस व्यवस्था में जब तक न्यायिक क्रांति (Drastic Systematic Improvement) नहीं की जाती, यह देश एक अपराधी राज्य के रूप में बदल सकता है। वे आगे कहते हैं कि पुलिस बल का राजनीतिज्ञ और अपराधियों के साथ राजनीतिकरण के बीच बढ़ते हुए बंधन से यह देश बड़ी तेजी से एक अपराधी राज्य के रूप में बदल रहा है।"** विदित हो कि श्री सिंह उत्तर प्रदेश के डी.जी.पी. रह चुके हैं। सुधार के लिए दिए गए सुझाव नए नहीं हैं, पूर्व में भी यही सुझाव प्रायः सभी समितियों एवं आयोग द्वारा दिए गए थे। जब तक पुलिस को कार्य करने की स्वतंत्रता नहीं मिलती है, तब तक ईमानदार एवं समर्पित पुलिस अधिकारी व्यवस्था में हमेशा एक तरफ धकेल दिए जाते रहेंगे।

वर्तमान पुलिस अधिनियम 1861 अंग्रेजों द्वारा अपने हित में बनाया गया था। यह कानून अब व्यर्थ हो चुका है। बाद में विभिन्न समितियों एवं आयोग द्वारा जो संस्तुतियाँ दी गईं, सरकार ने उनके पालन में कुछ नहीं किया। **पुलिस व्यवस्था में काम करने की स्वतंत्रता एवं पुलिस को जवाबदेह बनाने की ओर एक भी कदम नहीं उठाया। एक अपराध के अनुसंधान में या कानून का शासन स्थापित करने में पुलिस को वचनबद्ध, समर्पित और प्रतिबद्ध होना होगा।**

भारतीय जनमानस द्वारा पुलिसवालों को दोषी ठहराया जाता है, धर्म शिक्षकों द्वारा पुलिस पर आरोप लगाया जाता है, फिल्मों में इनका उपहास होता है, अखबारों में निकम्मा बताया जाता है। न्यायाधीशों एवं लोक अभियोजकों का समर्थन प्राप्त नहीं है, सम्माननीय व्यक्तियों द्वारा इन्हें दूर रखा जाता है। जब वह कानून का पालन करवाते हैं तो इन्हें ही गलत ठहराया जाता है, कानून लागू नहीं करते हैं तो उन्हें दंडित किया जाता है। फिर जनता, मीडिया आदि सभी के द्वारा यह अपेक्षा की जाती है कि उनमें एक सैनिक की, डॉक्टर की, वकील की, शिक्षक एवं राजनयिक की योग्यता हो, किस वेतन पर ? दैनिक मजदूर की मजदूरी के वेतन पर!

वर्तमान परिदृश्य में भारतीय पुलिस की तसवीर यही है। अनेक समितियों द्वारा दाखिल रिपोर्ट में संस्तुतियाँ की गई हैं कि सर्वोच्च न्यायालय के आदेश का पालन हो, ताकि पुलिस समाज और देश के हित में काम करे, कानून के प्रति उत्तरदायी हो। 10 वर्ष बीत गए, सर्वोच्च न्यायालय के आदेश के बावजूद भी कुछ नहीं हुआ। मैं दावे के साथ कहता हूँ कि पुलिस की गलत छवि के लिए पुलिस नहीं, सरकारें दोषी है, जिन्होंने पुलिस को अपनी छवि सुधारने का मौका नहीं दिया। **कैसा लगेगा न्यायाधीशों को, यदि अधिकांश मामलों में जिला न्यायाधीश या विधायक, सांसद, मंत्री का फोन आए कि इस केस में ऐसा करो, उस मामलों में वैसा, नहीं किया तो निलंबित ? न्यायाधीश की तरह पुलिस को भी न्यायिक कार्य (मामलों का अनुसंधान) करने में स्वायत्ता-स्वतंत्रता प्राप्त होनी चाहिए।**

मैंने न्यायाधीश के रूप में जो देखा एवं 3 वर्षों से आर्ट ऑफ लिविंग के शिक्षक के रूप में 3 हजार पुलिस जवानों की तनाव-मुक्त प्रबंधन कार्यशाला में जो देखा, उस सारे अनुभव को समेटकर देखता हूँ तो पाता हूँ कि संपूर्ण भारतीय जनमानस/उपरोक्त अति सम्मानित संस्थाओं की राय बदल जाएगी, जब वे नक्सल प्रभावित राज्यों के पुलिस जवानों की जंगल अभियान ड्यूटी में प्राण गँवाने के खौफ को समझ सकेंगे। जब पुलिस के जवानों की तनावपूर्ण जीवन-शैली के दूसरे पहलू को भी देखेंगे। परिवार से दूर, त्योहारों पर छुट्टियाँ निरस्त, सामान्य छुट्टी की उम्मीद नहीं, जीवन की अनिश्चितता के वातावरण में एक दिन जीकर देखो, पुलिस के बारे में आपकी राय बदल जाएगी। परमेश्वर से प्रार्थना है कि राज्य सरकारों को सद्विवेक दे, सर्वोच्च न्यायालय के आदेश का पालन हो, भारतीय पुलिस के जवान भी तनाव-मुक्त, सम्मानपूर्ण जीवन जिएँ।

□

स्पीडी ट्रायल ऐक्ट क्या है ?

1974 में, अमेरिका में स्पीडी ट्रायल एक्ट बनाकर धारा 3161 (a) से 3174 तक में किसी भी फौजदारी मामले को अनुसंधान से लेकर विचारण एवं निर्णय तक की समय-सीमा निश्चित कर दी है। समय-सीमा में विचारण खत्म करना न्यायाधीश का दायित्व है अर्थात् अनुसंधान से निर्णय तक प्रत्येक स्टेज की समय-सीमा निश्चित करनेवाला कानून ही 'स्पीडी ट्रायल एक्ट' है।

जिस प्रकार रेलवे ने प्रत्येक ट्रेन का प्रत्येक स्टेशन से लेकर गंतव्य तक पहुँचने का समय निश्चित कर दिया है, उसी प्रकार प्रत्येक मामले को अनुसंधान से निर्णय तक पहुँचने का समय निश्चित कर दिया जाए, यही 'स्पीडी ट्रायल एक्ट' है।

मा. सर्वेच्च न्यायालय से मत भिन्नता हो, तो भी भारतीय संसद् को भारतीय जनमानस के लिए स्पीडी ट्रायल एक्ट बनाना चाहिए अथवा स्पीडी ट्रायल एक्ट के प्रावधान दंड प्रक्रिया संहिता में समाहित किए जाने चाहिए। अर्थात् अनुसंधान से विचारण तक की प्रत्येक स्टेज पर उसकी समय-सीमा निश्चित करना ही High Speed Train Track पर Speedy Trial Act है। स्पीडी ट्रायल एक्ट अस्तित्व में आते ही न्यायिक सुधारों का युग खत्म हो जाएगा। यही न्यायिक क्रांति के युग का कानून होगा।

स्पीडी ट्रायल के लिए क्या चाहिए ?

किसी भी अनुसंधान एवं विचारण को बुलट ट्रेन या अत्यंत तीव्रगामी ट्रेन की गति से चलाने के लिए—

1. अत्यंत तीव्रगामी ट्रायल रेल पथ (High Speed Train Track) (प्रक्रिया विधि एवं संविधि) चाहिए।
2. अत्यंत कुशल, बेहतर तौर-तरीके तथा बेहद शिष्ट ड्राइवर (Well

skilled, well styled and well cultured Driver) (न्यायाधीश) चाहिए।

3. गति नियंत्रक (अभियोजन एवं अधिवक्ता) के पास केवल ग्रीन सिग्नल (धारा 309 द.प्र.सं. एवं Speedy Trial Act) होना चाहिए, अर्थात् रेड सिग्नल (अग्रिम जमानत, नियमित जमानत, सजा के बाद जमानत, नीचे से नहीं तो ऊँची न्यायालय से जमानत, स्थगन आदेश, पुलिस कागजात, अभियोग, गवाह, दौरा सुपुर्दगी, रिवीजन, अपील आदि) के प्रावधानों को सख्त करके कार्यवाही स्थगन केवल अपवादस्वरूप, अति असाधारण परिस्थितियों के लिए, अपने ऊपर के न्यायालय से अनुमति लेने के बाद ही दिया जाना चाहिए अर्थात् अमेरिका की भाँति भारत में भी कार्यवाही स्थगित करने-करवाने की कार्य-संस्कृति को खत्म किया जाए। न्यायालयों द्वारा कार्यवाही स्थगन की यह कार्य-संस्कृति ही आज न्यायाधीश और अधिवक्ता के बीच कॉमन मिनिमम प्रोग्राम है। इसके लिए न्यायाधीश जिम्मेदार हैं। निश्चित समय-सीमा में मामले को निर्णीत करना न्यायाधीश की बाध्यता होगी।
4. गतिरोधक (अनुसंधान में विलंब) हटाने के लिए प्रकाश सिंह बनाम भारत संघ के आदेश का पालन करना चाहिए। अनुसंधान पुलिस को पृथक् करना चाहिए। निर्धारित समय-सीमा में अनुसंधान खत्म करने की पुलिस की बाध्यता होगी।
5. चेन खींचने से बचने के लिए, अर्थात् पैसे के बल पर फाइल को दबा देना या औचित्य से परे लंबी तारीखें देने की स्थिति में स्टाफ के खिलाफ सख्त निर्णय लेकर निलंबन या निष्कासन की कार्यवाही करनी चाहिए।
6. रेल इंजन, रेल के डिब्बे एवं रेल पथ के मध्य जो समन्वय होता है, वही समन्वय हमारी न्यायपालिका, विधायिका एवं कार्यपालिका के बीच होना चाहिए। अन्यथा—

- विवाद निपटाने का विकल्प (Alternate Dispute Resolution)
- न्यायिक सुधार (Judicial Reform)
- त्वरित विचारण (Speedy Trial)
- त्वरित न्याय (Speedy Justice)
- 'न्याय चला निर्धन से मिलने' जैसे विषयों पर वक्तव्य देना बंद कर देना चाहिए।

स्पीडी ट्रायल का महत्त्व

अपराधी को अविलंब दंड एवं पीड़ित को त्वरित न्याय मिल जाने पर आक्रोश नहीं होता, शांति भंग नहीं होती, कानून-व्यवस्था चाक-चौबंद रहती है, विधि अपना काम करती है, यही विधि का शासन है। 1833 के पहले भारत में कानून का शासन नहीं था। मुगल शासकों की व्यवस्था पर ब्रिटिश कालोनियों का शासन था। 10 जुलाई, 1833 को अंग्रेज लायर थॉमस बैबिंगटन मैकाले (बाद में लॉर्ड मैकाले हुए) ने ब्रिटिस हाउस ऑफ कॉमन्स के अपने भाषण में कहा, **"भारत में ब्रिटिश की प्रतिनिधि संस्था नहीं है, अतः ब्रिटिश कॉलोनियाँ उन लोगों को अच्छी सरकारें दें, जिन्हें हम स्वतंत्र सरकार नहीं दे सकते।" इसके बाद भारत के लोगों को इंग्लैंड का सबसे बड़ा उपहार जो मिला, वह था—'कानून का शासन'।** लॉर्ड मैकाले ने भारतीयों को बताया कि मुगल शासन की तरह यह कोई अंग्रेजों का शासन नहीं है, यह तो 'विधि का शासन' है। यह विधि-व्यवस्था है। तब संहिता विधि, संविधि एवं अधिनियमों का निर्माण हुआ।

1857 के गदर (प्रथम स्वतंत्रता आंदोलन) के बाद 1860 में अंग्रेजों ने भारतीय दंड संहिता एवं 1861 में पुलिस अधिनियम लागू कर दिया। उद्देश्य था कि फिर कभी जनता में अंग्रेजों के विरुद्ध आक्रोश न हो। इसी 'विधि का शासन' के कारण ही अंग्रेजों ने 100 सालों तक भारत में शांतिपूर्ण शासन किया। यह लॉर्ड मैकाले की दूरदृष्टिता थी। जनता को न्यायालयों से त्वरित न्याय मिला। अपराधी को तत्काल दंड मिला। ब्रिटिश शासन में न्यायालय यही थे, प्रतिद्वंद्वात्मक व्यवस्था (Adversarial System) ही था, किंतु अपराध के दिन से ही फाँसी अथवा सजा की उल्टी गिनती शुरू हो जाती थी।

इतिहास में पहली बार ऐसा न्याय (कानून का शासन) पाकर वे चुपचाप गुलामी सह गए। अंग्रेजों ने त्वरित परीक्षण द्वारा त्वरित न्याय देकर कानून के शासन द्वारा उनके क्रोध को शांत कर दिया। यही त्वरित परीक्षण का महत्त्व है।

देर से न्याय मिलने के कारण द्वितीय विश्वयुद्ध के वाद अमेरिका में असंतोष उत्पन्न हुआ, अतः संशोधन किए गए। संशोधनों से त्वरित न्याय नहीं मिला, तब स्पीडी ट्रायल एक्ट 1974 कानून अस्तित्व में लाया गया। त्वरित एवं सख्त न्याय के कारण पुलिस एवं न्यायालय के खौफ से वहाँ विधि का ऐसा शासन स्थापित हुआ है कि अपने बच्चे से भी मारपीट की, तो आप पुलिस-कानून के शिकंजे में फँस जाएँगे। मैंने देखा है, वहाँ की स्टेट एवं फेडरल कोर्टें बहुत सख्त दंड देती हैं। वहाँ

दंड देते समय दया, करुणा, क्षमा परिवीक्षा, सम्यक् भर्त्सना पर विचार नहीं करते। इसी कारण प्ली बारगेनिंग का कानून अमेरीका में सौ प्रतिशत सफल है, जबकि भारत में सौ प्रतिशत असफल है।

शासन मुगलों ने भी किया था। वह तलवार की नोक पर धर्म पर आधारित शरिया कानून एवं जजिया कर था। कानून का शासन नहीं था, अतः मुगलकालीन सूबों में बगावत होती रहती थी। बगावतों के कारण औरंगजेब के बाद मुगलों का पतन हो गया। जब कभी विश्व के सभी देश किसी कानून से शासित नहीं थे, तब अशांति-अन्याय-अमानवीय अत्याचार होता था। सीमा विस्तार के लिए युद्ध की आग में विश्व मानवता जलती रही। द्वितीय विश्व युद्ध के बाद विश्व में अंतरराष्ट्रीय विधि की स्थापना एवं शासन के लिए संयुक्त राष्ट्रसंघ की स्थापना हुई। इजराइल एवं फिलीस्तीन (यहूदी बनाम इसलाम) तथा भारत एवं पाकिस्तान (हिंदू बनाम इसलाम), ISIS (इराक व सीरिया के इसलामी राज्य) का युद्ध, (इसलाम बनाम इसलाम) को छोड़कर शेष दुनिया में युद्ध खत्म हो गए। अभी अंतराष्ट्रीय कानून के शासन से सभी देश शासित हैं। तात्पर्य यह है कि किसी भी देश में संविधान प्रदत्त सुरक्षा एवं शांति व्यवस्था की पहली शर्त है—कानून का शासन अर्थात् कानून का भय अर्थात् आज अपराध किया, साल-दो-साल में सख्त दंड दिया गया। पीड़ित को न्याय मिल गया। आज अपराध किया, 20-25 साल बाद अंतिम फैसला आया, यह पीड़ित के साथ न्याय नहीं, अन्यायपूर्वक मामले का अंत हुआ। यह कानून का शासन नहीं, कानून के साथ भद्दा मजाक हुआ। अपराधी सजा के पहले और सजा के बाद भी जमानत पर छूटकर, पैसे के बल पर, मुकदमे को लटकाकर, पूरी मस्ती में जीवन जी रहे हैं, देश और समाज को लूट रहे हैं। जन-जीवन, जन-धन एवं सभी की सामाजिक सुरक्षा वास्तव में है नहीं, केवल संविधान में लिखा है। यह देश किसी न्यायपालिका अथवा पुलिस के बल पर नहीं, भगवान् भरोसे चल रहा है। यही हिंदू जीवन शैली है। पीड़ित की सहनशीलता है कि अपराधी का अन्याय भी सहता है, न्यायालयों का अन्याय भी सह रहा है। सहनशीलता की सीमा का अंत हो रहा है। अतः अमेरिका की तरह हम भारत के लोगों को भी शांतिपूर्ण ढंग से, न्यायपूर्वक जीवन जीते हुए सम्मानित जीवन, धन की सुरक्षा की गारंटी एवं विधि का शासन स्थापित करने के लिए, आतंकवाद, अपराध व भ्रष्टाचार से मुक्ति के लिए स्पीडी ट्रायल एक्ट, भारत की आत्मा की जीवंतता के लिए आतंकवाद, अपराध, भ्रष्टाचार से मुक्ति के लिए आवश्यक है।

स्पीडी ट्रायल एक्ट ही क्यों ?

—क्योंकि भारत की न्याय व्यवस्था की मानसिकता वर्तमान कानूनों में संशोधन से नहीं बदलेगी। स्पीडी ट्रायल से भी तब बदलेगी, जब इसे क्रांतिकारी तरीके से धमाके के साथ लागू किया जाए। जैसे—जी.एस.टी. कानून (कर क्रांति) को धमाके के साथ (रात 12 बजे संसद् बुलाकर) लागू किया गया है।

□

आधुनिक तकनीक से न्यायालयों का सशक्तीकरण एवं उन्नतीकरण

- सूचना तकनीक ने भारतीय समाज में क्रांति पैदा कर दी। बच्चे, बूढ़े, पढ़े, अनपढ़, सभी एंड्रॉयड मोबाइल से लैस हैं। इसके बिना जीवन अब संभव नहीं है।
- दूसरी तरफ न्यायालय हैं, जिनके सारे काम-काज का आधार ही सूचना है, किंतु यहाँ सूचना तकनीक की उपयोगिता अभी शून्य है। दीवानी हो या फौजदारी, किसी भी फाइल पर पक्षकारों, गवाहों, अभियुक्तों के मोबाइल नंबर, इ-मेल अथवा फैक्स नंबर नहीं मिलेंगे। न्यायालयों का रोना यही है कि पक्षकारों को सूचना कैसे दी जाए?
- तुर्रा यह है कि विगत 11 सालों से न्यायालयों में इ-कोर्ट अवधारणा लागू हो रही है, अभी तक हुई नहीं है। 9 सालों में चीन ने पूरे देश में बुलेट ट्रेन का जाल बिछा दिया, हम इ-कोर्ट नहीं बिछा पाए।
- दिनांक 11.05.2005 को इ-कमेटी ने अपनी रिपोर्ट भारत के प्रधान न्यायाधीश को सौंप दी, दिनांक 04.08.2005 को पॉलिसी अनुमोदित हो गई। 11 वर्षों में हम कहाँ हैं?
- 2009 में साक्ष्य अधिनियम की धारा 3 में संशोधन करके इलेक्ट्रॉनिक सूचना को ग्राह्य साक्ष्य मान लिया गया है, किंतु न्यायालयों द्वारा अमल में नहीं लाया गया।
- स्टेट ऑफ महाराष्ट्र बनाम प्रफुल्ल बी. देसाई 2003 (3) Scale 554 में सर्वोच्च न्यायालय ने अवधारित किया है कि मौखिक, दस्तावेजी एवं इलेक्ट्रॉनिक रिकॉर्ड्स को साक्ष्य के रूप में प्रस्तुत किया जा सकता है।

न्यायालयों की सभी कार्यवाहियों में तकनीक को लागू करने से न्यायिक कार्यवाहियाँ क्रांतिकारी गति से गतिमान होंगी। पक्षकारों, गवाहों, अभियुक्तों, जमानतदारों को सूचना देने का इलेक्ट्रॉनिक साक्ष्य फाइल पर होगा, तो किस बहाने से भागेंगे ? इनकी उपस्थिति इलेक्ट्रॉनिक माध्यम से सुनिश्चित होगी।

जिस दिन न्यायालयों में सूचना एवं तकनीक की स्वीकृत राष्ट्रीय नीति एवं कार्ययोजना लागू हो जाएगी, उस दिन त्वरित परीक्षण दिखाई पड़ेगा, किंतु कहावत है कि न नौ मन तेल होगा, न राधा नाचेगी। अखिल भारतीय न्यायाधीश संघ एवं 'उत्तर प्रदेश न्यायाधीश संघ' ने अपनी सोविनियर में उल्लेख किया है कि इ-कोर्ट अभियान के तरीके की योजना द्वारा स्वीकृत इ-कोर्ट की राष्ट्रीय नीति लागू होने पर निम्नांकित क्षेत्रों में क्रांतिकारी परिवर्तन आएगा—

1. इ-कोर्ट, इ-सेवा और इ-फाइलिंग
2. डिजिटलीकरण
3. ऑनलाइन एफ.आई.आर.
4. बायोमीट्रिक उपस्थिति व्यवस्था
5. Text creation storage and Retieval.
6. Improved access to the law.
7. Recording of court proceeding and evidence.
8. Case management and producing data for administrative purpose.
9. Communication
10. आर्थिक मामले
11. न्यायालय के भीतर सी.सी.टी.वी.
12. Appearance of accused and presence of witnesses.

केंद्रीय विधिमंत्री श्री सदानंद गौड़ा ने 10 फरवरी, 2014 को 'न्यायिक सुधारों द्वारा आर्थिक सशक्तीकरण' विषय पर एसोचैम सम्मेलन में उद्घाटन भाषण में बताया कि—न्यायिक प्रशासन में सूचना तकनीक को अपनाने से यह न्यायिक व्यवस्था की Re-Engineering प्रक्रिया होगा।

- यह उपलब्धि E Court Mission Mode Project की होगी।
- इसका क्रियान्वयन न्याय विभाग, सर्वोच्च न्यायालय इ-समिति और राष्ट्रीय सूचना केंद्र कर रहा है।

- इ-कोर्ट योजना का उद्‌देश्य नागरिकों एवं न्यायालयों को Designeted Services प्रदान करके जिले की अधीनस्थ न्यायालयों को योग्य और कौशलपूर्ण बनाना है।
- इस योजना के प्रथम चरण में अधीनस्थ न्यायालयों का कंप्यूटरीकरण होगा, जिससे केंद्रीकृत फाइलिंग केंद्र, दस्तावेजों के डिजिटलीकरण की प्रबंधन व्यवस्था दुरुस्त होगी।
- दूसरे चरण को जनवरी 2014 में सर्वोच्च न्यायालय इ-कमेटी की स्वीकृति मिल गई है, जिसके तहत इ-फाइलिंग, इ-भुगतान की व्यवस्था होगी।
- ई-कोर्ट पोर्टल लॉन्च किया गया है, जिसका उद्‌देश्य 'राष्ट्रीय न्यायिक डाटा ग्रिड' बनाने का है। इस डाटा ग्रिड से नागरिकों को केस दाखिला, केस स्टेटस, निर्णयों, आदेशों की इलेक्ट्रॉनिक कॉपी, न्यायालयों से ऑनलाइन सूचना मिलेगी, क्योंकि न्यायालय पूर्व से कंप्यूटरीकृत किए जा चुके हैं।
- इस प्रकार, हमारी न्याय-व्यवस्था में पारदर्शिता एवं जवाबदेही को बढ़ावा मिलेगा।
- विधि मंत्री ने आगे बताया कि इस संबंध में निम्नलिखित क्षेत्रों को तत्काल हाथ में लेना होगा—

1. राष्ट्रीय एवं राज्य की वाद नीतियाँ बनाना है।
2. न्यायिक जनशक्ति अपर्याप्त है।
3. त्वरित निस्तारण हेतु बनाए गए उपबंधों को अमल में न लाना भी एक कारण है।
4. बार में सुधारों की जरूरत है।
5. Indiscrimination use of Writ Juvisdiction

- विधि मंत्री ने आगे कहा कि अभी एक समुचित सांस्थानिक कार्य ढाँचा (Institutional Frame Work) विकसित करने की जरूरत है, ताकि अधिक-से-अधिक विवाद ए.डी.आर. प्रक्रिया द्वारा सुलझाए जाएँ।
- इस प्रकार पर्याप्त संख्या में ए.डी.आर. केंद्रों की स्थापना की जाए। मध्यस्थों एवं विवाचकों को प्रशिक्षण दिया जाए। ए.डी.आर. प्रक्रिया के बारे में जागरूकता पैदा की जाए।
- सरकार शीघ्र ही मध्यस्थता अधिनियम तथा समझौता अधिनियम में आवश्यक संशोधन लाएगी।

- विधि मंत्री ने यह जानकारी भी दी कि ऑस्ट्रेलिया, संयुक्त राज्य अमेरिका एवं कनाडा में 70 प्रतिशत दीवानी मामले विचारण होने के पूर्व ही सुलझा लिये जाते हैं, क्योंकि वहाँ पक्षकार केस लड़ने में लगने वाले समय एवं निकलने वाले निष्कर्षों से अवगत होते हैं।

भारत के प्रधान न्यायाधीश न्यायमूर्ति के.जी. बालाकृष्णन्

31 अक्तूबर, 2008 को लंदन के भारत–यूरोप व्यापार मंच में **मुख्य वक्ता भारत के प्रधान न्यायाधीश न्यायमूर्ति के.जी. बालाकृष्णन् ने 'भारत में न्यायिक सुधार' विषय पर बोलते हुए बताया कि–**

- भारत के सर्वोच्च न्यायालय में मामलों की इलेक्ट्रॉनिक फाइलिंग की शुरुआत होने के साथ ही हमारी न्यायिक व्यवस्था ने सूचना तकनीक में महत्त्वपूर्ण पड़ाव को पार कर लिया है।
- इसी इ–फाइलिंग व्यवस्था को निकट भविष्य में विभिन्न उच्च न्यायालयों में लागू करने की योजना बन चुकी है। ठीक इसी प्रकार, जिला न्यायालयों में भी लागू की जाएगी।
- भारतीय न्यायपालिका में सूचना एवं तकनीक को लागू करने हेतु राष्ट्रीय नीति एवं कार्ययोजना के रूप में एक स्पष्ट रोड मैप तैयार किया जा चुका है।
- सेवानिवृत्त न्यायमूर्ति जी.सी. भारुका की अध्यक्षता में इ–समिति द्वारा पॉलिसी का खाका तैयार किया गया। इ–समिति ने दिनांक 11.05.2005 को भारत के प्रधान न्यायाधीश को अपनी रिपोर्ट सौंप दी। विचारोपरांत दिनांक 04.08.2005 को नीति को स्वीकृत कर दिया गया।

इस प्रकार, 11 वर्ष पूर्व 'राष्ट्रीय सूचना तकनीक' लागू करने की नीति लागू हो चुकी है। अभी तक धरातल पर ज्यादा कुछ दिखाई नहीं पड़ता है, क्योंकि यह न्यायिक सुधार की प्रक्रिया है। यदि यह न्यायिक क्रांति होती, तो 11 वर्षों में सर्वोच्च न्यायालय से जिला न्यायालय तक सभी न्यायालय सूचना तकनीक से लैस होते, हमारी न्यायिक व्यवस्था खास मुकाम पर पहुँच चुकी होती। न्यायपालिका से जनमानस का यही प्रश्न है कि यदि यह राष्ट्रीय नीति चीन की न्यायपालिका को लागू करना होता तो कितना समय लगता ? चीन में प्रत्येक राष्ट्रीय नीति स्वीकृत होते ही क्रांति का रूप ले लेती है, हम सुधार करते रहते हैं, क्यों ?

□

पारिवारिक न्यायालय अधिनियम, 1984
(Family Courts Act 1984)
पूर्ण कानून बने

पति-पत्नी के सभी मामले एक जिले की एक ही पारिवारिक न्यायालय के, एक ही मामले में निर्णीत हों।

एक बेटी की विवाह पार्टी के आवश्यक/फालतू खर्चों एवं दहेज प्रथा के कारण बेटी के पिता को कर्ज लेना ही पड़ता है। बेटी के विवाह का यही कर्ज, गर्भ में पल रही दूसरी बेटियों के लिए अभिशाप हो जाता है। बेटी का यही विवाह समाज को संदेश देता है कि बस, बेटी को धरती पर आने से रोक दो! क्यों? क्योंकि विवाह के बाद फिर तलाक, फिर बेटी बाप के घर। विवाह के कर्ज से उबरे नहीं, बेटी फिर घर में, फिर तलाक का केस एक, फौजदारी का केस दो, गुजारे का केस तीन! बेटी के बाप को मरने के लिए तीन केस बहुत हैं। फिर कहेंगे, बेटी बचाओ। सच में, बेटी बचाना है तो विवाह की वर्तमान अमीर संस्कृति को बदलना पड़ेगा। दहेज प्रथा को खत्म करना होगा। पारिवारिक न्यायालय अधिनियम को सटीक कानून बनाना पड़ेगा।

शादी के ताम-झाम से लगता है कि यह संबंध कई जनमों तक चलेगा, किंतु कच्चे धागों से बँधा यह बंधन शीशे की तरह टूट जाता है। टूटे रिश्तों को जोड़ने या तलाक पूर्ण होने में न्यायालय इतना देर कर देते हैं कि उनकी उम्र खत्म हो जाती है। कर्ज में डूबा पिता स्वर्ग सिधार जाता है। पति-पत्नी आपस में नहीं, बल्कि जीवन से समझौता करके शेष जीवन काट लेते हैं। अमीरों पर फर्क कम हो सकता है, गरीब बाप की बेटी मायके की मजदूरनी हो जाती है। प्रकाश से दूर, अंधकार से गले मिलकर कोर्ट के चक्कर काटते हुए थककर जीवन हार जाती है। निर्दोष पक्ष (पत्नी

अथवा पति) के लिए विवाह ही अभिशाप बन जाता है।

इसी समस्या के हल के लिए ही संसद् ने 1984 में पारिवारिक न्यायालय अधिनियम बनाया। अधिनियम का उद्देश्य था कि—

(अधिनियम की प्रस्तावना दिनांक 14.09.1984)

"पारिवारिक न्यायालय की स्थापना इस दृष्टि से की जाए कि—

- **विवाह संबंधी विवादों को, एवं**
- **पारिवारिक मामलों को, और**
- **वे सब मामले, जो उनसे जुड़े हों में समझौते को प्रोत्साहित किया जाए एवं त्वरित निस्तारण सुनिश्चित किया जाए।"**

किंतु ऐसा हुआ नहीं, क्योंकि कानून में आधारभूत दो गलतियाँ हो गईं—

प्रथम गलती—प्रस्तावना के तीसरे बिंदु 'वे सब मामले, जो उनसे जुड़े हों', अर्थात् पति-पत्नी से जुड़े सभी मामले, जैसे—

- दहेज लेन-देन के मामले—दहेज प्रतिषेध अधिनियम।
- द्विविवाह धारा 494 भा.द.वि. के मामले।
- पति द्वारा पत्नी पर अत्याचार—धारा 498 ए भा.द.वि.।
- घरेलू हिंसा कानून के तहत पत्नी के अधिकार के मामले, पारिवारिक न्यायालय ऐक्ट की परिधि में नहीं लिये गए, क्योंकि यह फौजदारी मामले हैं, जो दंड प्रक्रिया संहिता से संचालित हैं, यद्यपि द.प्र.सं. की धारा 125 को पारिवारिक न्यायालय में शामिल कर लिया है।

परिणाम यह निकला कि पारिवारिक न्यायालय कानून बनने के बाद भी फिर वही ढाक के तीन पात हो गए। पति-पत्नी के बीच तलाक के मुकदमे के साथ उपरोक्त चार विवादों के लिए अन्य कई न्यायालयों में कई मुकदमे लड़ने पड़ते हैं। सभी न्यायालयों के सभी मुकदमों में विवाद का तथ्य एक ही है, किंतु एक ही विवाद के कई मुकदमें, कई न्यायालयों में चलते हैं। उन्हीं पक्षकारों की हाजिरी, उन्हीं की गवाही, एवं अन्य कार्यवाहियों का बोझ कई न्यायालय उठाते हैं। कई न्यायालयों का अकूत वक्त बर्बाद होता है, केवल इसलिए कि कानून बनानेवालों ने तकनीकी खामी से बचने के लिए चूक कर दी। यह चूक इतनी महँगी पड़ती है कि अनेक राज्यों की, अनेक जिलों की, अनेक कोर्टों में, अनेक मुकदमे लड़ते-लड़ते दो जीवन बर्बाद होते हैं। **बेटी के बाप की मौत समाज में यह संदेश छोड़ जाती है कि 'बेटी मत पैदा करना'।** एक ही विवाद को निपटाने में अनेक कोर्टों का बेशकीमती समय बर्बाद होता है, अर्थात् जिस उद्देश्य से पारिवारिक न्यायालय की

स्थापना की गई, वह असफल हो गया।

कानून की इस चूक को हम इस प्रकार समझ सकते हैं कि दीवानी प्रक्रिया संहिता की धारा 10 पूर्व न्याय एवं धारा 11 प्राङ्गन्याय के अनुसार, किसी विवाद का एक समय एक ही केस चलेगा, फिर निर्णय के बाद दोबारा उस विवाद को किसी भी अन्य मामलों में नहीं उठाया जाएगा। इसी सिद्धांत का दंड प्रक्रिया संहिता की धारा 300 में इस प्रकार उल्लेख है कि एक ही अपराध के लिए एक व्यक्ति को दो बार विचारण नहीं किया जाएगा। इस प्रकार, दोनों प्रक्रिया कानूनों में दोबारा विचारण को रोकने का स्पष्ट प्रावधान है, किंतु पति-पत्नी के लिए एक ही विवाद के कई मामले कई न्यायालयों में चलते हैं, यह प्रक्रिया विधि के विरुद्ध है। चूँकि प्रक्रिया कानून (दीवानी एवं फौजदारी) सबके लिए दो हैं, तो पति-पत्नी के लिए भी दो ही रखे गए। कानून बनानेवालों ने पति-पत्नी के विवादों को दो व्यक्तियों के बीच हुए विवादों की तराजू में तौल दिया। यह भूल गए कि पति-पत्नी की दो आत्माएँ मिलकर एक शिशु, एक नए जिस्म की रचना करती हैं। वे दो नहीं, एक जिस्म, एक जान हैं। उनके लिए प्रक्रिया कानून दो नहीं, एक ही होना चाहिए। एक जिस्म, एक जान के लिए दो प्रक्रिया कानून क्यों? इस प्रकार, इस तकनीकी खामी को हल करके पति-पत्नी के लिए एक तीसरी प्रक्रिया कानून बनाकर पारिवारिक न्यायालय अधिनियम 1984 में जोड़ दिया जाए। परिवार न्यायाधीश को परिवार के सभी विवाद (आपराधिक व दीवानी) एक ही मामले में निर्णीत करने का क्षेत्राधिकार प्रदान किया जाए। इस नए कानून को भूतलक्षी प्रभाव दिया जाए। परिणाम इतने अच्छे आएँगे कि पति-पत्नी के बीच के एक ही जिले के हजारों मामले तत्काल ही कुछ सौ मामलों में सिमट जाएँगे। **तब पति-पत्नी के सभी विवाद एवं तथाकथित अपराध सिमटकर/मिक्स होकर एक केस की पतली पाइप लाइन से गुजरेंगे होंगे, तब वही पतली पाइप लाइन पर समझौता, मध्यस्थता, ए.डी.आर. का तीक्ष्ण प्रहार करके, पाइप लाइन को तोड़कर, पति-पत्नी को एक कर देना या हमेशा के लिए अलग-अलग कर देना आसान हो जाएगा। तब पारिवारिक न्यायालय ऐक्ट की प्रस्तावना का उद्देश्य पूर्ण होगा।**

दूसरी गलती—प्रस्तावना कहती है कि समझौतों को प्रोत्साहित किया जाए एवं त्वरित निस्तारण सुनिश्चित किया जाए, किंतु पारिवारिक न्यायालय अधिनियम में ऐसा प्रावधान नहीं जोड़ा गया कि पति-पत्नी के बीच के सभी मामलों को न्यायालय में जाने के पहले न्याय सदन (सचिव, जिला विधिक सेवा प्राधिकार)

में जाना नितांत आवश्यक बनाया जाए। ऐसा प्रावधान न होने से सभी मामले सीधे न्यायालय में पहुँचकर न्यायालय की प्रक्रिया में आने के बाद समझौतों में जाते हैं। प्रावधान यह जोड़ा जाए कि पति-पत्नी अपने विवाद को सचिव डी.एल.एस.ए. के पास ले जाएँ। सचिव समझौतों की कार्यवाही चलाएँ, विवाद हल न होने पर दोनों पक्ष पारिवारिक न्यायालय में जाएँ। इस प्रावधान के जुड़ने से फैमिली जज का जो समय काउंसिलिंग में लगता है, वह बचेगा। अत: ऐसा प्रावधान जोड़ा जाए। ऐसा होने से प्रथम प्रयास में ही शीघ्रातिशीघ्र विवाद हल हो सकेगा। न्यायालय तक जाने की नौबत ही नहीं आएगी अन्यथा वर्तमान कानून तो पति-पत्नी को किसी निष्कर्ष पर पहुँचने से रोकते हैं। दीवानी-फौजदारी के अनेक अंतहीन मामलों में उलझाकर एक-दूसरे को सबक सिखाने, यानी बर्बाद कर देने अथवा दौड़ाकर परेशान करने की प्रेरणा देते हैं।

वर्तमान कानून से एक पक्ष, जो स्वयं गलती पर है, यदि चाह ले तो अपनी गलती के लिए दूसरे निर्दोष पक्ष के जीवन को बर्बाद कर सकता है। मैं बर्बाद हुआ तो क्या, तुमको भी बर्बाद करके छोड़ूँगा, ऐसी कानूनी खामियों के कारण पति-पत्नी के साथ न्यायालय भी बर्बाद हो ही रहे हैं। विवाद दीवानी है या फौजदारी, यह कानून की समस्या है, पति-पत्नी की नहीं। पति-पत्नी के बीच विवाद एक ही है कि या तो वे पति-पत्नी की तरह रह सकते हैं या नहीं। अंतिम सत्य यह है कि पति-पत्नी के बीच विवाद होते हैं, अपराध नहीं। अपराध तो विवादों के हल न होने पर अंतिम परिणति है।

पारिवारिक न्यायालय ऐक्ट में एक और मूलभूत संशोधन आवश्यक है

सर्वविदित है कि यदि चारित्रिक दोष का विवाद न हो, तो भारतीय पति-पत्नी के सभी विवादों का मूल कारण है, **"आज की विश्वव्यापी संस्कृति, के अनुसार पत्नी को सास-ससुर से अलग अपने पति और बच्चों के साथ रहने का कानूनी मौलिक अधिकार नहीं है।"** विगत दो-तीन दशकों से सभ्य पत्नी ससुराल आने के प्रथम दिन से ही शर्म-संकोच-हया के बीच बहाने बनाकर इसी अधिकार की माँग करती दिखाई पड़ती है। पति भारतीयता और भारतीय प्राचीन संस्कृति की दुहाई देते हुए माता-पिता से दूर नहीं रहना चाहता है। यही मतभेद उन दोनों के बीच विवाद को जन्म देता है। वे भाग्यशाली पति हैं, जिन्हें नौकरी मिल गई और नौकरी के बहाने बाइज्जत माता-पिता से दूर हो गए। वे दुर्भाग्यशाली हैं, जो खेती

या व्यवसाय के कारण माता-पिता के साथ रहने को मजबूर हैं। फिर सास-बहू के बीच विवाद, विवाद के बाद अपराध, घोर अपराध का जन्म होता है। फिर मुकदमे की बाढ़ आती है। अतः इन विवादों-अपराधों को रोकने के लिए विश्व संस्कृति को स्वीकार करते हुए **पत्नी को यह कानूनी अधिकार प्रदान करना उचित होगा कि यदि वह अपने सास-ससुर से अलग पति के साथ रहने का अधिकार माँगती है, तो उसे यह कानूनी मौलिक अधिकार भारी कीमत चुकाने पर प्रदान किया जाना चाहिए।** अर्थात् दांपत्य के मामलों के समझौता कार्यवाही में पति यह दलील नहीं ले सकता कि पत्नी की इच्छा के विरुद्ध वह अपने माता-पिता के साथ ही रहेगा। महिला सशक्तीकरण का यह बड़ा कदम होगा।

पति-पत्नी के बीच के प्राथमिक विवाद को यदि पारिवारिक न्यायालय ऐक्ट में नया प्रावधान जोड़कर अथवा विधिक सेवा प्राधिकार अधिनियम 1987 में संशोधन करके विवाद को प्रथमतः न्याय सदन में मध्यस्थता/समझौतों से गुजरना आवश्यक कर दिया जाए तो एक ही मुकदमे में सारी शिकायतें होगी, सारे विवाद होंगे, तो मध्यस्थों को भी एक ही समय में समझने और सुलझाने में आसानी होंगी। यही पारिवारिक न्यायालय ऐक्ट की प्रस्तावना भी कहती है।

यहाँ तक पारिवारिक न्यायालय ऐक्ट का कानून अधूरा है, इसे तदनुसार त्वरित न्याय के लिए एवं अनेक केसों को एक ही केस में निर्णित करने हेतु—

- संशोधित करके पूर्ण कानून (नई प्रक्रिया विधि समाहित हो) बनाया जाए।
- पत्नी को पति के साथ सास-ससुर से अलग रहने का अधिकार दिया जाए।
- पारिवारिक न्यायालय ऐक्ट में या विधिक सेवा प्राधिकार अधिनियम में संशोधन करके पति-पत्नी के सभी मामलों को न्यायालय में जाने के पहले विधिक सेवा प्राधिकार के न्याय सदन में जाना आवश्यक बना दिया जाए।

□

विधिक सेवा प्राधिकार अधिनियम 1987 में संशोधन

जिला, राज्य एवं राष्ट्रीय विधिक सेवा प्राधिकार को इस चित्र से समझ सकते हैं—

यह एक ऐसी एकतरफा सड़क है, जो कुछ दूर जाकर सँकरी हो जाती है। जितनी गाड़ियाँ एक तरफ से घुसती है, उतनी दूसरी तरफ निकल नहीं पातीं, क्योंकि आगे रोड सँकरी है अथवा ट्रैफिक पुलिस (न्यायालयों) की गलती से जाम है। सड़क पर जाम लगना स्वाभाविक है। ऐसे में चतुर ड्राइवर जाम से बचकर निकलने का रास्ता खोजते हैं। यदि साइड में कोई गली मिल जाए तो मुख्यमार्ग छोड़कर वे गली से बाहर आकर अपने गंतव्य को पहुँचते हैं। **यह जो गली मिल गई—यही विधिक सेवा प्राधिकार कानून है** अर्थात् मुकदमे के पक्षकारों को, जो न्यायालय के जाम से बचकर निकलना चाहते हैं, उनके लिए विधिक सेवा प्राधिकार एक नहीं, ऐसी छह गलियाँ/मार्ग देता है कि आप जाम लगी मुख्य सड़क को छोड़कर छह रास्तों में से किसी भी रास्ते से अपने विवाद/अपराध को सुलझाकर, समझौता कर न्याय प्राप्त करें।

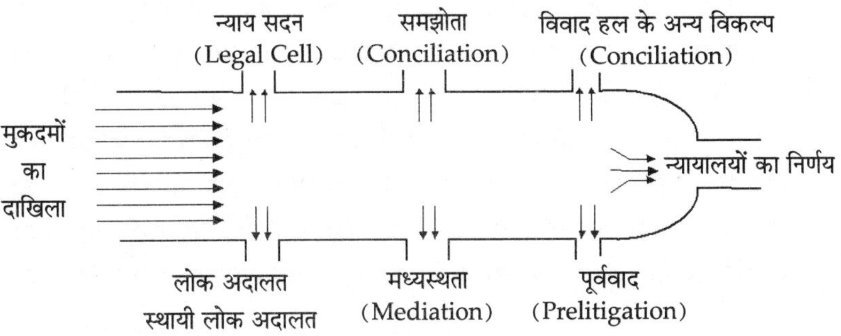

त्वरित न्याय का इससे बढ़िया कोई उपाय नहीं है। आप यकीन करें या न करें, भविष्य का न्याय यही है। न्याय सदन-न्यायालय के समानांतर हैं, न्यायालयों के फिल्टर हैं। चेक वापसी एवं दांपत्य मामलों, मोटर दुर्घटना दावा, श्रमिक विवाद एवं लोक सेवा के विवाद के लिए न्याय सदन में अनेक विशेष सेल हों। अधिवक्ता, विशेषकर कनिष्ठ अधिवक्ता, समाज के सम्मानीय प्रबुद्ध वर्ग, अवकाश प्राप्त अधिकारी एवं कर्मचारी, लोक प्रतिनिधि एवं साफ छवि के नेता एवं पक्षकारों के विश्वास प्राप्त संभ्रांत लोग न्याय सदन के प्रमुख किरदार होंगे। त्वरित न्याय प्रदान करने में अब न्यायाधीशों की नहीं, इनकी प्रमुख भूमिका होगी। न्याय सदन के इन किरदारों का सामाजिक सरोकार होगा। न्यायालय-न्याय सदन में त्वरित न्याय होगा, दूसरी ओर समाज से अपराधी एवं अपराधों का बहिष्कार होगा। मॉक ट्रायल, मॉक मध्यस्थ द्वारा उपरोक्त सभी किरदारों का प्रशिक्षण होगा।

न्याय सदन का आधार
विधिक सेवा प्राधिकार अधिनियम, 1987

जिला विधिक सेवा प्राधिकार (न्याय सदन) वास्तव में न्यायिक व्यवस्था के समानांतर एक व्यवस्था होनी चाहिए थी। सभी प्रकार के मामले और विवाद, पूर्ववाद मामले के रूप में सचिव, जिला विधिक सेवा प्राधिकार के समक्ष आने चाहिए थे, किंतु ऐसा नहीं हुआ। 2002 में अनुच्छेद VI-A जोड़कर Prelitigation, conciliation and settlement का क्षेत्राधिकार स्थायी लोक अदालत को देकर उस पर ऐसा अंकुश लगा दिया, जिसे समझना कठिन है। वह यह कि धारा 22C स्थायी लोक अदालत को अधिकार देती है कि किसी विवाद के लिए एक पक्ष द्वारा (न्यायालय जाने के पूर्व) उसके आवेदन पर विवाद सुलझाने के लिए संज्ञान ले सकेगा, किंतु स्थायी लोक अदालत को ऐसे किन्हीं मामलों में, जो किसी अशमनीय अपराध से संबंधित हों, क्षेत्राधिकार नहीं होगा। यहाँ विवाद और अपराध के बीच के फर्क को समझना जरूरी है। विवाद के बाद अपराध होते हैं। अपराध विवाद की अग्रेतर अर्थात् बिगड़ी हुई अवस्था है। विवाद कोई भी हो, अपराध की श्रेणी में आते ही आपराधिक न्यायालय का विषय हो जाता है। तब संज्ञान केवल धारा 190 दंड प्रक्रिया संहिता में न्यायिक दंडाधिकारी लेगा। मेरी राय में आपराधिक मामला धारा 190 द.प्र.सं. का विषय है। धारा 22C विधिक सेवाएँ प्राधिकरण अधिनियम का नहीं अर्थात् विधायन ने धारा 22C में यह अंकुश लगाकर भ्रम उत्पन्न कर

दिया। धारा 22C(8) एक भ्रमित करनेवाला प्रावधान है अर्थात् जब स्थायी लोक अदालत को मेरिट पर निर्णीत करने का अधिकार नहीं तो वह निर्णीत कैसे करेगा, यदि मामला 22C(7) में पक्षकारों द्वारा निपटाया नहीं जा सका।

यहाँ उपरोक्त उल्लेख का इतना ही तात्पर्य है कि विवाद के दाखिले एवं कार्यवाही के लिए अदालत एवं स्थायी लोक अदालत में कोई फर्क नहीं है। करीब-करीब एक ही हैं तो कोई पक्षकार अपने विवाद को अदालत में न ले जाकर, स्थायी लोक अदालत में क्यों ले जाएगा, जहाँ उसे अधिवक्ता के द्वारा ही आवेदन देना है? उतना ही पैसा और समय खर्च करना है, जितना कि अदालत में न्यायमूर्ति डी.एन. पटेल ने धारा 22C की व्याख्या में स्पष्ट कर दिया कि स्थायी लोक अदालत को अनसुलझे मामले में गुण-दोष के आधार पर विचारण को क्षेत्राधिकार नहीं है, अर्थात् गुण-दोष के आधार पर विचारण के लिए उसे पुनः न्यायालय में जाना पड़ेगा।

सचिव, जिला विधिक सेवा प्राधिकार, जमशेदपुर के रूप में मैंने धारा 22C का क्षेत्राधिकार Conciliation Act के तहत अपने पास लेकर ऐसे प्रत्येक आवेदन को पूर्ववाद के रूप में निबंधित कर सुनवाई प्रारंभ की। पक्षकार द्वारा विवाद की मौखिक शिकायत पर अपने पैरालीगल वालेंटियर द्वारा आवेदन बनाकर तुरंत निबंधित कर, नोटिस जारी कर, अगली तारीख पर विवाद का निस्तारण स्वयं या मध्यस्थ को देकर करने लगे तो पूर्व वादों की बाढ़-सी आ गई। बहुत कम समय में किए गए इस प्रयोग की प्रधान जिला न्यायाधीश को छोड़कर शेष सभी ने सराहना की। पक्षकार को केवल सचिव के पास पहुँचना था।

अपने उक्त प्रयोग के आधार पर मैं इस निष्कर्ष पर पहुँचा कि धारा 22C के तहत पूर्ववाद का क्षेत्राधिकार स्थायी लोक अदालत को नहीं, बल्कि सचिव, जिला विधिक सेवा प्राधिकार को दिया जाए, जो अदालत नहीं, न्याय सदन चलाता है। वहाँ वकील नहीं, स्वयं पक्षकार आता है। न्याय सदन के मध्यस्थ उसके मामले को निस्तारित करते हैं। न्याय सदन न्यायालय के समानांतर एक व्यवस्था बने, जो प्रत्येक विवाद को न्यायालय जाने के पूर्व, पूर्ववाद के रूप में संज्ञान लेकर स्वयं या मध्यस्थों के द्वारा निस्तारित करे। अर्थात् **न्याय सदन न्यायालयों के लिए फिल्टर के रूप में कार्य करे** अर्थात् प्रत्येक विवाद न्यायालय जाने के पूर्व पूर्ववाद के रूप में न्याय सदन में निबंधित हो, विवाद का हल हो। न होने पर न्यायालय जाएँ, इस शर्त के साथ कि न्यायिक प्रक्रिया के किसी भी प्रक्रम में वे पक्षकार स्वयं की इच्छा से पुनः विवाद हल हेतु न्यायालय से न्याय सदन आ सकते हैं अर्थात् न्यायालय को

जानेवाला रास्ता न्याय सदन से होकर जाए। न्यायालय वही जाए, जो न्याय सदन में हल नहीं पाए।

धारा 107 द.प्र.सं. के मामले

न्याय सदन की बढ़ती लोकप्रियता एवं सब डिवीजनल मजिस्ट्रेट न्यायालय की अलोकप्रियता के आलोक में मेरी राय में अध्याय 8 दंड प्रक्रिया संहिता की धारा 106 से 124 तक (धारा 109 को छोड़कर) का क्षेत्राधिकार सचिव, जिला विधिक सेवा प्राधिकार को दिए जाएँ। कारण, कि इस अध्याय के मामले/विवाद ही यदि विधित: ढंग से हैंडल न किए गए तो प्राय: अपराध को जन्म देते हैं। एस.डी.एम. कोर्ट में केवल पेशी-पेशकार-वकील का खेल होकर 6 माह बाद विवाद का कोई हल निकले बिना ही मामला खत्म होता है। पक्षकारों के बीच विवाद का हल नहीं निकलता है। यदि ऐसे मामले न्याय सदन में आएँ, जहाँ सचिव के मध्यस्थ शांति स्थापित करने के लिए विवाद का हल निकालकर दोनों पक्षों के मध्य विवाद का निपटान कर दें, तो भविष्य में समाज में शांति भंग से होनेवाले कई अपराधों का अंत हो जाएगा। अत: संशोधन कर अध्याय 8 द.प्र.सं. का क्षेत्राधिकार सचिव, जिला विधिक सेवा प्राधिकार अर्थात् न्याय सदन को दिया जाना चाहिए।

- न्याय सदन, न्यायालय के समानांतर हो, किंतु न्यायालय न हो।
- मामलों का निस्तारण हो, किंतु न्यायिक प्रक्रिया न हो।
- मध्यस्था हेतु 4-6 तारीखें हों, किंतु मध्यस्थता स्थगित न हो।
- मामलों के बढ़ने के साथ मध्यस्थों (अधिवक्ताओं) की संख्या बढ़ाई जाए।
- न्याय सदन में अधिवक्ताओं की प्रमुख भागीदारी हो। वे मध्यस्थ के रूप में हों अथवा अवैतनिक दंडाधिकारी के रूप में।

□

विचारण में विलंब : पक्षकारों की अनुपस्थिति, उपस्थिति का उपाय ?

सभी न्यायाधीश व अधिवक्ता इस बात से सहमत हैं कि अन्य कारणों के साथ विचारण में देरी का प्रमुख कारण निम्नांकित की अनुपस्थिति है। वह चाहे जानबूझकर हो, अधिवक्ता की सलाह पर हो, मजबूरी में हो या सूचना के अभाव में।

1. शिकायतकर्ता एवं गवाह की अनुपस्थिति।
2. अभियुक्त की अनुपस्थिति।
3. डॉक्टर एवं अनुसंधान अधिकारी की अनुपस्थिति।

उपरोक्त की अनुपस्थिति के कारण न्यायाधीश चाहकर भी कुछ नहीं कर पाते। इनको उपस्थिति हेतु विवश करने के लिए समन, जमानती वारंट, गैर जमानती वारंट या कुर्की, यही चार तरीके हैं। इनको तामील करने का तरीका कम-से-कम माओवाद प्रभावित राज्यों में फेल है। न्यायाधीश जब कुछ कर सकते थे, तब किया नहीं। हाथ से समय निकल गया तो चाहकर भी वे कुछ नहीं कर सकते। एक बार हाथ आई मछली को जाने दिया कि बाद में हमारे जाल में आ जाएगी, तो इसे क्या कहेंगे ? दूसरी तरफ, जब अभियुक्त एवं गवाहों के बंध-पत्र फाइल पर हैं तो इनके अनुपस्थित होने पर इनके बंध-पत्र की राशि न्यायाधीश क्यों नहीं जब्त करते ?

अभियुक्त की उपस्थिति कैसे सुनिश्चित हो

प्रथम उपाय—प्रारूप 45 में संशोधन एवं गवाहों का बंध-पत्र लेना अत्यंत सरल है। अभियुक्त प्रथम बार जब न्यायालय में स्वयं आया अथवा पुलिस गिरफ्तार करके लाई, उसकी जेल अथवा घर जाने की शर्त एक ही हो अर्थात् निश्चित

तारीख पर पुनः वापस आने की शर्त। जैसे 15 दिन बाद जेल से फिर न्यायालय लाया जाएगा, उसी प्रकार जमानत होने पर बंध-पत्र के प्रारूप 45 में 90 दिन बाद पुनः न्यायालय आने की शर्त हो अर्थात् जमानत बंध-पत्र के प्रारूप संख्या 45 को संशोधित किया जाए कि बंध-पत्र देने के 90 दिन बाद दिनांक (लाल स्याही से) को न्यायालय में हाजिर हो, यह वाक्य जोड़ा जाए। प्रारूप 45 में तारीख निश्चित न होने के कारण अभियुक्त स्वयं अँधेरे में रहता है कि न्यायालय कब आना है? यदि प्रारूप 45 बंध-पत्र में तारीख निश्चित कर दी जाए, तो मामले में संज्ञान के बाद सम्मन या वारंट भेजने की फालतू कवायद न्यायालय को नहीं करनी पड़ेगी। अभियुक्त यदि बंध-पत्र की निश्चित तारीख को नहीं आता है, तो उसकी जमानत धनराशि जब्त कर ली जाएगी एवं प्रारूप द.प्र.सं.-48 के अनुसार उसी समय जमानतदारों (प्रतिभुओं) को 'कारण बताओ' नोटिस जारी किया जाएगा। **यहाँ तक प्रारूप 45 व 48 को संशोधित किया जाए कि 'जमानत धनराशि जब्त की जा सकेगी' के स्थान पर 'जब्त कर ली जाएगी' जोड़ा जाए एवं 'कारण बताओ' नोटिस जारी किया जा सकेगा' के स्थान पर 'कारण बताओ किया जाएगा' वाक्य जोड़ा जाए।** प्रारूप 45 में ही अभियुक्त उसके अधिवक्ता एवं अभिभावकों एवं जमानतदारों के मोबाइल नं. इ-मेल, फैक्स आदि अंकित करने का प्रावधान जोड़ा जाए।

उपरोक्त प्रकार के संशोधन के पर्याप्त कारण हैं, यह कि दंड प्रक्रिया संहिता की द्वितीय अनुसूची के अवलोकन से यह एक विडंबना ही प्रतीत होती है कि आखिर जब धारा 81 द.प्र.सं. के तहत गिरफ्तारी के बाद जमानतीय मामलों में पुलिस अभियुक्त का बंध-पत्र लेती है, तब उस बंध-पत्र के प्रारूप 3 पर न्यायालय में हाजिर होने की तारीख निश्चित करते हुए ही अभियुक्त का हस्ताक्षर लेती है। तब प्रारूप 45 में भी तारीख निश्चित करने का प्रावधान क्यों नहीं है? ऐसा होना चाहिए, यहाँ तक प्रारूप 45 व 48 को संशोधित किया जाए।

कुछ न्यायाधीशों की राय है कि प्रारूप 45 में तारीख कैसे दी जा सकती है, जब तक यह पता न चले कि पुलिस आरोप-पत्र कब तक समर्पित करेगी? यह तथ्य इसलिए अनुचित है कि यदि प्रारूप 45 में अभियुक्त को तारीख नहीं देते, तो प्रारूप 29 में गवाह और शिकायतकर्ता को तारीख क्यों और किस आधार पर देते हैं? 15-15 दिन की छह तारीखे रिमांड में क्यों देते हैं? यही यह उल्लेख आवश्यक है कि धारा 170 द.प्र.सं. के तहत यही बंध-पत्र जब पुलिस गवाहों एवं शिकायतकर्ता से लेती है, तो प्रारूप 29 के बंध-पत्र में सभी गवाहों को न्यायालय में गवाही के

लिए हाजिर होने की तारीख निश्चित करते हुए बंध-पत्र लेती है अर्थात् 170 के तहत गवाहों को न्यायालय में हाजिर होने हेतु तारीख देने का प्रावधान प्रारूप 29 में है। किंतु अफसोस कि प्रावधान के बावजूद पुलिस कभी भी गवाहों से बंध-पत्र लेती ही नहीं है, न्यायालय माँगते भी नहीं हैं। यह न्यायालय की कार्य-संस्कृति की भूल-चूक है।

प्रारूप 45 में संशोधन का दूसरा लाभ यह है कि तारीख निश्चित रहने पर फाइल की तारतम्यता बनी रहती है। आरोप-पत्र नहीं भी दाखिल हुआ तो भी अभियुक्त न्यायालय में आकर अपने केस की प्रगति को जान सकेगा। कुछ अभियुक्त जानबूझकर बुरे आशय से अनुपस्थित रहते हैं, जैसे गवाहों को अपने पक्ष में करने हेतु या मामलों को लंबा खींचने के लिए या सजा के डर से अधिवक्ता के सुझाव पर अनुपस्थित रहते हैं। ऐसे अभियुक्त प्रारूप 45 में तारीख निश्चित होने पर भाग नहीं पाएँगे। यदि भागते हैं, तो जमानत राशि जब्त होगी, क्योंकि तारीख की सूचना का सबूत बंध-पत्र पर अभियुक्त का हस्ताक्षर है।

दूसरा उपाय—लुप्त हो गई कार्य-संस्कृति को पुर्नजीवित करना। द.प्र. सं. की धारा 446 यह प्रावधान करती है कि यदि अभियुक्त अनुपस्थित होता है, उसका बंध-पत्र जब्त किया जाता है, तब न्यायालय प्रतिभुओं को 'कारण बताओ' नोटिस जारी कर सकता है' कि क्यों न जमानत धनराशि जब्त कर ली जाए। यह जो वाक्य **'कारण बताओ' नोटिस जारी कर सकता है'** अर्थात् नहीं भी कर सकता है, बस इसी 'नहीं भी कर सकता है' को न्यायाधीश ने ऐसा पकड़ लिया कि 100 प्रतिशत मामलों में 'शोकाज' करना बंद कर दिया। यही न्यायालयों की कार्य-संस्कृति बन गई। पूरे सेवाकाल में, वे 'शोकाज' जारी नहीं करते। इस प्रकार, प्रतिभू देने का प्रावधान और प्रतिभू लेने की न्यायिक कार्यवाही ही व्यर्थ हो गई। **अतः संशोधन करके Court may show cause को Court shall show cause किया जाए,** ताकि अभियुक्त अनुपस्थिति के मामले में अभियुक्त और प्रतिभुओं को पैसा जमा करना पड़ेगा, तब समाज में संदेश जाएगा कि सोच-समझकर जमानतदार बनें। यह नई संस्कृति विकसित होगी, जो आवश्यक है। तब जमानतदार को 'कारण बताओ' नोटिस मिलते ही वह पैसा जमा करने के बजाय अभियुक्त को लाकर कोर्ट में खड़ा कर देगा। इसी कार्य-संस्कृति के लुप्त हो जाने के कारण संयुक्त बिहार में अभियुक्त की उपस्थिति सुनिश्चित करना टेढ़ी खीर हो गया है। इस संशोधन के बाद प्रत्येक फाइल पर अभियुक्त के अनुपस्थित होने पर ऑर्डरशीट निम्न प्रकार लिखी जाएगी—"गैर-जमानती वारंट जारी किया जाता है,

अभियुक्त का बंध-पत्र रद्द किया जाता है, उसकी जमानत धन राशि जब्त की जाती है। ओ.सी. प्रतिभुओं के विरुद्ध कारण बताओ नोटिस जारी करें कि क्यों न प्रतिभुओं की भी जमानत राशि जप्त कर ली जाए?"

अमेरिका में सैन डिएगो के स्टेट कोर्ट में मैंने देखा—जमानत आदेश में 20,000 डॉलर का बँध-पत्र एवं 2000 डॉलर नकद जमा करने का आदेश था। तब मुझे लगा कि यदि भारत में भी न्यायालय ऐसे ही सख्त आदेश देना शुरू करें, प्रक्रिया विधि का सख्ती से पालन करें तो अभियुक्त या गवाह, भागकर कहाँ जाएँगे? (एक डॉलर = सत्तर रुपए)

स्पीडी ट्रायल एक्ट में सम्मन, वारंट या उनकी तामील का कोई झंझट नहीं होगा। समय-सीमा प्रत्येक स्टेज की तय होगी। अभियुक्त हो या गवाह, सबको समय-सीमा का पालन करते हुए पूर्व से निर्धारित तारीख पर आना होगा। सर्वोच्च न्यायालय ने राम रामेश्वरी देवी बनाम निर्मला देवी (2011)8 SCC 249 के मामले में अवधारित किया है कि दीवानी मामलों में लिखित कथन से लेकर निर्णय तक की तारीखें निश्चित की जानी चाहिए।

तीसरा उपाय—तीसरा उपाय सूचना तकनीक का है। बंध-पत्रों के प्रारूप 29-45 में संशोधन के बाद अंकित मोबाइल फोन, इ-मेल या फैक्स पर अभियुक्त या उसके परिवार के सदस्यों को फोन पर तारीख की सूचना देकर उन्हें न्यायालय में बुलाया जा सकता है।

चौथा उपाय—धारा 72-73 द.प्र. संहिता प्रावधान करती है कि वारंट की तामील कोई भी व्यक्ति या समूह कर सकता है। अतः न्यायपालिका (सिविल कोर्ट) किसी प्राइवेट एजेंसी की सेवाएँ लेकर सम्मन एवं जमानतीय वारंट तामील का कार्यभार सौंप सकती है। प्राइवेट एजेंसियाँ माओवादी प्रभावित गाँव में बेखौफ जाकर (यहाँ पुलिस नहीं जाती है) तामील कर सकती हैं। संविदा के आधार पर प्राइवेट एजेंसी से यह सेवा लेना अत्यंत हितकर होगा। यह सेवा सस्ती, सुलभ एवं विश्वसनीय होगी। कम पैसे में सही, तामील करेंगी। न्यायालय के कर्मचारी की तरह फर्जी रिपोर्ट नहीं लगाएगी।

गवाहों की उपस्थिति का उपाय क्या

यह प्रक्रिया विधि की कमी है, न्यायाधीश की भूल थी या न्यायालयों की कार्य-संस्कृति, इसी की पड़ताल करते हैं—द.प्र.सं. की धारा 170 के तहत पुलिस ने गवाहों एवं शिकायतकर्ता से गवाही हेतु न्यायालय में हाजिर होने का बंध-पत्र न्यायालय में

दिया नहीं था, न्यायालय ने माँगा भी नहीं था। सच यह है कि पुलिस ने गवाहों से ऐसा कोई बंध-पत्र लिया ही नहीं था। अतः गवाहों को पता नहीं रहता कि गवाही के लिए कब और कहाँ जाना है? फाइल पर इनके बंध-पत्र न रहने से इनके विरुद्ध सख्त कार्यवाही करने का कोई उपाय न्यायाधीश के पास नहीं है। न्यायालय में विलंब से उपस्थित होने पर गवाह का एक ही तर्क है कि हमें सूचना नहीं मिली थी, हमें सम्मन नहीं मिला था। ऐसा हो भी सकता है, यकीन करने का आधार है। यदि पुलिस ने धारा 170 द.प्र.सं. में शिकायतकर्ता सहित सभी गवाहों के निजी बंध-पत्र (निजी मुचलके) लिये होते, प्रारूप 29 में उन्हें तारीख दी होती अथवा यहाँ धारा 167-171 तक प्रक्रिया विधि में सुझाए गए संशोधन अनुसार, सभी गवाहों ने अभियुक्तों के प्रथम रिमांड के समय न्यायालय के समक्ष उपस्थित होकर बंध-पत्र दिए होते, तो न्यायाधीश उनके निजी मुचलकों की धनराशि जब्त करते हुए उनके विरुद्ध कार्यवाही कर सकते थे। ऐसा कार्य-संस्कृति में नहीं है। अतः प्रावधान को आदेशात्मक बनाया जाएँ। **गवाहों को हाजिर करने का दायित्व लोक अभियोजक एवं अनुसंधान अधिकारी पर डाला जाए, न्यायालय पर नहीं।** यदि गवाह एवं अभियुक्त ठीक समय पर न्यायालय में उपस्थित हो जाए, तो किसी भी मामले का निस्तारण दो वर्षों में हो ही जाएगा। सिस्टम चाहे कितना ही फेल क्यों न हो।

3. डॉक्टर एवं अनुसंधान अधिकारी—इनकी अनुपस्थिति का कारण है, विचारण में किया गया विलंब। यदि 2 वर्ष विचारण की समय-सीमा तय होती तो सभी अनुसंधान अधिकारी एवं डॉक्टर उसी जिले में मिल जाएँगे। विचारण 5-10-20 वर्षों में होगा, तब तक वह स्थानांतरित होकर अन्यत्र चले गए, सेवानिवृत्त या स्वर्गवासी हो गए, ये जानकारियाँ पाना न्यायालय एवं लोक अभियोजक पर भारी पड़ती हैं। अतः पूर्व से विलंबित विचारण आगे इनके लिए विलंबित होने लगता है। हालात न्यायाधीश के नियंत्रण से बाहर निकल जाते हैं। तारीखों का लंबा सिलसिला खिंचता जाता है।

उपाय—

1. उनके एवं सुपरवाइजरी डी.एस.पी. के मोबाइल नंबर व इ-मेल चार्जशीट में हो, विचारण के प्रथम तारीख से ही सभी तारीखों की सूचना उनको दी जाए। न्यायालय का फोन नंबर उनको दिया जाए, ताकि वे न्यायालय के संपर्क में रहें, उचित समय पर उपस्थित हो जाएँ।
2. कॉल डाटा रिकॉर्डर से प्रिंट आउट निकालकर न्यायालय की फाइल पर तारीख की सूचना का सबूत रखें।

3. अनुसंधान अधिकारी अपना व डॉक्टर का निजी बंध-पत्र भी आरोप-पत्र के साथ दाखिल करें, ताकि आवश्यक होने पर निजी बंध-पत्र की धनराशि जब्त की जा सके। पैसा जमा कराया जाए, तब डॉक्टर और आई.ओ. भी अपनी कार्य संस्कृति को बदलेंगे।
4. यदि विचारण का परिणाम दोषमुक्ति होना निश्चित हो जाए, तब लोक अभियोजक ऐसे गवाहों को Discharge करके उनके मोबाइल पर सूचित करें कि साक्ष्य के लिए न्यायालय आने की जरूरत नहीं है, ताकि उनका कीमती समय बच सके।

कार्य-संस्कृति का एक उदाहरण—एक बार पटना सिटी कोर्ट में छोटे अपराध के विचारण में जमानत के लंबे दुरुपयोग का मामला था। वकील साहब ने अभियुक्त का समर्पण कराया और कहा कि हुजूर, इसे जेल में कब तक रखेंगे? उसके बाद ही मैं जमानत आवेदन दूँ। मैंने कहा, अभी दीजिए, मैं जमानत दे दूँगा। जमानत आवेदन पर मैंने ऑर्डर शीट लिखकर वकील साहब को पढ़ने को दे दिया। वे सकते में आ गए, कहा कि हुजूर मर जाएगा। इसे जेल भेज दीजिए, लेकिन बंध-पत्र की धनराशि जब्त मत कीजिए। मैंने कहा, इस अभियुक्त को जमानत तो उच्च न्यायालय ने दी है, मेरे न्यायालय ने तो केवल बंध-पत्र लिया है। अतः धारा 446 में मुझे केवल बंध-पत्र की धनराशि जब्त करने की शक्ति है। उच्च न्यायालय द्वारा प्रदत्त जमानत आदेश मैं कैसे रद्द कर दूँ? वकील साहब परेशान, अभियुक्त अभिरक्षा में। थोड़ी देर बाद अध्यक्ष बार एसोसिएशन के साथ वकीलों का एक समूह आया। तर्क दिया कि हुजूर, यहाँ तो ऐसा नहीं होता, मैंने कहा, यदि नहीं होता तो गलत होता है। प्रक्रिया विधि पर बहस हुई, सभी अधिवक्ता निरूत्तर हो गए। फिर निवेदन किया कि रु. 5000 की राशि को घटा दिया जाए। वास्तव में, अभियुक्त गरीब था। अतः मैंने आवेदन लेकर रु. 5000 को 500 कर दिया। शाम होने के पहले 500 रुपए जमा करके नए बंध-पत्र दाखिल करके वकील साहब अभियुक्त के साथ खुश होते हुए चले गए। फिर पटना शहर में इस बिंदु पर बहस छिड़ गई। अन्य न्यायाधीश भी शामिल हुए। 15 अगस्त का पूरा दिन इसी बहस में बीत गया। अभी बहस पूरी नहीं हुई। मैं चाहता हूँ कि ऐसी बहस फिर से सभी बार एसोसिएशन में हो। निष्कर्ष जो भी आए, उसे न्यायालयों की नई कार्य-संस्कृति के रूप में, सही प्रक्रिया को स्वीकार करना चाहिए।

□

अधिवक्ता-न्यायाधीश-पुलिस भागीदारी

- अधिवक्ता न्यायालय का अंग है। यह जुमला है, हकीकत नहीं। केवल मुख्य पृच्छा जिरह एवं बहस के अलावा दीवानी-आपराधिक न्यायिक व्यवस्था एवं न्याय निर्णयन में अधिवक्ता की क्या भूमिका है? विधि स्नातक के रूप में अपार शक्ति एवं अपार संख्या भारतीय न्यायपालिका के हाथ में है। कनिष्ठ अधिवक्ता होने का अपना मजा है। जीवन संघर्ष, कम काम कम पैसे के रूप में होता है। वह प्रत्येक समय अधिक काम, अधिक पैसे की तलाश में कुछ भी करने को तैयार रहता है।
- सच में, अधिवक्ता न्यायपालिका का अभिन्न अंग हो सकते हैं, क्योंकि न्यायाधीश के समान ही विधिक ज्ञानवान हैं। संख्यानुसार गणना करें तो 30-40 न्यायाधीशों पर 1,000-1,500 अधिवक्ता हैं। स्वाभाविक है कि अनेक अधिवक्ता या तो वरिष्ठ के साथ कार्य साझा करते हैं या 'कम काम-काम नहीं' की स्थिति में होते हैं। योग्य विधि स्नातक को कार्य देकर उसकी प्रतिभा का उपयोग करके न्यायिक व्यवस्था को गतिमान किया जा सकता है।
- दूसरी तरफ पुलिस एजेंसी है, जिसे विधि का सम्यक् ज्ञान नहीं होता। ये संख्या में अत्यंत कम होते हैं, किंतु अनुसंधान अधिकारी के रूप में आपराधिक न्याय व्यवस्था में महत्त्वपूर्ण भूमिका अदा करते हैं। आपराधिक मामलों की नींव रखते हैं। यह अंग्रेजों द्वारा दी गई प्रतिद्वंद्वात्मक व्यवस्था (Adversarial System) का बुरा परिणाम है।
- वर्तमान न्यायिक व्यवस्था की असफलता के पीछे कारण यही पुलिस एजेंसी है, जो प्राय: प्रत्येक समय अति विशिष्ट व्यक्तियों ड्यूटी या विधि-व्यवस्था में व्यस्त रहती है, अनुसंधान का समय नहीं होता। दूसरी ओर

विधि स्नातक के पास विधिक कार्य कम है। वे अनवरत विधिक कार्य की तलाश में रहते हैं।

- **मेरी राय में इस अपार शक्ति को दीवानी एवं आपराधिक मामलों में प्रथम सूचना रिपोर्ट से लेकर सुलह या निर्णय तक तथा दीवानी में वाद दाखिला से सुलह या न्याय निर्णयन तक न्यायिक व्यवस्था में महत्त्वपूर्ण भागीदारी दी जानी चाहिए। न्यायिक व्यवस्था परिवर्तन के लिए नए प्रयोग करने में नए जोखिम तो लेने होंगे।**
- ऐसा होने पर अधिवक्ता अपने को न्यायपालिका द्वारा आर्थिक रूप से संरक्षित समझेंगे। आर्थिक भार पक्षकार उठाएँगे। न्यायिक व्यवस्था के भीतर आय का अन्य स्रोत बन जाने पर वे हाथ में आए मामले को जल्दी निपटाने में न्यायाधीश को सहयोग करेंगे अन्यथा हाथ आए केस को लंबा खींचना आय के स्रोत के लिए उनकी नीति होती है। अधिवक्तागण तब अपने ग्राहक से पूरे मामले की फ़ीस तय करके संविदा आधार पर मामले को आनन-फानन में निपटाने का प्रयास करेंगे।
- यह महत्त्वपूर्ण बंदु भी विचारणीय है कि यदि मालीमाथ कमेटी की संस्तुतियाँ लागू होती हैं, तब अंतर्निहित व्यवस्था (Inquistorial System) में सत्यता की खोज के लिए न्यायाधीश को अनुसंधान में हस्तक्षेप करने का अधिकार होगा। धारा 161-171 द.प्र.सं. के संशोधन में (देखें, दंड प्रक्रिया संहिता में संशोधन) दिए गए सुझावों के अनुसार, छोटे मामलों में यदि सूचक शिकायतकर्ता और गवाहों को प्रथम रिमांड के अवसर पर न्यायिक दंडाधिकारी के समक्ष उपस्थित होने का प्रावधान होता है, तो ठीक प्रथम रिमांड के समय न्यायालय कनिष्ठ अधिवक्ता की पैनल सूची से क्रमवार अधिवक्ता को मोबाइल फोन से बुलाकर, सूचक एवं गवाहों का धारा 161 का बयान अंकित कर, उनका हस्ताक्षर लेकर तत्काल अपने समक्ष प्रस्तुत करने का आदेश दे सकता है।
- इस प्रकार, पुलिस द्वारा जिस बयान को अंकित करने में सालोसाल लग जाते हैं, वहीं बयान विधि स्नातक तत्काल उसी दिन, उसी समय अंकित करके न्यायालय में दाखिल करेगा। अनुसंधान पूर्ण हो जाएगा, अधिवक्ता को सूचक/गवाह से उसके ऑनरेरियम (सम्मान राशि) तत्काल मिल जाएगा। पुलिस का कीमती समय बचेगा। इस प्रकार अनुसंधान में विधि

स्नातक की बड़ी भागीदारी भी हो गई, पुलिस का समय बच गया, अनुसंधान भी पूर्ण होने के करीब है, न्यायाधीश को मामले की सच्चाई का पता चल जाएगा। अधिवक्ता को रिपोर्ट देने का अधिकार दिया जा सकता है।

- अंतर्निहित व्यवस्था (Inquistorial System) की यही खूबी है कि दोषसिद्धि की दर 40-60 प्रतिशत तक हो जाती है। पुलिस, रिश्वत के लिए जो मामले को हानि पहुँचाती है, वह रुक जाएगा। पुलिस को रिश्वत के स्थान पर अधिवक्ता को निर्धारित सम्मान राशि प्राप्त होगी। इस प्रकार, विधि स्नातक का उपयोग होगा। पुलिस का कार्य भार घटेगा।
- सन् 2000 में दीवानी प्रक्रिया संहिता में संशोधन करके मुख्य पृच्छा का शपथ-पत्र दाखिल होने पर जिरह लिखने का कार्य अधिवक्ता को दिया गया है। 2001 में मुंसिफ, गिरीडीह के रूप में मैंने तत्कालीन प्रधान जिला न्यायाधीश स्व. प्रदीप कुमार से अधिवक्ता का पैनल बनवाकर 60 प्रतिशत महिलाओं का नाम रखवाया। प्रभाव यह हुआ कि प्राय: सभी कनिष्ठ महिला अधिवक्ता, जो बार भवन में बैठती थीं, वे किसी आशा से मेरे न्यायालय में बैठने लगीं। प्रत्येक दिन 4-6-10 गवाहों की जिरह अंकित होती थी। मुख्य पृच्छा का शपथ-पत्र दाखिल होते ही वे अपने स्थान (मेरे बड़े कक्ष के चारों कोने) पर जाकर बैठ जातीं। घंटे-डेढ़-घंटे वाद जिरह की कॉपी न्यायालय में दाखिल हो जाती। तत्काल उन्हें पक्षकार से सम्मान राशि 100/- प्राप्त हो जाती थी। कभी-कभी एक महिला अधिवक्ता को दो-दो जिरह अंकित करनी पड़ती थीं। यह 2002 की बात है।
- मेरी राय में आनेवाले समय में **न्यायालयों से अच्छी भूमिका न्याय सदनों की होगी। न्यायाधीशों से अच्छी भूमिका मध्यस्थों की होगी।** सभी अधिवक्ता न्यायाधीश नहीं हो सकते, किंतु बार के सभी अधिवक्ता मध्यस्थ हो सकते हैं। अत: चंद अधिवक्ताओं को चुनकर मध्यस्थता के प्रशिक्षण के लिए न्यायिक अकादमी भेजने से अच्छा होगा कि मध्यस्थ प्रशिक्षक को बार एसोसिएशन द्वारा बुलाया जाए, बार एसोसिएशन के खर्चे पर। बार एसोसिएशन का दायित्व हो कि सभी को प्रशिक्षण देकर मध्यस्थ की योग्यता का प्रमाण पत्र दें। जब बार एसोसिएशन के

सभी सदस्य मध्यस्थ होंगे, तब मध्यस्थता की मानसिकता बनेगी, तभी सभी मामलों में मध्यस्थता क्रांति आएगी। वादकारियों के मानसिकता में 'मध्यस्थता' मुकदमे की कार्यवाही का एक जरूरी हिस्सा होगी। जिस प्रकार अमेरिका में प्ली बारगेनिंग से गुजरना प्रत्येक मामले की कार्यवाही का हिस्सा है, उसी प्रकार मध्यस्थता की कार्यवाही से गुजरना हमारे यहाँ न्यायालय-न्याय सदनों की कार्यवाही का हिस्सा होगी। यही न्याय सदनों की न्यायिक क्रांति होगी। ऐसी भागदारी से ही अधिवक्ता न्यायालयों का अभिन्न अंग होंगे।

- उपरोक्त कथन का इतना ही तात्पर्य है कि विधि स्नातक अधिवक्ता की असंख्य अपार शक्ति व्यर्थ पड़ी है और अनुसंधान की समस्या से जूझ रही न्यायपालिका भ्रष्ट अनियंत्रित पुलिस का मुँह ताक रही है। **अतः मालीमाथ रिपोर्ट की संस्तुतियों के आलोक में दंड प्रक्रिया में संशोधन द्वारा न्यायिक व्यवस्था में अंतर्निहित व्यवस्था का समावेश करके बार-बेंच-पुलिस पार्टनरशिप का समुचित कर्तव्य सुनिश्चित किया जाना चाहिए।**
- मैंने सुना है, न्यायालय का आदेश भी देखा है, संयुक्त राज्य अमेरिका में पक्षकार के अधिवक्ता (अटार्नी)—लिखित बहस नहीं, बल्कि अपने निर्णय स्वयं लिखकर न्यायालय में अवलोकनार्थ/विचारार्थ प्रस्तुत करते हैं। यदि भारत में भी अधिवक्ता लिखित बहस के बजाय अपना-अपना निर्णय लिखकर प्रस्तुत करें तो कैसा रहेगा? इसी प्रकार, न्याय सदन में जिला विधिक सेवा प्राधिकार के सचिव के पास सैकड़ों विशिष्ट अधिवक्ताओं का पैनल होना चाहिए, जो मध्यस्थ के रूप में, विधिक सलाहकार के रूप में एमीकस क्यूरी या लोक अदालत की बेंच के लिए पूरे उत्साह से कार्य कर सकें। उनको सम्मान राशि प्रदान की जाए। इस प्रकार, अन्य बहुत क्षेत्र उत्पन्न किए जाने चाहिए, जहाँ कनिष्ठ अधिवक्तागण को समुचित दायित्व देकर उनकी शक्ति एवं क्षमता का उपयोग न्यायिक व्यवस्था में हो सकता है।
- तब न्यायिक व्यवस्था त्वरित न्याय देने में समर्थ होगी। जूनियर अधिवक्ता को न्यायिक कार्य सीखने और अपने पक्षकार के पक्ष में साक्ष्य का मूल्यांकन करते हुए लिखित बहस नहीं, बल्कि लिखित निर्णय प्रस्तुत

करने का अवसर मिलेगा। यह विलक्षण अनुभव होगा। न्यायाधीश को दो निर्णयों में तुलनात्मक काम आसान होगा। जूनियर अधिवक्ता को निर्णय लिखने का अनुभवजन्य ज्ञान होगा। कल यही जूनियर अधिवक्ता न्यायाधीश के पद पर चयनित होकर न्यायाधीश या सहायक लोक अभियोजक बनेंगे। तब उनके अनुभवजन्य ज्ञान से न्यायपालिका लाभान्वित होगी।

- आरोप गठन एवं धारा 313 द.प्र.सं. का बयान अंकित करने में भी अपार शक्ति का पैनल बनाकर क्रमवार (ताकि निष्पक्षता बनी रहे) उनका उपयोग किया जा सकता है। जो आरोप गठन एवं बयान रिश्वत लेकर न्यायालय की ओर से लोक अभियोजक लिखते हैं, वही कार्य अधिवक्ता विधिवत करेंगे। पक्षकार से रिश्वत नहीं, न्यायालय से निर्धारित सम्मान राशि पक्षकार से प्राप्त करेंगे।
- सक्षम प्रज्ञावान महिला अधिवक्ताओं का उचित उपयोग पारिवारिक न्यायालय में लंबित सभी मामलों में किया जा सकता है। आवश्यकता है कि महिला अधिवक्ता का यह पैनल खाली समय में पारिवारिक न्यायालय में बैठे पति-पत्नी के मामलों को सुने, जिसमें उन्हें लगे कि वे मध्यस्थ की अच्छी भूमिका निभा सकती हैं, उस मामले के दोनों पक्षों को राजी करके मध्यस्थता के लिए पारिवारिक न्यायालय से निवेदन कर सकती हैं। पारिवारिक न्यायालय उनके निवेदन पर विचार कर सकते हैं। इस प्रकार, अधिवक्ता पीड़ित पति-पत्नी के बीच परामर्श करके मामलों को किसी निष्कर्ष पर पहुँचा सकती हैं। वे सम्मान राशि पाने की हकदार हो सकेंगी।
- दीवानी एवं फौजदारी मामलों में ऐसी बहुत संभावनाएँ हैं, जहाँ जूनियर अधिवक्ताओं की न्यायिक कार्यों में भागीदारी सुनिश्चित करके न्यायिक कार्यवाही तीव्र गति से आगे बढ़ाई जा सकती है। यह विषय वाद-विवाद का है। इस विषय पर और सोचने-विचारने की आवश्यकता है।
- यह बिंदु भी विचारणीय है कि दीवानी याचिका दाखिला होने के समय से प्रतिवादियों की उपस्थित तक न्यायाधीश के न्यायालय में नहीं, बल्कि प्रधान जिला न्यायाधीश/उच्च न्यायालय के अधीन निबंधित 'अधिवक्ता पीठ' के न्यायालय में प्रस्तुत हों, कार्यवाही हो। ऐसी अधिवक्ता पीठ (दो या तीन या अधिक) उस वाद में दोनों पक्षों की उपस्थित, प्रारंभिक जाँच, दीवानी प्रक्रिया संहिता के प्रावधानों के अनुरूप करते हुए, लिखित कथन

का दाखिला करवाकर दोनों पक्षों की राय से वाद बिंदु बनाकर अपनी रिपोर्ट के साथ दीवानी याचिका को न्यायाधीश के न्यायालय में सुपुर्द कर देना चाहिए।

- इस प्रकार, न्यायाधीश का उतना कार्य, जिसमें केवल विधिक प्रक्रिया अथवा विधिक तथ्यों की जाँच है, निर्णय नहीं, अधिवक्ता या अधिवक्ता की निबंधित पीठ कर सकती है। तात्पर्य यह है कि वरिष्ठतम अधिवक्ताओं की राय से ऐसी एक या अनेक अधिवक्ता पीठ का गठन करके जाँच या अर्ध–न्यायिक कार्य की जिम्मेदारी उन्हें सौंपी जा सकती है। विचारोपरांत दीवानी प्रक्रिया संहिता में ऐसे संशोधन किए जा सकते हैं।
- जिस प्रकार सत्र न्यायालय द्वारा विचारणीय फौजदारी मामलों में न्यायाधीश न्यायालय केवल डाकघर का काम करता है, वैसे ही दीवानी प्रक्रिया संहिता में संशोधन करके प्री–ट्रायल (वाद बिंदु निर्माण के पूर्व) का कार्य अधिवक्ता पीठों को सौंपा जा सकता है। जहाँ तक विश्वसनीयता का प्रश्न है, अधिवक्ता पीठ की फाइल दस्तावेजों की फोटोकॉपी पर आधारित होगी।
- इस प्रकार, न्यायिक व्यवस्था (दीवानी हो या फौजदारी) में बहुत सारी संभावनाओं पर विचार/वाद-विवाद करके नए-नए उपचार खोजे जा सकते हैं। जरूरी नहीं है कि अधीनस्थ न्यायालयों के दीवानी व फौजदारी मामलों की प्रक्रिया विधि पर केवल विधि आयोग की संस्तुति मुकम्मल होती है। जिले के अधिवक्तागण के पास भी त्वरित न्याय देने के बहुत सारे विचार हैं, जिन्हें आमंत्रित किया जाना चाहिए। यही सही समय है कि न्यायपालिका को अति आधुनिक, त्वरित न्याय के योग्य बनाने हेतु सभी विधिक संस्थाओं के विचारों का स्वागत किया जाना चाहिए। ऐसे कार्यक्रम आयोजित करने की जिम्मेदारी बार कौंसिल द्वारा बार एसोसिएशन को सौंपी जानी चाहिए।

□

न्यायालय, केस एवं समय का प्रबंधन

त्वरित अनुतोष एवं त्वरित न्याय के लिए		न्यायालय प्रबंध
त्वरित न्याय किसके लिए	⟶	मामले का प्रबंधन
भारतीय पक्षकारों के लिए		समय का प्रबंधन

अत: भारतीय न्यायालयों में न्यायालय, केस और समय का प्रबंधन भारतीय परिवेश में ही होगा। अमेरिका, कनाडा, ऑस्ट्रेलिया और इंग्लैंड का प्रबंधन और Lord Wolf की रिपोर्ट हमारे परिवेश में लागू नहीं होती है। हमारा न्यायिक सेटअप और सिस्टम शेष दुनिया से अलग है। हमारे सिस्टम की विशेषता है कि जब पानी हमारी नाक के ऊपर जाता है, तभी हम सोचते हैं, चिंतित होते हैं। यही लोकतांत्रिक न्यायिक व्यवस्था है।

शेर हमारे पीछे हो, तो हमें कैसे भागना चाहिए, यह किसी से सीखने की जरूरत नहीं है। अर्थात् एक बार जब किसी भी मुकदमे की प्रत्येक स्टेज का समय निश्चित हो गया, तब न्यायाधीश को किसी से प्रबंधन सीखने की जरूरत नहीं है। न्यायाधीश को कौन सिखाएगा ? वे सीखे-सिखाए हैं। बस गीली लकड़ी शैली के न्यायाधीश की गरदन पर वेतन-वृद्धि रुकने, पदोन्नति न होने, पदावनति होने, निलंबन और निष्कासन की तलवार लटकती रहनी चाहिए, ताकि वे गीली लकड़ी शैली से बर्निंग वुड शैली में आ जाएँ। **बर्निंग वुड शैली के न्यायाधीश आज अभी भी प्रत्येक मामले को तत्काल निपटाकर समय-सीमा में न्याय एवं अनुतोष देते ही हैं। किंतु उन्हें कोई अवार्ड नहीं दिया जाता। हाँ! कोई भूल-चूक हो गई तो Adverse entry जरूर दी जाएगी।**

पब्लिक इंटरेस्ट फाउंडेशन बनाम भारत सरकार का सर्वोच्च न्यायालय का आदेश इसका सबूत है। सर्वोच्च न्यायालय का आदेश है कि वर्तमान MP, MLA, MLC के सभी आपराधिक मामले आरोप गठन से एक वर्ष के भीतर

निर्णीत किए जाएँगे अथवा अपने उच्च न्यायालय के चीफ जस्टिस को रिपोर्ट करना होगा। इस तलवार के लटकने मात्र से देश भर के सभी न्यायाधीश प्रबंधन की कला सीखे बिना ही आदेश का पालन कर रहे हैं। निर्भया केस के बाद प्रक्रिया विधि में संशोधन किया गया है कि बलात्कार के केस 2 माह में निर्णीत किए जाएँगे, कानून है तो प्रबंधन सीखने की जरूरत नहीं है। न्यायालय प्रक्रिया विधि का पालन करते हैं।

फिर भी विधि आयोग एवं सर्वोच्च न्यायालय के सुझावों पर एक नजर डालते हैं—

- भारतीय विधि आयोग ने अपनी 245 की रिपोर्ट जुलाई, 2014 के अध्याय 2 में यू.एस.ए. एवं कनाडा की प्रक्रिया विधि की तुलना भारतीय प्रक्रिया विधि से करते हुए उल्लेख किया है कि अमेरिका के Speedy Trial Act 1974 की तुलना में भारतीय प्रक्रिया कानून में विचारण की कोई समय-सीमा नहीं है।
- विधि आयोग ने अमेरिका में स्टेट ट्रायल कोर्ट (अमेरिका 2011) के लिए विचारण हेतु बनाए गए समय के मानक का भी उल्लेख किया है।
- विधि आयोग ने कनाडा के विधि सुधार आयोग द्वारा 1994 में समुचित समय-सीमा में विचारण खत्म करने के लिए तैयार किए गए एक Working paper का उल्लेख किया है।
- इसी क्रम में विधि आयोग ने राजदेव शर्मा केस (1998) 7SCC 507, कॉमन कॉज बनाम यूनियन ऑफ इंडिया (1996) 4SCC 33 एवं पी. रामचंद्र राव बनाम स्टेट ऑफ कर्नाटक (2002) 4SCC 578 में स्थापित केस विधि पर भी चर्चा की है।
- विधि आयोग ने इसी 245वीं रिपोर्ट में केसों के विचारण की विशिष्ट समय-सारणी बनाने की अनुशंसा की है। ऐसी समय-सारणी न्यायाधीश किसी मामले के सुनवाई के समय या कार्यवाही प्रारंभ करने के समय बना सकते हैं, ताकि सभी पक्ष यह जान सकें कि कब, किस पक्षकार को क्या और कब कार्यवाही परफॉर्म करनी है। अधीनस्थ न्यायाधीश ऐसा टाइम फ्रेम प्रत्येक मामले में सुनिश्चित कर सकते हैं। **किंतु आयोग इस बिंदु पर चुप है कि न्यायाधीश ऐसा नहीं करते, तब क्या होगा? आयोग को इस बिंदु का जवाब देना चाहिए कि सर्वोच्च न्यायालय का आदेश या संशोधित कानून के अनुसार मामले का निस्तारण न**

करने पर न्यायाधीश को क्या दंड दिया जाएगा?

- यद्यपि मालीमाथ कमेटी ने 2003 में ही अपनी Arrear Eradication Scheme में संस्तुति दी है कि दो वर्षों में केस का निस्तारण होना चाहिए। दो वर्ष से पुराने मामलों को पुराना कहा जाएगा। पुराने मामलों के निस्तारण के लिए अतिरिक्त कोर्टों का गठन हो। न्यायाधीशों की तदर्थ नियुक्तियाँ की जाएँ। कोर्ट शिफ्टों में की जाएँ। इस पूरी Arrear Eradication Scheme के अवलोकन से स्पष्ट है कि ऐसा नामुमकिन है। तात्पर्य है कि भारतीय न्यायालयों के लिए भी समय प्रबंधन हेतु सर्वोच्च न्यायालय की गाइड लाइनें हैं।
- न्यायालय स्वविवेक से न्यायिक कार्यवाही में इनका पालन करें। यदि न्यायाधीश समय प्रबंधन का पालन न करें तो? तो कुछ नहीं होगा। शायद यही कारण है कि न्यायाधीश सर्वोच्च न्यायालय की गाइड लाइन को अनदेखा कर देते हैं, क्योंकि अनदेखा करने पर कोई दंड या नुकसान नहीं है।
- इस प्रकार भारत में समय प्रबंधन की अकेली दवा है स्पीडी ट्रायल अधिनियम यह गाइड लाइन नहीं, कानून होगा। पुलिस हो, अधिवक्ता हो, अभियोजन हो या न्यायाधीश, सभी को कानून का पालन तो करना पड़ेगा। तय समय-सीमा में वह कार्यवाही करनी पड़ेगी।
- 245वीं रिपोर्ट के पेज 5 पर विधि आयोग ने उल्लेख किया है कि "Time frames can be in the nature of mandatory time limits, or they can provide general guidlines that are normally to be followed, but can be departed from in exceptional Circumstances." यही हमारे देश की न्यायिक व्यवस्था में सबसे बड़ी कमी है कि प्रत्येक नियम, कानून, गाइडलाइन बनाएँगे, फिर नीचे एक उपबंध जोड़कर इसे इतना Dilute कर देंगे कि न्यायाधीश को बचकर निकलने की जगह मिल जाती है। अधिवक्ता भी स्थगन आवेदन पर यही तर्क देते हैं कि हुजूर स्थगित न करने का नियम है, तो नियम से बचने का उपाय भी तो उसी नियम के नीचे लिखा है। हमारा केस तो असाधारण परिस्थिति का है। तब न्यायाधीश को मानना पड़ता है, क्योंकि असाधारण परिसृथिति की कोई परिभाषा नहीं है। फिर यही कार्यवाही स्थगन की कार्य-संस्कृति विकसित हो जाती है।

- स्पीडी ट्रायल अधिनियम 1974 अमेरिका की तरह निश्चित समय-सीमा में विचारण खत्म करने का अमेरिका जैसा कानून भारत में नहीं है। अमेरिकी कानून में, कुछ अपवादों को छोड़कर, अनुसंधान एवं विचारण की समय-सीमा का पालन करना होगा। ऐसा न करने पर उसे इसके परिणाम भोगने होंगे। उदाहरण के लिए—आरोप गठन, गिरफ्तारी या सम्मन तामील के 30 दिन के भीतर (कुछ निश्चित मामलों में 60 दिन) करना पड़ेगा। आरोप गठन के या अभियुक्त के न्यायालय में उपस्थित होने के 70 दिन के भीतर विचारण शुरू हो जाना चाहिए। गिरफ्तारी के 90 दिनों के भीतर विचारण शुरू हो जाना चाहिए, यदि अभियुक्त विचारण के पूर्व से जेल में निरुद्ध है। तात्पर्य यह है कि सर्वोच्च न्यायालय द्वारा किसी मामले में समय-सीमा की गाइड लाइन देना, एक बात है, किंतु ऐसी समय-सीमा को निश्चित करने का कानून बनाना दूसरी बात है। गाइड लाइन जारी करने में कभी-कभी सर्वोच्च न्यायालय ने भ्रांतियाँ भी उत्पन्न की हैं। जैसे कॉमनकॉज बनाम यूनियन ऑफ इंडिया I एवं II (1996) 6SCC 775 तथा राजदेव शर्मा I एवं II (1999) 7 SCC 604 में सर्वोच्च न्यायालय ने आदेशात्मक समय-सीमा तय की थी। आगे चलकर 2002 में पी. रामचंद्र राव बनाम स्टेट ऑफ कर्नाटक में सर्वोच्च न्यायालय की सात जजों की बेंच ने कॉमन कॉज केस को पलटते हुए स्पष्ट कर दिया कि सभी आपराधिक कार्यवाहियों को खत्म करने की समय-सीमा तय करना गलत है। इस प्रकार कॉमन कॉज एवं राजदेव शर्मा की विधि को गलत ठहरा दिया।
- यद्यपि दिल्ली के निर्भया केस के आंदोलन पर विवश होकर बलात्कार के केस में पी. रामचंद्र राव की केस विधि के विपरीत जाकर कार्यवाही खत्म करने की समय-सीमा तय कर दी। भारत सरकार ने धारा 376 से 376डी तक के मामलों का विचारण, साक्षियों का साक्ष्य शुरू करने से 2 माह के भीतर पूर्ण करने का आदेशात्मक प्रावधान द.प्र.सं. में संशोधित किया है। **इस प्रकार समय प्रबंधन के बारे में सभी प्रकार की भ्रांतियों को दूर करने हेतु स्पीडी ट्रायल अधिनियम ही एकमात्र उपाय है।**
- कोर्ट, केस एवं समय का प्रबंधन वास्तव में न्यायालय की कार्य-संस्कृति का विषय है। कहा जाता है कि सत्र न्यायालय एवं सत्र न्यायाधीश का

नामकरण ही इसीलिए किया गया था, क्योंकि गंभीर अपराधों का विचारण एक ही सत्र में (शुरू होकर खत्म होने तक का सत्र) पूर्ण होता था।

- धारा 309 द.प्र.सं. आज भी यही कहती है कि विचारण एक सत्र में किया जाए, किंतु एक ही सत्र में विचारण की कार्य-संस्कृति को इस नई पीढ़ी के न्यायाधीशों एवं अधिवक्ताओं ने खत्म कर दिया। अर्थात् दोष प्रक्रिया विधि अथवा सर्वोच्च न्यायालय की केस विधि का नहीं है, दोष न्यायालयों की कार्य-संस्कृति का है। अतः एक निश्चित समय-सीमा में विचारण पूर्ण करने हेतु समय का प्रबंधन, कार्य-संस्कृति बदलने से ही होगा, जो न्यायिक सुधार में नहीं, न्यायिक क्रांति से संभव है।
- यह आलोचना का विषय है कि 1974 में जब अमेरिका का Speedy Trial Act बन रहा था, तभी भारत में दंड प्रक्रिया संहिता में संशोधन हो रहा था। अमेरिका में इसी कानून से क्रांति आ गई, हम सुधार लेकर आ गए। संशोधित द.प्र.सं. 1974 एवं स्पीडी ट्रायल अधिनियम, 1974 में उतना ही अंतर है, जितना अमेरिका सरकार एवं भारत सरकार की सोच में अंतर है।
- **अमेरिका में रिसर्च के बाद कानून बनता है, हमारे यहाँ मीडिया का दबाव पड़ने पर बनता है। कब तक हमारी संसद् डर-डरकर, भयभीत होकर लचर कानून बनाएगी? आखिर डर किसका है? सरकार गिरने का, लोकतंत्र खोने का या पी. रामचंद्र राव केस की केस विधि के विपरीत जाने का?**
- राजीव गांधी ने शाहबानो केस के विपरीत जाकर कानून बनाया था। यदि न्यायाधीश एवं अधिवक्ता अपनी कार्य-संस्कृति को नहीं बदल सकते, तब समय-सीमा निश्चित करने का कानून बनाना अपरिहार्य हो गया है। अन्यथा देश की जनता यह मान चुकी है कि सर्वोच्च न्यायालय की तरह भारत सरकार ने भी पुलिस एवं न्यायाधीश को अनुसंधान एवं विचारण अनंत काल तक चलाते रहने की छूट दी है। Speedy Trial Act बनाने का साहस नहीं है।
- भारत सरकार सहित सभी विधिक संस्थाएँ न्यायिक सुधार की दुहाई देती हैं, न्यायिक क्रांति के कानून से दूर भागती हैं। मेरी राय में स्पीडी ट्रायल अधिनियम बनाकर अनुसंधान की समय-सीमा 90 दिन एवं विचारण

की समय-सीमा 2 वर्ष निश्चित करना ही मामले, न्यायालय एवं समय का सर्वोत्तम प्रबंधन है, ताकि कानून का उल्लंघन होने पर उल्लंघन करनेवाले को दंडित किया जा सके, न कि तय समय-सीमा के बाद अनुसंधान बंद करके या विचारण खत्म करके अभियुक्त को अपराध से बरी कर दिया जाए।

- समय प्रबंधन की सर्वोत्तम कसौटी यह है कि न्यायाधीश में यह भाव बना रहे कि मैं स्वयं या मेरे माता-पिता, भाई, बहन, दोस्त या रिश्तेदार आज न्यायालय में खड़े होते, न्याय माँगने के लिए तो क्या हर संभव कार्यवाही न करते? उन्हें खाली हाथ तारीख देकर वापस कर देते? यदि नहीं तो ध्यान रहे, आपके न्यायालय में खड़ा प्रत्येक व्यक्ति आप ही जैसे किसी बेटे का माता-पिता, भाई, बहन या दोस्त है, इसे क्यों वापस करते हो?

□

अधीनस्थ न्यायाधीशों की संख्या/ अतिरिक्त न्यायालयों का सृजन

माननीय सर्वोच्च न्यायालय ने इम्तियाज अहमद बनाम उत्तर प्रदेश राज्य के मामले में विधि आयोग को मुकदमों के अंबार को शीघ्रता से निबटाने एवं त्वरित न्याय के लिए अतिरिक्त न्यायालयों के सृजन पर जाँच कर, अपनी संस्तुतियाँ प्रस्तुत करने का आदेश दिया। आदेशानुसार विधि आयोग ने जाँच के बाद जुलाई 2014 (मोदी सरकार) में अपनी 245वीं रिपोर्ट भारत सरकार को समर्पित करते हुए कॉपी सर्वोच्च न्यायालय को दी। न्यायाधीशों की संख्या के बारे में अपनी समुचित एवं सर्वांगपूर्ण रिपोर्ट में विधि आयोग ने उल्लेख किया है कि "त्वरित न्याय एवं सबके लिए न्याय सुनिश्चित करने के संबंध में आँकड़े इंगित करते हैं कि न्यायाधीशों की संख्या बढ़ाने के लिए तत्काल कदम उठाने चाहिए।" आगे उल्लेख किया है कि न्याय प्रदान करने व कानूनी सुधार के लिए—

- राष्ट्रीय अभियान की सलाहकारी परिषद् की प्रस्तावना के अनुसार।
- मुख्य न्यायाधीश—मुख्यमंत्रियों के सम्मेलन 2013 में पारित प्रस्ताव के अनुसार।
- प्रधानमंत्री व विधि मंत्री द्वारा लोक संबोधन के अनुसार **न्यायाधीशों की वर्तमान संख्या को अगले पाँच वर्षों में दो गुना कर दिया जाए।**

विधि आयोग ने आगे संस्तुति दी है कि नए न्यायाधीशों की नियुक्ति को प्राथमिकता के आधार पर लेना चाहिए। न्यायाधीशों को अतीव आवश्यकता है कि वे लंबित मामलों के अंबार को तीन वर्षों में निबटाएँ। विधि आयोग ने यह भी संस्तुति दी है कि अधीनस्थ न्यायाधीशों की सेवानिवृत्ति की उम्र All India Judges Association Case में सर्वोच्च न्यायालय के आदेश दिनांक 24

अगस्त, 1993 के आलोक में 60 वर्ष से बढ़ाकर 62 वर्ष कर दी जाए।

उत्तर प्रदेश के एक वरिष्ठ लोक अभियोजक के अनुसार केवल न्यायालयों का सृजन नहीं, उतने ही लोक अभियोजन एवं स्टाफ की संख्या बढ़ानी पड़ेगी। आंतरिक ढाँचा भी दो गुना करना पड़ेगा। इस प्रकार यह कह सकते हैं कि वर्तमान सिविल कोर्ट के बराबर प्रत्येक जिले में एक दूसरा सिविल कोर्ट बनाया जाए।

विधि आयोग ने अपनी इस अनुशंसा के पालन पर संशय व्यक्त किया है। संशय का आधार यह है कि आयोग की 120वीं रिपोर्ट भारत सरकार द्वारा उपेक्षित रही थी। ऐसा प्रतीत होता है कि विधि आयोग की इस अनुशंसा का पालन भारत सरकार नहीं करने जा रही है।

जैसे मैंने पुस्तक की पृष्ठभूमि में उल्लेख किया है कि शेष 4 वर्षों में प्रत्येक जिले में वर्तमान सिविल कोर्ट के बराबर दूसरी सिविल कोर्ट सृजित की जाए, असंभव नहीं तो नामुमकिन जरूर लगता है। तब मुमकिन क्या है?

ऐसा मुमकिन है तो केवल तब, जब भारतीय न्यायपालिका के सभी स्तर के न्यायाधीश के चयन के लिए संघ लोक सेवा आयोग (यू.पी.एस.सी.) की तर्ज पर National Judicial Commission (राष्ट्रीय न्यायिक आयोग) का गठन किया जाए। यह आयोग अनवरत रिक्तियों के उत्पन्न हुए बिना भी संपूर्ण देश की न्यायपालिका के लिए न्यायाधीशों की चयन प्रक्रिया सालों भर जारी रखे। न्यायाधीशों का चयन करके उनको नियुक्ति की प्रतीक्षा में रखे। जहाँ भी, जिस भी राज्य में न्यायाधीश की जरूरत हो, माँग पर भाषा को ध्यान में रखकर उनकी नियुक्ति की जाए। जिस प्रकार संघ लोक सेवा आयोग लोक सेवकों की आपूर्ति कर रहा है। कड़वा सच यह है कि न्यायाधीशों की चयन प्रक्रिया वैसी ही है, जैसे प्यास लगने पर कुआँ खोदने की प्रक्रिया। ऐसा कहीं होता है क्या? हाँ होता है, जब न्यायाधीशों की कमी हो जाती है (प्यास लग जाती है), तब चयन प्रक्रिया शुरू की जाती है (कुआँ खोदना शुरू करते हैं)। अखिल भारतीय न्यायाधीश संघ की जयपुर महासभा में मैंने भारतीय विधिक सेवा (Indian Judicial Service) के सृजन पर अपने वक्तव्य में इस विषय पर विस्तार से उल्लेख किया है।

[देखें—Shwet Patra on National Judicial Service Commission (High time for formation of Indian Judicial Service)]

मैं साहस नहीं कर सकता, यह कहने का कि सर्वोच्च न्यायालय के आदेश से, विधि आयोग की संस्तुतियों से, मुख्य न्यायाधीश एवं मुख्यमंत्रियों के सम्मेलन

एवं प्रधानमंत्री-विधि मंत्री के लोक संबोधनों से जो निष्कर्ष निकला है, वह अपर्याप्त है। यद्यपि ऐसा होता दिखाई नहीं पड़ता, किंतु यदि पाँच सालों में न्यायपालिका दोगुनी हो भी जाए, तो विचारणीय बात यह है कि आबादी 60 करोड़ से 120 करोड़ हो गई। घोर अनैतिकता एवं पतनोन्मुख राजनीति और समाज में वैश्विक आतंकवाद, भ्रष्टाचार के विरुद्ध नरेंद्र मोदी की क्रांति के युग में अपराधों के मुकदमें चार गुना अधिक हो गए हैं। न्यायापालिका का दायित्व अत्यधिक बढ़ गया है। अतः न्यायपालिका को देश की आवश्यकताओं के अनुरूप दायित्व की कसौटी पर खरा उतरने के लिए न्यायाधीशों की संख्या के साथ न्यायाधीशों की कार्यशैली एवं न्यायालयों की कार्य-संस्कृति, प्रक्रिया विधि के सरलीकरण पर भी विशेष बल देने की जरूरत है। **त्वरित न्याय हेतु न्यायाधीशों की संख्या बढ़ाना अपरिहार्य है, किंतु अपराधों की संख्या घटाना उससे कहीं अधिक अपरिहार्य है। इस महत्त्वपूर्ण विषय पर न्यायपालिका व सरकारें चुप हैं। अपराधों का फैसला हो, साथ में समाज के नैतिक मूल्यों व मानव मूल्यों का उत्थान होना भी अपरिहार्य है। कौन करेगा? इस देश की आध्यात्मिकता करेगी। देश के संत-महात्मा, ज्ञानी-ध्यानी, सद्‌गुरु, पीर-फकीर एवं पादरी समाज पर नैतिक मूल्यों व मानव मूल्यों की पुर्नस्थापना का दायित्व है। नए पुलिस अधिनियम से शासित पुलिस पर अपराध घटाने की जिम्मेदारी है।**

□

भारत सरकार एवं सर्वोच्च न्यायालय के बीच टकराव का इतिहास : कारण एवं निवारण

टकराव का इतिहास

यह देश 1965 से 1984, 20 वर्षों तक स्व. प्रधानमंत्री इंदिरा गांधी के हाथों में पूर्ण बहुमत एवं पूर्ण शासन में था। मैं रायबरेली का मूल निवासी हूँ, जहाँ से फिरोज गांधी प्रथम संसद् सदस्य चुने गए। उनके बाद उनकी पत्नी इंदिरा गांधी जीवनपर्यंत संसद् सदस्य एवं देश की प्रधानमंत्री रहीं। यहाँ अप्रासांगिक है, किंतु बता दूँ कि तत्कालीन स्वास्थ्य मंत्री स्व. राजनारायण जी से मेरा घनिष्ठ एवं इंदिरा गांधी से घोर विरोध का संबंध था। अभी मैं जो भी हूँ, इंदिराजी के कारण हूँ। उनकी राजनीति का मैं कायल हूँ।

राजनारायण बनाम इंदिरा गांधी के मामले में प्रधानमंत्री इंदिरा गांधी को इलाहाबाद उच्च न्यायालय में सुनवाई के दौरान सशरीर उपस्थित होने के आदेश एवं उपस्थित होने पर अपमानजनक स्थिति से भी गुजरना पड़ा। 25 जून, 1975 को इलाहाबाद उच्च न्यायालय के तत्कालीन चीफ जस्टिस जगमोहन लाल सिन्हा ने इंदिराजी के चुनाव को रद्द करते हुए, जो फैसला सुनाया, वहीं से इंदिरा गांधी ने राजनीति एवं न्यायपालिका पर एक ऐसा यू-टर्न लिया कि भारत एवं भारत की न्यायपालिका की दशा और दिशा में कई यूटर्न आ गए। देश तो आपातकाल की काली रात से गुजरा ही, भारतीय न्यायपालिका भी इंदिरा गांधी की दहशत से गुजर गई, मैं न्यायपालिका की उसी दहशत का शिकार हूँ। बिना अपराध नौ माह जेल में रह गया। शेष भारत का इतिहास बहुत विशाल है, किंतु न्यायपालिका एवं भारत सरकार के बीच टकराव के इतिहास का बीज 25 जून, 1975 से शुरू होता है।

टकराव का कारण

वर्तमान परिप्रेक्ष्य में भारत सरकार एवं सर्वोच्च न्यायालय के बीच टकराव का कारण सर्वोच्च न्यायालय एवं उच्च न्यायालय के माननीय न्यायमूर्तियों के चयन को लेकर है। स्पष्ट शब्दों में कहा जाए तो इस चयन में राजनीतिक हस्तक्षेप एवं न्यायिक हस्तक्षेप के मध्य जो संतुलन बनाने की आवश्यकता है, वही नहीं बन पा रहा है। सर्वोच्च न्यायालय की कोलिजियम व्यवस्था यह है कि किसी अन्य सरकारी या गैर सरकारी व्यक्ति के बिना ही केवल सर्वोच्च न्यायालय के सम्मानित न्यायाधीश ही न्यायमूर्ति का चयन करेंगे। सर्वोच्च न्यायालय द्वारा चयनित व्यक्ति के नाम पर भारत सरकार को केवल मुहर लगानी होगी अर्थात् न्यायमूर्ति ही न्यायमूर्ति का चयन करेगा। भारत सरकार ने इस कोलिजियम व्यवस्था से अलग राष्ट्रीय न्यायिक नियुक्ति आयोग का गठन किया। इस कमेटी में सर्वोच्च न्यायालय के न्यायाधीश के साथ विधायिका व कार्यपालिका के विद्वान् सरकारी लोग भी शामिल हैं। सर्वोच्च न्यायालय ने एक रिट याचिका में इस चयन कमेटी के गठन को यह कहते हुए नकार दिया कि वह संविधान के मूल ढाँचे के अनुकूल नहीं है। यह नहीं बताया कि संविधान का मूल ढाँचा क्या है? तभी से भारत सरकार एवं सर्वोच्च न्यायालय के बीच टकराव की स्थिति उत्पन्न हो गई है। अत: चयन के लिए सर्वोच्च न्यायालय की कोलिजियम सिस्टम उपयुक्त है या राष्ट्रीय न्यायिक नियुक्ति आयोग की व्यवस्था उपयुक्त है, यही टकराव है। यह टकराव नया नहीं है, पूर्व का अति विवादित विषय है। सर्वोच्च न्यायालय द्वारा एस.पी. गुप्ता केस 1 व 2 में दिए गए न्याय निर्णयन में विस्तृत चर्चा है। भारतीय जनमानस को इस विवाद में पड़ने की आवश्यकता भी नहीं है। यह दो शक्तियों के बीच शक्ति संतुलन को बनाए रखने की प्रक्रिया है। कहते हैं कि यह स्वार्थजनित टकराव है। जनमानस एवं मीडिया का बहुमत-सर्वोच्च न्यायालय को कठघरे में खड़ा करता है। न्यायमूर्ति द्वारा न्यायमूर्ति के चयन में पक्षपात होता प्रतीत होता है। न्याय की गुणवत्ता का सीधा संबंध न्यायमूर्ति एवं न्यायाधीश की गुणवत्ता से है। तब जो अति महत्त्वपूर्ण है, वह है—गुणवत्तापूर्ण न्याय निर्णयन के लिए गुणवत्तायुक्त व्यक्ति का चयन। अत: चयन प्रक्रिया के नियम निर्धारित किए जाने योग्य हैं। इसे केवल राजनीतिक मुद्दा के रूप में नहीं लेना चाहिए। कोलेजियम व्यवस्था फेल हो गई है। न्यायमूर्ति कर्न्नान सर्वोच्च न्यायालय की कोलिजियम व्यवस्था की देन है। **न्यायालयों का उद्देश्य कानून और न्याय प्रदान करना है। विधि राज्य के संरक्षण के लिए बनी है, न्याय समाज के संरक्षण के लिए बना है। प्रत्येक व्यक्ति, जो न्यायाधीश चयनित हुआ है, उसको इस रूप में**

देखना चाहिए कि क्या उसमें विधि एवं न्याय के बीच सही संतुलन बनाकर चलने की क्षमता है? न्यायाधीश सौम्यता के बजाय चमक-दमक की ओर भाग रहे हैं। इससे अभिमान एवं शक्तिवान की प्रवृत्ति विकसित हो गई। इस प्रकार विधि एवं न्याय की शक्ति के साथ अभिमान एवं शक्तिवान बनने का प्रभाव गर्म और नर्म एक साथ व्यवहार करने का प्रमाण है। अतः शाक्तियों का दुरुपयोग एवं दुर्व्यवहार हो गया। जबकि न्यायाधीश इससे मुक्त होता है।

शक्ति संतुलन की इस प्रक्रिया में कहीं-न-कहीं हमारी न्यायिक व्यवस्था एवं न्यायपालिका का भविष्य खतरे में पड़ गया है। जनमानस को कानून-व्यवस्था को त्वरित न्याय की अतीव आवश्यकता है, जो शक्ति संतुलन की प्रक्रिया में तब तक खटाई में पड़ा है, जब तक दोनों संस्थाओं के बीच आपसी समन्वय स्थापित नहीं होता।

टकराव का निराकरण

दोनों के बीच समन्वय स्थापित करने के लिए भारत सरकार एवं सर्वोच्च न्यायालय के शीर्ष प्रतिनिधियों को समाहित करते हुए इससे भी उच्च एक राष्ट्रीय संस्थान **'राष्ट्रीय न्यायिक सेवा आयोग' जैसी संस्था का अभाव है।** दूसरे शब्दों में कहें तो संपूर्ण न्यायिक व्यवस्था पर शोध, सुधार देखना तथा पूरी तरह से ठीक करने के लिए भारतीय विधि आयोग की तरह, संघ लोक सेवा आयोग की तर्ज पर स्थायी **राष्ट्रीय न्यायिक सेवा आयोग** का गठन होना चाहिए था। 'All India Judges Association' की इलाहाबाद मीटिंग में इस आशय का प्रस्ताव पारित हुआ था, एसोसिएशन की यह चिर-प्रतीक्षित माँग है। (देखिए, चैप्टर- राष्ट्रीय न्यायिक सेवा आयोग पर श्वेत-पत्र) भारतीय विधि आयोग अपनी अस्थायी, अस्वायत्तता एवं सीमित प्रकृति के कारण अपर्याप्त संस्था है।

इसे दूसरे दृष्टिकोण से देखा जाए तो यद्यपि न्यायपालिका भी कार्यपालिका के ही समान एवं समानांतर संस्था है, किंतु शुरू से अंत तक तक न्यायाधीशों, न्यायमूर्तियों के चयन एवं नियुक्ति के लिए संघ लोक सेवा आयोग जैसी कोई संस्था न्यायपालिका के पास नहीं है। यही कारण है कि न्यायपालिका के पास न्यायाधीशों की कमी सदैव बनी रहती है। वर्तमान न्यायिक व्यवस्था में कमी बने रहने के निम्न कारण हैं—

प्रथम कारण—उच्च स्तर पर न्यायमूर्तियों के चयन में सरकार एवं न्यायपालिका का टकराव।

दूसरा कारण—अधीनस्थ न्यायाधीश के चयन की केंद्रीय स्थायी संस्था

National Judicial Service Commission (राष्ट्रीय न्यायिक सेवा आयोग) के अभाव में **राज्यों के लोक सेवा आयोग एवं उच्च न्यायालयों के बीच भी टकराव की स्थितियाँ उत्पन्न हुई हैं और होती रहेंगी।** कहने को तो हम Uniform Civil Code (एक समान नागरिक संहिता) की राजनीतिक लड़ाई लड़ रहे हैं, किंतु न्यायमूर्तियों एवं न्यायाधीशों के चयन हेतु हमारे पास Uniform Selection Process हेतु कोई संस्था नहीं है। अत: राज्यों द्वारा एवं केंद्र सरकार द्वारा दोनों प्रकार के चयन में चयन की नीति प्यास लगने पर कुआँ खोदने की है। अर्थात् यह जानते हुए भी कि कब कितने न्यायाधीश रिटायर करेंगे, कितनी रिक्तियाँ कब उत्पन्न होंगी, कुआँ खोदने की नीति के तहत हम रिक्तियाँ उत्पन्न हुए बिना चयन प्रक्रिया शुरू नहीं करते। न्यायाधीशों की चयन प्रक्रिया की उपरोक्त नीति एवं स्वार्थजनित वर्तमान टकराव के कारण न्यायाधीशों की बड़ी संख्या में कमी सदैव बनी रहेगी। यह न्यायपालिका एवं न्यायिक व्यवस्था का सर्वविदित दुर्भाग्य है।

दुर्भाग्य का कारण है—भारतीय न्यायपालिका के लिए राष्ट्रीय न्यायिक सेवा आयोग जैसी सर्वोच्च संस्था का अभाव। सर्वविदित तथ्य है कि सर्वोच्च न्यायालय के कोलिजियम व्यवस्था के समानांतर उच्च न्यायालय के न्यायमूर्ति भी जिला एवं सत्र न्यायाधीश उच्चतर विधिक सेवा (Higher Judicial Service) का चयन करते हैं, जिस प्रकार भारत सरकार ने कोलिजियम व्यवस्था खत्म करने के लिए राष्ट्रीय न्यायिक नियुक्ति आयोग (NJAC), का गठन किया था, क्या राज्य सरकार को भी HJS के चयन का अधिकार उच्च न्यायालय से लेकर राज्य लोक सेवा आयोग अथवा संघ लोक सेवा आयोग को दिया जाना चाहिए?

न्यायमूर्तियों के चयन को लेकर शक्ति संतुलन का जितना विवाद ऊपर है, उतना ही विवाद जिला एवं सत्र न्यायाधीश के चयन को लेकर नीचे भी है। HJS कैडर के न्यायाधीश की चयन प्रक्रिया कम विवादित नहीं है। यहाँ भी न्यायमूर्ति ही न्यायाधीश का चयन करते हैं। चयन प्रक्रिया पक्षपातपूर्ण होने की संभावना रहती है। झारखंड उच्च न्यायालय द्वारा 2002 में HJS के चयन की प्रक्रिया एवं बाद में उपजे विवाद इसके ज्वलंत उदाहरण हैं।

उपरोक्त दोनों प्रकार की चयन प्रक्रिया में—

- हम भारत के लोगों का न्यायपालिका पर विश्वास बरकरार रखने के लिए।
- पारदर्शिता एवं निष्पक्षता बनाए रखने के लिए।
- न्यायाधीश को केवल और केवल न्यायिक कार्य में रत रहने के लिए।

- भारतीय न्यायपालिका के समस्त प्रशासनिक कार्य (चयन, नियुक्ति प्रमोशन, स्थानांतरण, शोध, सुधार एवं प्रदर्शन एक केंद्रीयकृत संस्थान 'राष्ट्रीय न्यायिक सेवा आयोग' को सौंप दिए जाने चाहिए। तब किसी भी स्तर पर न्यायाधीशों की संख्या में कभी कोई कमी नहीं होगी। समस्त न्यायालय अपने को न्यायिक कार्यों पर केंद्रित कर सकेंगे। 'सर्वजन हिताय, सर्वजन सुखाय' का दर्शन यही है। यहीं यह उल्लेख प्रासांगिक है **कि अधीनस्थ न्यायाधीशों के चयन का अधिकार उच्च न्यायालयों को है, तब अधीनस्थ न्यायाधीशों की कमी क्यों?**

ऐसा करने का सर्वविदित कारण यह भी है कि जब कभी राज्य लोक सेवा आयोग अथवा उच्च न्यायालय के द्वारा अधीनस्थ न्यायाधीशों की चयन प्रक्रिया पूर्ण हो जाती है, तब कुछ अचयनित लोग रिट याचिका में जाते हैं, चयन प्रक्रिया को चैलेंज करते हैं, फिर चयनित न्यायाधीशों की नियुक्ति खटाई में पड़ जाती है। स्वर्ग से गिरे तो खजूर में अटक जाते हैं। न्यायपालिका के पास राष्ट्रीय न्यायिक सेवा आयोग के अभाव में न्यायाधीशों की कमी का आलम यह है कि विधि आयोग ने न्यायाधीशों की संख्या वर्तमान संख्या की दो गुनी करने की अनुशंसा की है, किंतु पूरे देश में Uniform Selection Process के अभाव में विधि आयोग की अनुशंसा का पालन संभव नहीं है। ईश्वर जाने टकराव के कारण एवं एन.जे. एस.सी. के अभाव में इस देश को अभी कितने दुर्दिन देखने पड़ेंगे! **इस समस्या के समाधान का एकमात्र उपाय राष्ट्रीय न्यायिक सेवा अयोग का गठन ही है। न्यायाधीशों की कमी ही विलंबित न्याय का प्रमुख कारण है। स्थायी राष्ट्रीय न्यायिक सेवा आयोग जैसी भारत की सर्वोच्च स्वायत्त संस्था ही भारत सरकार एवं सर्वोच्च न्यायालय के बीच समन्वय का पुल बना सकती है।** लोकतंत्र के दो स्तंभों के बीच मतभेदों के इतिहास के अंत का यह एक समाधान हो सकता है। यह आयोग National Judicial Appointment Committee से भिन्न एक अति सर्वोच्च संवैधानिक संस्था होगी। यह सर्वोच्च न्यायालय के कोलिजियम व्यवस्था एवं भारत सरकार के न्यायिक नियुक्ति समिति को अपने में समाहित करते हुए संपूर्ण न्यायिक व्यवस्था पर शोध, सुधार, चयन एवं नियुक्ति आदि-आदि पर सर्वांगपूर्ण संस्था हो, जो **भारतीय न्यायपालिका को समुन्नत एवं विकसित करने, देश में सख्त, सशक्त विधि का शासन स्थापित करने के प्रति जवाबदेह हो।**

□

अखिल भारतीय न्यायाधीश संघ बनाम रिफॉर्मस नीडेड इन सबऑर्डिनेट जुडिशियरी

सभी संस्थाएँ इस विषय पर गंभीर है कि किस प्रकार न्यायपालिका के दामन से विलंबित न्याय का दाग दूर किया जाए ? 11 अक्तूबर, 2014 को लखनऊ के इंदिरा गांधी प्रतिष्ठान में आयोजित 'अखिल भारतीय न्यायाधीश संघ' एवं 'उत्तर प्रदश न्यायिक सर्सिसेज एसोसिएशन' की संयुक्त कॉन्फ्रेंस 'अधीनस्थ न्यायपालिका में जरूरी सुधारों' पर थी। माननीय न्यायमूर्ति टी.एस. ठाकुर, तत्कालीन वरिष्ठ न्यायाधीश सर्वोच्च न्यायालय; माननीय न्यायमूर्ति टी.सी. पंत, न्यायाधीश सर्वेच्च न्यायालय; माननीय न्यायमूर्ति डॉ. डी.वाई. चंद्रचूड़ तत्कालीन मुख्य न्यायाधीश, इलाहाबाद उच्च न्यायालय; माननीय न्यायमूर्ति इम्तियाज मुर्तजा, वरिष्ठ न्यायाधीश, इलाहाबाद उच्च न्यायालय एवं माननीय न्यायमूर्ति (अवकाश प्राप्त) राजेंद्र प्रसाद, पूर्व न्यायाधीश, पटना उच्च न्यायालय, 'प्रेसिडेंट, अखिल भारतीय न्यायाधीश संघ' ने अपने उद्घाटन भाषण में जो भी सुझाव दिए, वह अधीनस्थ न्यायपालिका में जरूरी सुधारों के लिए मील का पत्थर साबित होंगे।

माननीय न्यायमूर्ति टी.एस. ठाकुर ने कॉन्फ्रेंस के विषय 'अधीनस्थ न्यायपालिका' के स्थान पर 'संपूर्ण न्यायपालिका' में सुधारों की जरूरत पर बल दिया। आगे कहा कि—"**अनुमानतः देश में 10,000 न्यायाधीश और 1,000 न्यायमूर्ति हैं। अधीनस्थ न्यायपालिका की भाँति माननीय न्यायालयों में भी पद रिक्त रहते हैं, जिसके कारण न्याय पर प्रतिकूल प्रभाव पड़ता है। अतः न्यायपालिका में सुधार आज की तीव्र आवश्यकता है। हमें भविष्य के रोड मैप पर विचार करना होगा। यह 'मंथन' का एक अवसर है। 'संपूर्ण**

न्यायपालिका' के मुद्दे पर वाद-विवाद और विचार-विमर्श का यही सही अवसर है। सर्वोच्च न्यायालय न्यायपालिका के आधारभूत संरचना की निगरानी कर रहा है।"

आगे कहते हैं कि Access to Justice is a fundamental right. आबादी के अनुपात में 50 न्यायाधीशों की नियुक्ति एक मिलियन आबादी पर होने की संस्तुति है। किंतु हमें यह भी देखना होगा कि एक न्यायाधीश कितना कार्यभार सँभाल सकता है। हम एक ऑस्ट्रेलिया प्रत्येक वर्ष पैदा करते हैं, तो हमारी चुनौतियाँ भी लगातार जारी हैं। आगे कहा कि बड़ी आबादी का देश, चीन का तंत्र काम करता है, भारत का तंत्र काम नहीं कर रहा है। यदि हम भारत को सुपर पावर के रूप में देखना चाहते हैं तो जहाँ आज जापान, चीन, कोरिया, अमेरिका भारत में आ रहे हैं, वाणिज्य, उद्योग, धन लगाने के लिए। तो क्या हम तैयार हैं ? लिटिगेशन बढ़ेगा। भविष्य को आज प्लान करना होगा कि क्या सुधार किया जाए ? आप 'अखिल भारतीय न्यायाधीश संघ' हैं, जो बता सकते हैं कि क्या सुधार किया जाए ? इसके लिए 'स्वयं को बड़े वाद-विवाद से जोड़े' अपने विचार व्यक्त करते हुए आगे कहते हैं कि—"भ्रष्ट न्यायिक व्यवस्था कभी भी महान् भारत को जन्म नहीं दे सकती है। सड़क और उद्योग के साथ न्यायपालिका में भी निवेश बढ़ाया जाए।"

आपको स्वयं में भी सुधार लाने की आवश्यकता है, न्यायिक अधिकारी अपने ढंग से केस को निर्णीत करने के लिए पूर्ण स्वतंत्र हैं। भय का कोई कारण नहीं है, यदि वह ईमानदार है तो डरने की कोई बात नहीं है। 'Fear Psycosis' है क्यों ? नहीं होना चाहिए, मुंसिफ डरता क्यों है ?

इलाहाबाद उच्च न्यायालय के तत्कालील माननीय मुख्य न्यायाधीष डॉ. डी.वाई. चंद्रचूड़ ने अपने उद्घाटन भाषण में सम्मेलन के विषय से 'अधीनस्थ न्यायालय' शब्द हटाकर 'जिला न्यायालय' शब्द जोड़ने का सुझाव दिया, क्योंकि अब अधीनस्थता जैसा कुछ नहीं है। सामंतवाद जैसा भी कुछ नहीं है, जो भी है, वह भागीदारी है। भय की भावना को हटाने की आवश्यकता है। "बॉम्बे में मैंने देखा कि वरिष्ठ जिला न्यायाधीश मेरे सामने नहीं बैठेंगे।" आगे कहते हैं कि "आओ संस्कृति को बदलने का प्रयास करें।" आज की दुनिया में अधीनस्थता का नामकरण समाप्त हो चुका है और यह जिम्मेदारी मेरी और आपकी है। अधिवक्तागण की हड़ताल, न्यायाधीशों के पद रिक्त पड़े रहना, स्टाफ की कमी ही त्वरित निर्णय न होने का कारण है। न्यायाधीश को अपनी क्षमता और उत्साह को बनाए रखना एक महान् चुनौती है। देखना यह होगा कि—

"How you translate your challenges in reality?"

"Reforms not outside rather reforms inside with in me."

आगे अपने भाषण में स्पष्ट किया कि लैपटॉप न्यायाधीश को दिया गया है, घर के सदस्यों को नहीं। आगे पूछा कि—'Value addition-ethical value' क्या हम फॉलो करते हैं? साढ़े सात करोड़ केसों का डिजिटलीकरण करने की बात कहते हुए उन्होंने 'Challenges of Governance' पर जोर दिया।

इस प्रकार हम पाते हैं कि सर्वोच्च न्यायिक संस्थाएँ भी त्वरित न्याय में आनेवाली बाधाओं के प्रति चिंतित हैं, उन्हें दूर करने का प्रयास कर रही हैं। 'अखिल भारतीय न्यायाधीश संघ' के अध्यक्ष माननीय न्यायमूर्ति (अवकाश प्राप्त) राजेंद्र प्रसाद, पटना उच्च न्यायालय ने कहा कि दो प्रकार से सुधार चाहिए—प्रथम, आधारभूत संरचना तथा दूसरा, न्यायालयों की संख्या घट रही है व ममलों की संख्या बढ़ रही है। न्यायाधीश के मन में एक भय छिपा हुआ है, अतः उनका विवेक काम नहीं कर पाता। वे एक अच्छा भविष्य चाहते हैं, किंतु वे भविष्य अंधकारमय देखते हैं। कैसे हम बनाएँ अधीनस्थ न्यायपालिका को, कि त्वरित न्याय मिलने लगे? नहीं तो ऐसा कुछ होगा कि स्थिति हाथ से निकल जाएगी।

'अखिल भारतीय न्यायाधीश संघ' की इस कॉन्फ्रेंस के अवसर पर प्रकाशित सोविनियर में त्वरित न्याय एवं अधीनस्थ न्यायपालिका में जरूरी सुधारों पर न्यायाधीशों द्वारा लिखे गए लेखों की विषय-वस्तु पर विचार करके उनका उल्लेख यहाँ किया गया है। प्रश्न है कि सम्मेलन के बाद कोई परिवर्तन आया क्या? नहीं! क्यों? क्योंकि न्यायिक सुधार—न्यायपालिका का विषय है, मुद्दा नहीं। विषय पर चर्चा हो गई, बहुत है। मुद्दों का हल तो न्यायिक क्रांति से ही निकलेगा।

□

Swet Patra of National Judicial Service Commission

Speech delivered by Sri Brijesh Bahadur Singh, Treasure—All India Judges Association at Birla Auditorium, Jaipur on 21-22 January, 2012 in the conference of All India Judges Association.

High Time for an All India Judicial Service

Brijesh Bahadur Singh,

Treasurer—All India Judges Association,

Secretary—Jharkhand Judicial Service Association

Off late the most burning issue of the Indian Judiciary is the formation of Indian Judicial Service and consequently the National Judicial Commission. Today if it is not happened, tomorrow it will be futile, because present country scenario is demanding a drastic change in Judicial System. WHY IT IS PENDING ?

If IAS, IPS, IFS, IRS are constituted through Article 312 of the constitution why not IJS? We have uniform law all over the country, uniform pay scale and uniform designations for the all Indian Judges and unniform issue of delayed justice, but still we don't have uniform process of recruitment and appointment of Indian Judges. After 42nd Amendment in 1976 Constitution has given it green signal then Question of the day is WHY IT IS DELAYED?

Judiciary, the most important pillar of the democratic

system, is the only set up which do not have an All-India selection process, although since 1961 several times it has been recommended by the Law Commission, thereafter recommended by the 1st National Judicial Pay Commission and approved by the Hon'ble Supreme Court, but all has gone in vain.

Chief Justices Conference held on April 17th & 18th, 2008 deliberated upon the issue at its Agenda No.-15 (Formation of All-India Judicial Service) and took a resolution that— "The High Court will consider entrusting recruitment upto 25% posts in-Higher Judicial Service required to be filled up by direct recruitment to a National Commission on all India basis and had sent their respective views to Hon'ble chief Justice of India within eight weeks." After one year again in the Chief Justices Conference held on 14th & 15th August 2009. This issue was taken up at Agenda No.-20 Formation of All-India Judicial Service and the issue was discussed at length, but nothing substantial was resolved to be implemented. The very next day on 16th August a joint conference of chief Ministers of States and Hon'ble Chief Justices of the High Courts was held at Vigyan Bhavan, New Delhi, inaugurated by the Hon'ble Prime Minister, but formation of AIJS was not in Agenda/Curiously missing from the agenda. WHY IT WAS NOT IN AGENDA ? Absence of such a burning Issue from the agenda of an apex forum raises eyebrows of all of us and compels us to reiterate that this is high time that India should have an All India Judicial Service.

Recommendation of the Law Commission

The first Law Commission recommended and opined that such a Indian Judicial Service is necessary in the interest of efficient subordinate judiciary.

This recommendation was considered in the Law Ministers Conference held in the year 1960, where strong opinions were expressed for and against the said proposal. The proposal was accordingly shelved. Further in the Chief

Justices Conferences held in 1961, 1963 and 1965 favoured the said recommendation, but when the views of the State Governments and the High Courts were sought, there was difference of opinion. More than half of the States and High Courts opposed to the proposal.

Again in 1969, the Government of India requested to the then Chief Justice of India to offer his views on the said proposal. The learned Chief Justice opined that the proposal was not feasible on the face of the then provisions of the Constitution.

In 1972; however, the learned Chief Justice while suggesting to the Government to improve the conditions of service of subordinate judiciary, also suggested examination of the question of having an AIJS.

The 8th Law Commission while examining the problem of arrears in trial courts, again recommended the formation of an AIJS. Even after the amendment of Article 312 by the forty-second amendment, expressly providing for the formation of an AIJS, the opposition to this idea from several High Courts and State Governments has not abated.

In 1986 116th report of Law Commission this matter was reconsidered. The report dealt with three objections, generally put forward against said proposal, namely ;

(a) **Inadequate knowledge of regional language** would corrode judicial efficiency in both regard to understanding and appreciating the evidence pronouncing judgments.

(b) **Promotional avenues of the members of the State judiciary** would be severely curtailed causing heart burning to those who have already entered the service and manning of the State judicial service would be adversely effected; and.

(c) **Erosion of" control of the High Court over subordinate judiciary** would impair independence of the judiciary. The Law commission considered each of the above objections at length and rejected them as unsubstantial.

Regarding first objection it held that a member of the All India Judicial Service would required to learn one more language over and above his mother tongue and once he is allotted to a State, there shall be no problem would arise on the ground of language. Reference was made to members of Indian Administrative Service on this behalf.

Regarding second objection, the Commission observed that according to the present rules in force in various States about 50% vacancies in the cadre of District Judges are reserved, to be filled by promotion from the lower cadres. The members of AIJS will be allocated only against the vacancies to be filled by direct recruitment, the promotional prospects of judicial officers (below district judge level) shall not be affected.

With respect to the third objection, that the control of the High Court will in no manner be diminished or curtailed, because on allotment to a State, the allottees (members of AIJS) would become members of the State Judicial Service for all practical purposes with the difference that "While at present it (High Court) recommends various things such as promotion Or disciplinary action to the Governor, it would be recommending the same to the National Judicial Service Commission, which, in turn, would make necessary recommendation to the President of India, but the President of India will act in the same manner as at present it is done by the Governor having regard to the almost binding character of the recommendation of the High Court." Besides rejecting the third criticism, the Law Commission also emphasized the desirability of such an All-India Judicial Service in the interest of efficiency. It made elaborate recommendations with respect; to the method of recruitment, holding of examinations, scales or pay, initial pay, seniority, probation, training and so on.

(It also recommended by a separate report creation of a National Judicial Service Commission).

Recommendations of the National Judicial Pay Commission known as Shetty Commission

This matter has been examined by the first National Judicial Pay Commission headed by Justice K. Jagannatha Shetty, former judge of the Supreme Court in the year 1999. It supported and reiterated the recommendations of the Law Commission. It fully supported the reasoning given by the Law Commission in support of the said recommendation. It was then referred to the observation of the Supreme Court in the All India Judges case (AIR 1992 S.C. 165) to the effect that the feasibility of the implementation of the recommendations of the Law Commission may be examined expeditiously and implemented as early as possible. It is in the interest of the health of the judiciary throughout the country that this should be done. The report of the Pay Commission then refers to the fact that the Government of India had evoked the opinions of the State Governments and High Courts in this behalf. **Eight State Governments agreed with the proposal. Eight State Governments given conditional approval, seven State Governments have opposed the same. So far as the High Courts are concerned, it is stated that four High Courts have favoured the idea, four have given their conditional approval, while three have opposed and five High Courts did not offer any opinion in the light of the judgment of Supreme Court.**

The Pay Commission had also invited the views and comments on the methodology of constituting an all India Judicial Service after considering which it made the following recommendation–

(i) The AIJS should be constituted only in the cadre of District Judges as per provisions of Article 312 (3) of the Constitution. The District Judges directly recruited and promoted should constitute in AIJS.

(ii) The selection for direct recruitment should be by the National Judicial Commission/ UPSC and the promotees by the respective High Courts.

(iii) The qualification for direct recruitment to AIJS should be in conformity with that prescribed under Article 233(2) of the Constitution.

(iv) Service Judges also should be allowed to compete for recruitment of AIJS, by appropriately amending Article 233(2) of the Constitution. :

(v) Not exceeding 25% of the posts in the cadre of District Judges in every State should be earmarked for direct recruitment.

(vi) The-age limit for recruitment to AIJS should be between 35 years to 45 years.

(vii) The procedure for selection shall be by written examination followed by viva voce.

(viii) Appointment : The National Judicial Commission/ UPSC, after selecting the candidates for direct recruitment to the cadre of District Judges, must allocate to the States/Uts, the candidates equal to the vacancies that are surrendered by them. The High Court there upon will recommend those names to the Governor for appointment as per Article 233 of the Constitution.

(ix) Training : The prescribed training is only after the appointment.

(x) Seniority : All India seniority is as per the ranking in the select list.

(xi) Inter-se Seniority in the State/UT : The inter-se seniority between direct recruits and promotees shall be determined according to the date of allotment and date of promotion. Such direct recruits must thus be annexed to the respective State Judicial Service within the three-tier system.

(xii) Court Language : Recording of "the deposition

should be : (1) Regional Language (to be recorded by the Court Officer); and (2) English (by the Presiding Officer)

Hon'ble the Supreme Court on this Agenda

In All India Judges case, para 63 of the judgment

Hon'ble Supreme Court briefly indicated the directions given in the judgment regarding All India Judicial Service as follows–

"(I) An All India Judicial Service should be set-up and the Union of India should take appropriate steps in this regard."

In the above matter when Review Petition came-up, further orders were passed on 24th August, 1993 [1993 (4) SCC] directions regarding All India Judicial Service and considering the objections raised at the time of Review, Hon'ble Supreme Court reiterated the requirement to form such All India Judicial Service.

Again when the matter came-up before the Hon'ble Court on 10th April, 1995 [1998 (9) SCC 245] this Hon'ble Court impressed upon the Union of India to take immediate measures for the implementation of the directions to achieve the objective of setting-up of an All India Judicial Service. In its judgment para-3 Hon'ble Supreme Court holds'that an affidavit has been filed by the Government of India, which shows that certain steps were taken, but the distance that has to be covered to achieve the objective is yet a long one. Unless the Union of India takes effective steps in the direction of setting up of an All India Judicial Service. The question of uniformity of designations as well as pay scales will also linger on.

We would therefore like to impress upon the Union of India to take immediate measures for the implementation of the direction to achieve the objective of setting-up of an All India Judicial Service.

The three directions in regard to uniformity of

designations, pay scales and setting-up of an All India Judicial Service have to be achieve as early as possible.

The proposal was considered in detail by First National Judicial Pay Commission, known as Shetty Commission. The Commission obtained the Status Report from Government of India on this issue and was informed as under:

"In the light of the recommendation of the Law Commission of India, direction of the Supreme Court and views/comments of the State Governments/High Courts, the question of setting up All India Judicial Service through a resolution of the Rajya Sabha and an enactment of Parliament under Article 312 of the Constitution is under consideration."

Conclusion

Based on the aforesaid recommendations of the two Apex recommendatory bodies intentions of the Government of India are reflected from the following–

- **Bar & Bench News Network (August 12, 2010)**— Minister of Law and Justice, Veerappa Moily in his written reply to the Lok Sabha said. "That pursuant to the recommendations of the Law Commission of India in its 1st , 8th and 11th reports, the directions of the Supreme Court of India and the guidelines recommended by the First National Judicial Pay Commission, the Government is seized with the matter of creation of an All India Judicial Service." He added, "That creation of such a service through competitive examination, would attract brilliant young men and women and thus best talent all over the country would come to the judiciary, as in respect of other All India Services and improve overall justice delivery system."
- **Times of India (November 6, 2010, New Delhi)**— The Centre is finalising creation of two new All India Services -Indian Judicial Service (IJS) and Indian

Legal Service (ILS) to fulfil its promise to create 15,000 additional courts by 2012 and meet the demand for services of legal professionals from various departments of the Union and state government." We will create two all-India services—IJS and ILS—mainly aimed at capacity building at the lower levels of judiciary and to provide professional legal advice to various departments, "law minister M Veerappa Moily mentioned in TOI. Though he was tight-lipped about the timeframe of the plan, the minister said the IJS would help attract talent from. all over the country for appointment at the sessions Judge level" and, latest being.

Press Release by press information Bureau, Government of India Release ID : 78262, dated : December 7th, 2011

"The Government has said that it is seized of the matter of creation of an All India Judicial Service under article 312 of the Constitution which requires a Resolution to be passed by the Rajya Sabjha enabling the Parliament to enact necessary laws. This information was given by the Minister Law & Justice Shri Salman Khurshid in written reply to a question in the Rajya Sabha."

In light of the above, I wish to suggest the following—

- Article 312 of the Constitution of India be amended and provisions of Article 312(3) be removed from the Constitution. Accordingly 233/335 article be amended.
- Law graduates between 24-30 years of age be recruited in AIJS and initially appointed as Civil Judge, who in course of time be alleviated to the positions of District Judges and above.
- All existing Higher Judicial Services members-be granted the category of AIJS.
- Civil Judges, who have put in 7 (seven) years of Judicial service be alleviated in the category of AIJS.

- Civil Judges having experience of even less than 7 (seven) years be allowed to appear at AIJS examinations.
- Last but not the least, existing power of selection and appointment of Civil Judges be vested with the Central, body-UPSC/National Judicial Commission.

It is unfortunate that in spite of loud & high thinking of Government of India and unanimous resolutions taken by All India Judges Association to ensure formation of All India Judicial Service golden dream of this forum is yet to see the light of the day. This issue in hand requires untiring perseverance as it is **High Time for an All India Judicial Service**.

THANKS

□

हिंदी भाषी राज्यों के न्यायालयों की भाषा हिंदी हो

ऐसा क्यों?

- क्योंकि अभियुक्त अथवा पक्षकार का यह प्रक्रिया विधि प्रदत्त मौलिक अधिकार है कि वह अपने अधिवक्ता एवं न्यायाधीश के बीच हो रहे संपूर्ण संवाद न्यायिक कार्यवाही को सुनकर समझ सके।
- सुन-समझकर अपने अधिवक्ता से तथ्यों की भूल-चूक को साझा कर सके। भूल-चूक को सुधारने हेतु अपेक्षित तथ्य बता सके अथवा अतिरिक्त साक्ष्य दे सके। आखिर उसके जीवन अथवा संपत्ति का प्रश्न है।
- पक्षकार को यह संविधिक अधिकार है कि वह अपने केस में न्यायाधीश द्वारा दिए गए निर्णय या आदेश को अपनी भाषा में पढ़े और समझे।
- मैं दावे के साथ कहता हूँ कि लिखने, पढ़ने एवं बोलने में शब्दों और वाक्यों का जो धाराप्रवाह अपनी मातृभाषा में हो सकता है, वह अंग्रेजी भाषा में नहीं हो सकता, क्योंकि हिंदी मातृभाषी को अंग्रेजी के वाक्य???
- मातृभाषा के प्रवाह में जो नैसर्गिकता है, उसके कारण कार्यक्षमता में गति होती है। कार्य तेजी से होता है। ऐसी तेजी अंग्रेजी भाषा में संभव नहीं होती। इस प्रकार तीव्रगति से न्यायिक कार्य में अंग्रेजी एक बाधा है। हिंदी प्रवाह है। भावों की अभिव्यक्ति का सर्वोत्तम माध्यम है।
- न्यायालय में उपस्थित सभी की मातृभाषा हिंदी है। सभी हिंदी में लिखना, पढ़ना, बोलना जानते हैं, तब अंग्रेजी भाषा में लिखने और बोलने का कारण क्या हो सकता है? समझ के परे है, अंग्रेजी बोलनेवाले विधि विद्वान् हों, ऐसा जरूरी नहीं।

- अंग्रेजी भाषा में आरोप गठन का औचित्य क्या है ? आपने आरोप हिंदी में सुनाया, समझाया और प्रश्न पूछा, तब आरोप गठन अंग्रेजी में क्यों ? हिंदी में आरोप गठन में शर्म कैसी ?
- सर्वोच्च न्यायालय एवं उच्च न्यायालयों में अंग्रेजी भाषा आवश्यक हो सकती है। रिटयाचिका के मामलों के पक्षकार अंग्रेजी भाषा में पारंगत होते हैं, किंतु अधीनस्थ न्यायालयों के पक्षकार एवं अभियुक्त ग्रामीण होते हैं, अंग्रेजी भाषा का कोई ज्ञान नहीं होता है।
- इस उदाहरण से समझ सकते हैं कि हिंदी न्यायालय की भाषा क्यों हो! सितंबर 2016 में San-di-ago U.S.A. की एक स्टेट कोर्ट में दर्शक दीर्घा में बैठा था। मेरे बगल में स्पैनिश मूल के किसी गंभीर अपराधी के माता, पिता, पत्नी बैठे थे। जंजीर से बँधे अभियुक्त को लाकर पुलिस ने कुरसी पर बैठाया। उसके एटार्नी बहस शुरू करें, इसके पहले एक लड़की ने आकर अभियुक्त, उसके माता-पिता-पत्नी को कान में लगाकर सुननेवाला यंत्र दिया और स्वयं एक कोने में बैठकर इयर फोन के स्पीकर पर एटार्नी द्वारा की जा रही अंग्रेजी की बहस को स्पैनिश में अनुवाद कर रही थी। अंत में पूछने पर उसने बताया कि अंग्रेजी न समझनेवाले अभियुक्तों एवं उनके परिवारवालों को स्पैनिश में अनुवाद करके सुनाना ही उसकी ड्यूटी है। यह अमेरिका है। अभियुक्त जंजीर में बँधा था, किंतु, अपनी भाषा में बहस सुनने का हक दिया गया था।
- भारतीय न्यायालय की स्थित अलग है, यहाँ न्यायाधीश अधिवक्ता अभियुक्त तीनों को हिंदी आती है, अभियुक्त/पक्षकार को अंग्रेजी नहीं आती है। ऐसी स्थिति में अधिवक्ता एवं न्यायाधीश के बीच अंग्रेजी में संवाद/बहस का क्या औचित्य है ?
- मा. न्यायमूर्ति जब अमेरिका में न्यायाधीशों की संख्या की तुलना भारतीय न्यायालयों से करते हैं, हमें यह भी तुलना करनी चाहिए कि अमेरिकी न्यायालय यह सुनिश्चित करते हैं कि न्यायालय में हो रही अंग्रेजी भाषा का अनुवाद अभियुक्त की भाषा में किया जाए, ताकि अभियुक्त, न्यायाधीश व एटार्नी के बीच हो रहे संवाद को अपनी भाषा में समझ सके।
- मा. सर्वोच्च एवं उच्च न्यायालय को भी यह सुनिश्चित करना चाहिए कि जिस अभियुक्त/पक्षकार के लिए यह न्यायालय कार्य कर रहा है, जिनका

भविष्य तय करेगा, न्यायिक कार्यवाही समझना जिसका अधिकार है, जिस कार्यवाही के संचालन हेतु उन्होंने पैसा खर्च किया है, उसी न्यायिक कार्यवाही का संचालन उसकी भाषा में हो, ताकि वह अपने समर्थन व विरोध में हो रही कार्यवाही को सुन–समझ सके। अमेरिका की तरह यहाँ अनुवादक की जरूरत नहीं है, यहाँ न्यायाधीश–अधिवक्ता–अभियुक्त तीनों हिंदी जानते हैं। अतः न्यायिक कार्यवाही हिंदी भाषा में हो, अंग्रेजी में नहीं।

- कल्पना कीजिए कि आप अंग्रेजी जानते हैं, किसी अपराध के लिए आपका विचारण तेलगू भाषा में हो, निर्णय आदेश तेलगू भाषा में लिखे हों, आप कोर्ट की समस्त कार्यवाही देख भी रहे हैं, किंतु समझ कुछ नहीं रहे हैं, आपको कैसा लगेगा? आपको तब कैसा लगेगा, जब आपको पता चले कि न्यायाधीश–अधाविक्ता दोनों अंग्रेजी जानते हुए भी तेलगू में कार्यवाही करते हैं?

अधिक लिखने की आवश्यकता नहीं है, समझते आप सब हैं। गलतफहमी पक्षकार ने बना ली है कि अंग्रेजी बोलनेवाला ही कानून जानता है। उसकी गलतफहमी को हवा देने के बजाय गलतफहमी दूर की जाए। हिंदी को न्यायिक कार्यवाही की भाषा बनाएँ। उ.प्र. के न्यायालयों में 90 प्रतिशत कार्यवाही हिंदी में ही होती है।